CONTESTADORES
EDIÇÃO COMEMORATIVA DE 20 ANOS

CONTESTADORES
EDIÇÃO COMEMORATIVA DE 20 ANOS

EDNEY SILVESTRE

CONTESTADORES
EDIÇÃO COMEMORATIVA DE 20 ANOS
© ALMEDINA, 2023

AUTOR: Edney Silvestre

DIRETOR DA ALMEDINA BRASIL: Rodrigo Mentz
EDITOR: Marco Pace
EDITOR DE DESENVOLVIMENTO: Rafael Lima
ASSISTENTES EDITORIAIS: Larissa Nogueira e Letícia Gabriella Batista
ESTAGIÁRIA DE PRODUÇÃO: Laura Roberti
ADAPTAÇÃO E COPIDESQUE: Priscila Borges Rodrigues
REVISÃO: Gabriela Leite

DIAGRAMAÇÃO: Almedina
DESIGN DE CAPA: Newton Cesar e Roberta Bassaneto
ILUSTRAÇÃO DE CAPA: Arte de Newton Cesar a partir da obra *Love is in the Air (Soldier throwing flowers)*, de Banksy

ISBN: 9786554271585
Agosto, 2023

Dados Internacionais de Catalogação na Publicação (CIP)
(Câmara Brasileira do Livro, SP, Brasil)

Silvestre, Edney
Contestadores : edição comemorativa de 20 anos
Edney Silvestre – 2. ed. – São Paulo
Edições 70, 2023.

ISBN 978-65-5427-158-5

1. Entrevistas (Jornalismo) 2. Jornalismo – Brasil – História
3. Jornalistas – Brasil I. Título.

23-158265   CDD-080

Índices para catálogo sistemático:

1. Entrevistas : Coletâneas 080

Eliane de Freitas Leite – Bibliotecária – CRB 8/8415

Este livro segue as regras do novo Acordo Ortográfico da Língua Portuguesa (1990).

Todos os direitos reservados. Nenhuma parte deste livro, protegido por copyright, pode ser reproduzida, armazenada ou transmitida de alguma forma ou por algum meio, seja eletrônico ou mecânico, inclusive fotocópia, gravação ou qualquer sistema de armazenagem de informações, sem a permissão expressa e por escrito da editora.

EDITORA: Almedina Brasil
Rua José Maria Lisboa, 860, Conj. 131 e 132, Jardim Paulista l 01423-001 São Paulo l Brasil
www.almedina.com.br

Para meu pai,
Joaquim Silvestre,
com gratidão
e saudade.

AGRADECIMENTOS À 1ª EDIÇÃO

Celebridade americana, seja de que calibre ou campo de atividade for, não quer, não pode ou não se interessa em dar entrevista para jornalista que não lhe trouxer algum benefício imediato na imprensa dos Estados Unidos.

Ou, pelo menos, assim nos respondem seus agentes, subagentes, secretários e secretárias, relações públicas, publicistas ou quem quer que seja que tenha conseguido uma vaga no longo elo que separa a imprensa daqueles por quem os jornalistas se interessam.

(Vale dizer: até o mais recusado dos escritores, a mais desempregada das atrizes, o mais anônimo – ainda – dos candidatos a sensação-do-momento, ou o mais dos ex-astros de cinema tem um agente ou, no mínimo, alguém que cuida dos seus interesses, por mais ínfimos que sejam.)

Na recusa, essas criaturas, que já existiam, mas passaram a se multiplicar com mais intensidade na década de 1990, assim justificam seus salários e suas atividades de cordões-de-isolamento-humanos (ou quase), além de se darem ares de importância por proximidade.

Daí que antes, muito antes que eu pudesse me sentar frente a cada um dos entrevistados deste livro, foram necessárias negociações, telefonemas, cartas, bilhetes, mensagens por fax e via e-mail até obter o "sim". Como Nova York é uma cidade onde se esbarra com celebridades a três por dois, cheguei mesmo a abordar algumas delas em bares, restaurantes, na rua, até em fila de teatro (como fiz com a genial comediante Madeleine Kahn – que saiu correndo, como se eu fosse assassiná-la ali mesmo, em frente ao City Center). Na tentativa de chegar a uma celebridade reclusa, agressiva e arrogante, lancei mão de um inimigo dela, seu ex-biógrafo – que eu conhecera por acaso, num voo Paris/Londres. Consegui a entrevista. Inúmeras outras – Liv Ullman, Noam Chomsky, Alice Walker e Michio Kaku são bons exemplos disso – só aconteceram graças à persistência, paciência, lábia, insistência e extrema dedicação de produtores da sucursal da Rede Globo em Nova York, naquela década, como Guta nascimento, Anemeri Soares, David Presas, Mila Abrahão, Cristina Domingues e Patricia Pericás. Se não fosse a ajuda de Dagmar Trindade, dificilmente teria tido acesso amigável a Gloria Steinem (que, apesar de zelar quase paranoicamente por sua privacidade, abriu seu apartamento para nossa equipe numa tarde ensolarada de outono) e a diversas intelectuais feministas que se seguiram a partir dali.

Para chegar às "cozinhas" das redações dos jornais, tabloides e redes de tevê, assim como às portas dos camarins de alguns dos grandes astros da mídia americana, contei com o inefável auxílio de Siomara Tauster.

Dentro de nossa própria redação, escorei-me e fui constantemente incentivado pelo carinho, a crítica construtiva e a amizade de Ana Paula Padrão, Zileide Silva e Cristina Reis.

Muitas excelentes sugestões de personalidades que seriam entrevistadas mais tarde partiram das repórteres Sonia Bridi e Heloisa Villela.

A cada vez que surgia a chance súbita de uma entrevista – com Juliette Binoche foi assim – e era necessário mobilizar, de um minuto para outro, cinegrafistas, equipamento e transporte, contei com a compreensão e o apoio dos que administravam a Globo NY nos seis anos em que trabalhei ali: primeiro Jorge Pontual, em seguida Denise Cunha Sobrinho e, finalmente, Simone Duarte.

Sempre que isso acontecia, eu era acompanhado, com entusiasmo, pelos cinegrafistas – melhor seria chamá-los de diretores de fotografia – Orlando Moreira, Helio Alvarez, Paulo Zero, Sherman Costa e,

AGRADECIMENTOS À 1ª EDIÇÃO

eventualmente, Mustapha Barat, todos eles mestres em iluminação. Orlando não foi só um excelente guia dos meandros do trabalho em vídeo para quem, como eu, vinha de imprensa escrita, como também várias vezes dirigiu e editou as imagens do *Milênio*, da Globonews, durante os primeiros tempos do programa. Outros tantos truques e atalhos me foram ensinados pela fonoaudióloga Sonia Leite. Devo aos editores de imagem Fernando Baccarin, Adriana Nagle, Kaká Langer e Paulo Vinhas muito do ritmo e da lógica de várias entrevistas.

O entusiasmo de Rosa Magalhães, diretora da Globonews, e de Monica Labarthe, diretora do *Milênio*, permitiu um fato inédito na história da tevê brasileira: diversas entrevistas mais longas, em que o entrevistado se aprofundava em temas relevantes que não cabiam no formato original de meia hora do programa semanal – como no caso de Salman Rushdie, Paulo freire e Harry Belafonte – acabaram sendo exibidas em sua totalidade, por duas semanas seguidas. O mesmo entusiasmo pôde ser encontrado em Elisabeth Carvalho, que passou, depois, a conduzir o programa.

Muitas barreiras comuns aos jornalistas estrangeiros foram ultrapassadas com o auxílio de Leona Fuhman. Outras tantas foram vencidas graças à generosidade (e os cadernos de telefone) de Fabiano Canosa, Sonia Braga, Betty Lago, André Midani, Guilherme Araújo, Grace de Souza, Cristina Ruiz, Guide Vasconcellos e Nadine Johnson.

Também recorri à ajuda de Stanley Siegel, Lucas Mendes, Richard Lee Smith, Norman Mailer, Oliver Sacks, Angela Cosetti Pontual, Elaine May, Lúcia Guimarães, Antonia Costa, John Updike, Michael Kaminer, Joanna e Marco Antonio Moreira , Bert e Ina Steinhauser, Marc Lambert, Michael Mathis, Paul Auster, Larry Goldhuber, Peter Manso, Barry Wizorek, Cherry Jones e Eartha Kitt. Sonia Nolasco, sempre paciente, incentivadora, inúmeras vezes me ensinou o caminho das pedras.

Tomei atalhos que me foram indicados por Susanne Adams, da Foreign Press Association, e por Deborah Cole, do Foreign Press Center. Saltei outras tantas barreiras, lá nos Estados Unidos, com auxílio vindo daqui, do Brasil, através de Luiz Schwarcz, Beth Serpa,

CONTESTADORES

Pedro Paulo Madureira, Luciana Villas-Boas, Gilberto Dimenstein, Lucia Kikuchi, Telma Gadioli, Luciana Camargo, Geneton Moraes, Leda Nagle, Leonardo Laginestra, Ricardo Boechat, Regina Martelli, Mônica Figueiredo, Maria Lucia Rangel, Flávia Villas-Boas e Henrique Jaimovich.

Na redação de *O Globo*, fui socorrido por Milton Abirached, Mara Caballero, Carla Lencastre, João Ximenes, Heloisa Marra, Elisabeth Orsini e Luciano Trigo. Quando os labirintos passavam pela Europa, como foi o caso de Edward Albee, Edward Said e Juliette Binoche, quem me guiou para fora deles foram Chantal Nicole e Oliver Jahan em Paris, Elisa Byington, em Roma, e Cyssa Zaugg, em Milão.

Em Miami contei com Maria Mayer, Bia Duarte e Jorge Plasencia. Devo ao embaixador Guilherme Bastos tudo o que consegui em Chicago. Em Washington, além do apoio de Luis Fernando Silva Pinto, tive inúmeras portas abertas por Raul Richard Rodriguez, Gerald Mussara, Carlos Ortiz, Valerie Schulte, Gregg Daffner, Helen West, Bill Schaffer, Shelley Bronffman e John Wiseman. Em Los Angeles, fui guiado por Monica Castro, Mitch Strausberg, Yolanda e Ray Tisdale, Robert Resetar, Zeca Seabra, Ana Maria Bahiana e José Emilio Rondeau.

Do outro lado da trincheira dos agentes que me atrapalharam, me deram a mão, quantas vezes foi necessário, na Broadway e off--Broadway, os agentes Manuel Igrejas, Richard Kornberg, a equipe da Boneau/Brian Brown; e em Hollywood, Christine Few, Fran Zell, Adam Gordon, Alfred Pignat e Nina Hein.

O truque de aprender a ouvir o que não foi dito, devo a Carlos Lannes, Joana Angelica d'Avila Mello, Sonia Santos Braga, Israel Tabak, Eva Straus, Roberto Levi, Viviane Gabbay, Ana Lucia Tor tima e Jane Miranda Cardoso.

A crítica, os elogios e o incentivo – não obrigatoriamente nesta ordem – de Luis Erlanger foram e continuam sendo motivação para minha vontade de tentar ser melhor e igualmente estrangulá-lo – não obrigatoriamente nesta ordem, tampouco. Também devo a ele o título deste livro.

AGRADECIMENTOS À 1ª EDIÇÃO

Paulo Francis, sempre irreverente, original, magnífico, foi a pedra de toque para a existência do Milênio. Como faz falta...

E, finalmente, nada do que você vai ler nas próximas páginas teria acontecido se a ideia de um programa de entrevistas eclético, que oferecesse um panorama amplo de vidas e ideias, não tivesse encontrado a acolhida de Leticia Mohana, Alice Maria e Evandro Carlos de Andrade.

Edney Silvestre
Rio de Janeiro, 24 de junho de 2003.

SUMÁRIO

INTRODUÇÃO À EDIÇÃO COMEMORATIVA DOS 20 ANOS   17

BOXEADORES   23
    Norman Mailer   25
    Camille Paglia   47
    Paulo Francis   73
    Noam Chomsky   91

TEMPESTUOSOS   105
    Edward Said   107
    Salman Rushdie   123
    Edward Albee   141

CORDIAIS   155
    Juliette Binoche   157
    Liv Ullman   171
    James Taylor   183
    Lauren Bacall   197
    Fernanda Montenegro   207

MILITANTES   229
    Harry Belafonte   231

CONTESTADORES

Alice Walker 245
Nan Goldin 257

VISIONÁRIOS 269
Gloria Steinem 271
Michio Kaku 283
Tony Kushner 299
José Saramago 315
Paulo Freire 335

INTRODUÇÃO À EDIÇÃO
COMEMORATIVA DOS 20 ANOS

Enquanto a estagiária da Casa Branca, de joelheiras embaixo da mesa, satisfazia o presidente do país mais poderoso do mundo, ele se dedicava, imagino que entre um gemido de satisfação e outro, a assinar repetidas ordens para bombardeios aéreos à já derrotada e empobrecida população iraquiana e ao povo curdo perto da fronteira com a Turquia.

Sexo e guerra. Guerra e sexo.

Era esse um dos quadros formadores do multifacetado cenário dos Estados Unidos da América, na época em que realizei as entrevistas que compõem este *Contestadores*. Um velho quadro, composto por sangue, suor e lágrimas, comuns a gerações de americanos ao longo de séculos, alimentando e enriquecendo a indústria bélica, traumatizando garotos devorados por elas, como a que moldou a vida e a obra do escritor Norman Mailer, tal como ele conta, num dado momento de nossa conversa. Tanto quanto a Guerra Fria, que teria empurrado Lee Harvey Oswald a estourar a cabeça do John Kennedy, outra de suas obsessões.

O mesmo Kennedy e seu igualmente assassinado irmão Robert, a quem o contestador Harry Belafonte – o primeiro galã negro de Hollywood, boicotado e ameaçado pela Ku Klux Klan por interpretar o amante da branca Joan Fontaine no filme "A ilha nos trópicos" (*Island in the sun*) – apresentou, num porão do Harlem,

CONTESTADORES

bairro majoritariamente negro naqueles anos 1960, ao ainda pouco conhecido pastor antirracista Martin Luther King. Uma ação que mudaria para sempre a história dos direitos civis lá. e teria ressonância no mundo inteiro, tal como Belafonte me revelou, muitos anos depois.

Tive o privilégio de ser iluminado por grandes figuras humanas como Belafonte e as feministas Gloria Steinen e Alice Walker – amigas, aliás, uma negra, outra branca, indiferentes às imposições da segregação racial. Eram, foram e são parte do tecido multicolorido destas páginas, formadores de opiniões atrevidas, originais, insolentes mesmo. Na mesma trilha da professora Camille Paglia, uma lésbica assumida em época de tantos intelectuais escondidos em armários, admiradora de Madonna (depois se decepcionou), sem nunca esconder a admiração que lhe provocava a genitália masculina.

Dentro e fora daquela fortaleza de contradições, conservadorismo e vanguarda, que eram os Estados Unidos da era Clinton, conversei com outro formidável contestador, o anglo-indiano Salman Rushdie, então com a cabeça a prêmio pelos aiatolás do Irã desde 1989, após a publicação de "Versos satânicos", desafiando a morte e construindo uma obra literária enraizada na contestação e abraço à liberdade. E vez por outra indo a bares, pasme, onde ninguém acreditava que ele fosse ele, exposto daquela forma, desafiando a ira de radicais islâmicos. Em agosto de 2022, quando tudo parecia acalmado, Rushdie acabou sofrendo um ataque a facadas dentro de uma instituição cultural, no estado de Nova York, que o deixou cego de um olho e com movimentos restritos em um dos braços.

À nossa volta, a União Soviética havia desmoronado, a Guerra do Golfo tivera a duvidosa primazia de ser transmitida ao vivo pela televisão, o Apartheid sul-africano havia sigo revogado e Nelson Mandela fora eleito, a internet apenas começava o que viria ser seu domínio avassalador, a TV a cabo despontava como (mais uma) ameaça lucrativa à informação e entretenimento tradicionais e o streaming não era conjectura nem para os mais delirantes donos de lojas de aluguel de vídeos, como um certo Jeff Bezos, futuro ziliardário da hoje onipresente Amazon. Plataforma pela qual talvez você tenha adquirido este

INTRODUÇÃO À EDIÇÃO COMEMORATIVA DOS 20 ANOS

livro, caso não o tenha encontrado na livraria do seu bairro ou da sua cidade.

A época era considerada de paz no mundo.

Mas a vitória dos americanos e seus aliados na Guerra do Golfo alimentara ódios radicais. A primeira manifestação poderosa dessa ira, em solo americano, aconteceu no final de fevereiro de 1993. Uma van, lotada de explosivos, estourou na garagem no subsolo do World Trade Center – sim, o mesmo derrubado pela Al-Qaeda em 11 de setembro de 2001. A investigação daquela explosão levou o FBI a 7 terroristas, todos de origem árabe. Seis foram presos.

Se fosse um filme de Hollywood, teria terminado ali.

Mas não era.

Enquanto os cinemas do mundo lotavam para aplaudir "Titanic", "O rei leão", "Jurassic Park", "Forrest Gump", "Star Wars", "Terminator", "O sexto sentido" e outros comprovantes da bravura e sagacidade invencível americana, os terroristas do onze de setembro de 20001 já treinavam, indetectáveis, em escolas de aviação no interior dos estados unidos ou morando em banais conjuntos habitacionais da Florida.

O radicalismo, à esquerda e à direita, explodira também uma bomba no local de trabalho do professor Edward Said, dentro da universidade de Columbia, a poucos quarteirões do Central Park. Nem isso, nem os persistentes ataques da imprensa ultraconservadora jamais interromperam sua defesa de um estado soberano na Palestina, onde havia nascido.

Por estradas paralelas também caminhava o judeu secular americano e também professor Noam Chomsky, reverenciado pela imprensa fora dos Estados Unidos e ignorado, quando não hostilizado, pela de seu país. Por quê? "Digo coisas que não querem ouvir", ele conta. E acusa: "As grandes corporações modernas têm a mesma origem intelectual que o fascismo e a política dos bolcheviques".

Da política perversa e indiferente aos mais necessitados, como a praticada especialmente por Richard Nixon e o partido republicano, brotou – e tenho orgulho de ter visto em uma das primeiras sessões para o púbico – uma das obras mais contundentes da história cultural recente, a peça "Anjos na América". Falei e entrevistei seu autor, um homem gay e judeu, algumas vezes, pelos lados do West Village, onde ele e eu morávamos à época. O melhor de nossas conversas está editado na entrevista publicada a partir da página 297.

Dessas convulsões históricas, brotaram igualmente corajosas, originais e surpreendentes reações de artistas como o cantor e compositor James Taylor para quem a música, além de representar "uma fuga dessa insanidade", funciona também como "uma relação com outra realidade".

Qual realidade? A do cotidiano, da ética do trabalho, do tocar a vida em frente, como fazia Lauren Bacall, indiferente a toda mitificação em torno dela, do glamour dos tapetes vermelhos dos prêmios e festas, da santificação de seu casamento com Humphrey Bogart? Uma estrela do cinema que virou diva na telona, mas que preferia estar nos palcos. Por quê?

Da magia e sucesso nos palcos, e também da amargura dos fracassos e antipatia da crítica, ninguém melhor para falar, com sinceridade e língua ferina, do que Edward Albee, autor de megassucessos como "Quem tem medo de Virginia Woolf" e "Três mulheres altas". Revelando, inclusive, a origem de suas acres, vingativas personagens, que tiveram como modelo a pessoa cujos atos Albee jamais perdoou: sua mãe adotiva. Sorte nossa que de tal rancor brotassem tantas obras-primas.

Do outro lado do espectro rancoroso estava uma das pessoas mais doces e acessíveis que conheci no universo tantas vezes autocentrado e pretencioso das ditas celebridades: a atriz francesa Juliette Binoche. Como eu soube da existência dela e da irmã, em Paris, antes mesmo de Binoche tornar-se atriz e ser humilhada por Jean-Luc Goddard, assim como a convenci a dar-nos, ao Paulo Zero e eu, está contado lá da página 155 em diante.

Um outro tipo de doçura, e de beleza física, caracterizavam a norueguesa, nascida no Japão, Liv Ullman, atriz diretora e musa de um dos gênios do cinema, o sueco Ingmar Bergman. Na entrevista

INTRODUÇÃO À EDIÇÃO COMEMORATIVA DOS 20 ANOS

realizada em sua casa de férias, no extremo sul da Florida, ela falou da carreira, do papel esmagador de Bergman em sua vida, da busca incessante dela mesma, como mulher e mãe. O que me marcou, entretanto, e eu era jovem, ou quase, na época, e de que me lembro até hoje, foram suas observações sobre o envelhecer. Não pelo aspecto da vaidade narcísica, claramente indiferente para ela, mas pela constatação do tempo passado e da limitação do tempo que ainda lhe restava.

Convivi profissional e pessoalmente, sempre pasmo com a facilidade de raciocínio, domínio da palavra e opiniões peremptórias, com um brasileiro expatriado que nunca se reconheceu como tal: Paulo Francis. Após décadas vivendo no exterior, o Brasil e nossas contradições continuavam a ser o tema e a preocupação absoluta dele. Presentes em seu romance, em boa parte autobiográfico "Trinta anos esta noite", tema inicial de nossa entrevista. Acredito que Francis acreditava que voltaria a viver aqui um dia, quando se aposentasse. Tinha até comprado um apartamento no Rio para quando esse dia chegasse. Seu coração o traiu antes disso, em fevereiro de 1997.

Se você, como eu, tem desde sempre a vontade de viajar no tempo, reencontrar pessoas já partidas, ter uma derradeira conversa com elas, conhecer seus descendentes num longínquo futuro, descobrirá – como eu – que há um astrofísico, seriíssimo e conceituado, mostrando por A + B não ser fantasia tresloucada essa vontade de encontrar, ou reencontrar, pessoas e lugares em tempos idos ou vindouros. Até porque, segundo o cientista Michio Kaku, americaníssimo apesar do nome, isso de presente e passado é uma balela que, breve, será desmentida. Rios, confluências, o tempo desafiado. Pois é. Ou será. Ou já foi. Lendo, você descobrirá.

O tempo não passou para a esperança teimosa de Paulo Freire. Eu o admirava desde sempre, foi uma das pessoas que me mostraram, e a todas as gerações depois da minha, ser possível alterar o ciclo de ignorância e subserviência trazido pelo analfabetismo. Foi um brasileiro que me ensinou ser possível criar um novo Brasil. Foi uma honra tê-lo entrevistado. E uma pena que ele tenha morrido pouco depois.

Ficaram suas lições.

As dele e as de tantos que tive chance de conhecer.

Lições, aprendizado, espanto e encanto. Estes "Contestadores" me deram tudo. E muito mais. Tenho certeza de que darão a você, também.

Edney Silvestre
Rio de Janeiro, 14 de março de 2023.

BOXEADORES

NORMAN MAILER

"Neste século, o escritor está numa posição análoga à do ecologista, que olha em volta, vê o mundo sendo destruído diante dos seus olhos e se sente impotente."

A caça a Norman Mailer começou com um telefonema à sede de sua editora em Nova York, em fevereiro de 1992. Foi quando ouvi o primeiro "é pouco provável que ele tenha tempo para lhe dar entrevista nos próximos xis meses" e a primeira, de muitas, sugestões de "envie seu pedido por escrito para...", à qual, no caso de Mailer, seguiram-se listas variadas de *press agents*, as tais criaturas que agendam entrevistas. Pois ele os tem de todo tipo e tamanho. Um para livro de capa dura e outro para obras em tamanho de bolso. Isso em língua inglesa. Há terceiros e quartos que cuidam da imprensa de língua inglesa na Inglaterra (sem falar nos que lidam com os jornalistas irlandeses, galeses e escoceses, separadamente), de língua espanhola na América Latina, língua espanhola na Espanha mesmo, outros para países escandinavos, um outro para o Japão, ainda outro para as edições na Holanda, na Indonésia, na Austrália...

Passei por sei lá quantos.

Todos me desencorajavam.

Eu insistia. Não porque, se conseguisse, seria o primeiro brasileiro a fazê-lo, como só saberia mais tarde, por meio de Paulo Francis. Mas porque, além de ser admirador e razoável conhecedor do trabalho dele, a carreira – e a vida – de Norman Mailer são espantosas. Em todos os sentidos.

Aos 25 anos ele tomou de assalto a literatura americana com *Os nus e os mortos*, um romance monumental que imediatamente o estabeleceu como um dos grandes escritores do século 20. Seu estilo poderoso, cru e violento, como o lutador de boxe que foi por dez anos, perpassou desde então por toda sua obra e em incontáveis capítulos sangrentos de sua vida pessoal.

Houve época em que o espancamento de desafetos, facadas na ex-esposa, insultos a colegas e porres que inevitavelmente terminavam em pancadaria eram estampados nas páginas policiais ao mesmo tempo em que seus livros mereciam as manchetes dos suplementos literários.

As maquinações do Pentágono e os labirintos da CIA, a devoração de uma deusa do sexo e a areia movediça do racismo, o esfacelamento da gente comum e o desmoronamento do sonho americano: não houve caminho que ele não tenha tomado, nem gaveta que não tenha revirado, em mais de meio século de carreira, na investigação da alma de seu país.

Quando, finalmente, me vi diante daquele senhor espadaúdo, de cabelos brancos e olhos azuis, era abril de 1993. Foram catorze meses de aporrinhação, persistência e muitos, muitos rolos de papel de fax. Que de nada adiantaram, aliás. Foi através de um desafeto de Mailer que cheguei a seu telefone secreto e, dali, à sua assistente. Que – viva a gentileza do povo carioca – acabara de chegar de uma breve e, palavras dela, adorável estadia no Rio de Janeiro. Sorte, enfim.

Mailer, eu e um pequeno gravador portátil nos sentamos em uma sala do Actors Studio, a renomada e controvertida escola de teatro que revolucionou as artes cênicas e o cinema americanos, origem de mitos como Marlon Brando, Elia Kazan e Al Pacino. O escritor faz parte da escola desde os anos de 1950 e, vez por outra, dirige ali alguma peça. Com a voz rouca dos muitos anos de uísque e cigarro, falando quase tão rápido como as ideias que lhe passam vertiginosamente pela cabeça, interrompendo muitas vezes, sem falsa modéstia e com insuspeitado senso de humor, eis o que ele disse:

Edney Silvestre — **Foi neste mesmo local que** Marilyn Monroe, tema de um livro seu, despiu seu status de estrela na tentativa de tornar-se uma atriz melhor. E o senhor escreveu um livro (Marilyn) sobre ela. Fazer a entrevista aqui me trouxe a ideia de...

Norman Mailer — *(interrompendo)* **Um círculo.** Realmente. Também escrevi uma peça sobre ela. E um segundo livro, intitulado *Of Women and their Need*. Talvez não tenha sido traduzido no Brasil. É apenas um livro menor, que escrevi após *A canção do carrasco*. Eu queria fazer outro livro sobre ela. Achava que tinha ido até onde podia na biografia *Marilyn*. *Of Women...* é ficção pura, pois é narrado por ela mesma. São lembranças imaginárias, em que fala de sua experiência no Actors Studio, sua vinda para Nova York e assim por diante. O texto foi adaptado para uma peça chamada *Strawhead*, que montaram aqui mesmo, há uns oito anos, com relativo sucesso. Se bem que sucesso no Actors Studio não seja medido pelo número de produções – acho que fizemos uns onze espetáculos, o que é um bocado para cá –, mas por quanto a peça é lembrada ao longo dos anos. E *Strawhead* é comentada até hoje. Tenho planos de montá-la outra vez. Minha filha Kate fez o papel de Marilyn. Tenho cinco filhas e quatro filhos. Kate é uma atriz muito boa e estava maravilhosa no papel. Foi uma produção memorável. E eu dirigi. Ou seja, foi muito divertido.

E.S. – Política é um aspecto muito presente em sua obra. O senhor se considera um escritor político?

N.M. – Sim, de certa forma. Há poucos escritores de minha geração com forte tendência política. Don DeLillo é uma exceção. Além de ser um escritor muito bom. Bellows, que é excelente, não é um escritor político – ele é apenas amargurado politicamente. Updike nunca escreve sobre política. Styron é um liberal, mas tampouco escreve sobre política. Para melhor ou para pior, acho que sou o escritor mais político de minha geração. Mas isso talvez seja apenas uma forma de dizer "os escritores políticos americanos são tão ruins que o melhor deles é Norman Mailer". Eu sempre tive interesse em política. Acho que neste século o escritor está numa posição análoga à do ecologista, que olha em volta, vê o mundo sendo destruído diante dos seus olhos e se sente impotente. Não importa as vitórias que consiga, ele percebe que sempre fará menos do que é necessário e acabará perdendo a batalha que destruirá o mundo. Ou tem, pelo menos, o medo constante de perder a luta mundial para destruir a natureza. Um escritor sente o mesmo em relação à cultura. Porque a cultura acabará sendo sugada pela televisão e desaparecerá, num certo sentido. Cultura vai virar algo como um hambúrguer do McDonald's, que se come, se digere e se esquece. É nesse ponto que o papel político do escritor se torna importante. Num certo sentido, neste momento eu me sinto alienado de política porque tomei partido e estou fazendo força para que Bill Clinton se torne um grande presidente. Nós precisamos disso. E precisamos com urgência. Ainda assim, mesmo que ele se torne o grande presidente que eu gosto de imaginar, será difícil ele sequer se aproximar do que eu acredito que sejam três problemas intoleráveis que temos, que não estão na agenda política de ninguém, seja de esquerda, seja de direita.

E.S. – E quais são esses três problemas?

N.M. – Plásticos, propaganda e televisão. Esse trio está mais perto de destruir o mundo do que qualquer ideologia. Parte dessa febre virótica chamada nacionalismo, que está tomando conta do mundo inteiro, tem a ver com isso. É um instinto nas pessoas que lhes diz: este mundo está demasiado adiantado para nós, não estamos conseguindo acompanhar, vamos voltar para as coisas que entendemos: bandeira, família e igreja. Esse enorme movimento mundial é um reflexo de que estamos correndo na direção errada. Um dos totens mais representativos são esses gigantescos pedaços de arquitetura morta, esses edifícios corporativos diante dos quais o homem médio se sente esmagado. Sei que no Brasil isso é tão ruim quanto aqui, porque é uma das coisas que exportamos com sucesso. Aliás, mais sucesso do que a exportação de Coca-Cola. Porque Coca-Cola, ao menos, é um sabor que muita gente no mundo inteiro pode até achar agradável, enquanto essa arquitetura grandiloquente é odiada por todos e nenhum país está livre dela. Basta olhar para uma dessas terríveis caixas de vidro para se perceber que não tem nada a ver com o que se chama de humano. É uma opressão pior do que na Idade Média. Pelo menos na Idade Média sabia-se que o rei era o rei e você era o vassalo. Era às claras e não havia comoção alguma com isso. Quando havia, é lógico, matavam você. A função de um indivíduo na sociedade era estabelecida desde muito cedo. Hoje lhe dizem que você é livre, que pode fazer o que bem quiser. Contudo, diante desses prédios, o indivíduo percebe que, para fazer parte dele, tem que vender três quartos da alma. Nesse sentido é que a política está presente em toda parte. Entretanto garanto-lhe que, por melhor presidente que Bill Clinton venha a ser nos próximos quatro ou oito anos, não fará discurso algum sobre arquitetura.

E.S. – O senhor parece descrente do futuro, tanto ou mais do que no final dos anos de 1960, quando expressou seu desapontamento com os movimentos de esquerda.

N.M. – Assim como não existe um além mais além, não há uma esquerda mais à esquerda[1]. A esquerda construiu sua filosofia apoiada em premissas que ruíram. Uma delas, a de que sexo era bom e que a liberdade sexual era muito boa. Então veio a Aids e colocou a questão:

---

[1] Nota do Repórter: "There's no there there; there is no left left".

talvez não. Isso é muito assustador e deprimente. A esquerda também desenvolveu sua defesa alegando que aquilo que se passava na União Soviética era a prova do comunismo funcionando e não um tipo de comunismo. Tudo isso foi por água abaixo. Os governos socialistas do mundo falharam e caíram porque eram honestos ou tiveram sucesso porque se tornaram rapidamente corruptos. Não há muita esperança para o socialismo. Os sindicatos tornaram-se materialistas e há dificuldades por toda parte. Portanto, não sobrou nenhuma esquerda. Há, apenas, uma grande perplexidade. E a direita, que há mais de cem anos vem se mostrando incompetente para impedir que as coisas aconteçam, está numa situação desesperadora, agora que o comunismo – temporária ou definitivamente, isso não se sabe – acabou. Mas, com certeza, porque não existe mais a União Soviética, tampouco existe esquerda ou direita de verdade. Sem o comunismo, tudo o que a direita pode atacar agora são as liberdades individuais. E mesmo nisso está varada por contradições internas, como ser contra o aborto e cometer assassinatos com esse objetivo. Embora, reconheçamos, não existam movimentos que não encerrem contradições internas.

E.S. – O senhor diria que é um homem de esquerda?
N.M. – Sou um conservador de esquerda.

E.S. – Conservador de esquerda? Não são noções que se contradizem?
N.M. – É o que tenho sido nos últimos vinte anos, e não estou sozinho nessa posição. Muita gente acha o mesmo: que precisamos chegar a alguma visão nova de um novo tempo de existência política. De início já vou dizendo, não sei como se faz. Porém, o que não se pode é continuar aceitando um mundo de pessoas com fome, sem teto e sem ter os cuidados que o socialismo proporciona. Por outro lado, é imprescindível garantir a proteção das liberdades individuais. Encontrar um meio de fazer isso e... Os ricos dizem que é impossível, pois significaria a morte do capitalismo. Puro cinismo. Não importa

que tipo de sociedade se tenha, os ricos sempre prosperarão. Até mesmo sob o comunismo soviético eles encontraram meios de viver melhor do que as outras pessoas. Essa paixão de viver melhor do que os outros é tão poderosa e enraizada no ser humano que jamais desaparecerá. Ainda que existissem 99% de impostos, o capitalismo existiria, porque os ricos arranjarão um meio de driblá-los.

E.S. – Mas o senhor mesmo é um homem rico.

N.M. – Sou rico aos olhos de um homem pobre e pobre aos olhos de um homem rico. (*risos*) Tenho o suficiente, não posso reclamar. Ademais, tenho nove filhos, o que me mantém trabalhando. Não posso reclamar. Tenho uma vida de razoável sucesso como escritor, com altos e baixos, igual a todo mundo.

E.S. – Já que o senhor mencionou filhos: acha que o mundo herdado por eles é...

N.M. – (*interrompendo*) Pior. Muito pior. Meu filho mais velho tem quarenta e três anos, o mais novo fará quinze daqui a duas semanas. Quando eu tinha a idade deles, sexo era uma grande aventura. Estava lá à sua espera, era aberto, tudo o que se necessitava era um certo espírito empreendedor e não temer o fantasma de algum medo religioso que pudesse haver no fundo do seu inconsciente. Havia a ideia de que um mundo melhor estava tomando forma, de que o pior tinha passado. A Segunda Guerra Mundial tinha acabado havia pouco e tinha sido uma guerra "boa", em que todo o país acreditara, sem a amarga divisão que haveria depois com a guerra da Coreia ou o rancor do Vietnã. Hoje meus filhos vivem num mundo em que os netos se veem obrigados a pagar pelo déficit que Ronald Reagan nos deu, os vinte anos sem sentido em que a Guerra Fria foi espichada. Nós não derrotamos os soviéticos na Guerra Fria. Nós os arruinamos economicamente. Foi um trabalho feio, sujo e desagradável. Também em contraste com a vida de meus filhos, eu cresci num mundo sem televisão. E isso foi maravilhoso. Pois permitiu que minha mente se desenvolvesse sem limites, sem ter que ser interrompida a cada sete minutos por comerciais. Parte dos problemas econômicos do mundo é causada pela inércia diante da televisão. Criadas diante da televisão, as novas gerações estão crescendo sem aprender a concentrar-se porque, a cada cinco ou dez minutos, são interrompidas por um *jab* na cabeça. Como no boxe, é uma pancada que quebra o que se vai fazer. Essa é a razão pela qual as crianças de hoje mal podem ler, não sabem soletrar, não conseguem somar sem a ajuda de uma calculadora. Tudo isso resulta em adultos incapacitados para o trabalho. Televisão é uma doença que não tínhamos na nossa época. Há várias (doenças) que não existiam, então. Outra que não tínhamos era o esmagamento do espírito.

E.S. – Esmagamento do espírito?

N.M. – O esmagamento do espírito acontece quando se está andando por uma rua e a visão desses totens de arquitetura morta nos esmaga, a visão desses arranha-céus que nos dizem: "Sua vida não vale nada". Não tínhamos isso. Charmosas, tristes, bonitas ou feias, as ruazinhas que tínhamos eram cheias de personalidade e vida. Cresci em ruas assim, interessantes e reais, onde os vizinhos tinham rosto e nome. Por tudo isso posso dizer que minha vida foi, de longe, muito melhor do que a dos filhos que tive.

E.S. – E drogas? Que relação o senhor...

N.M. – (*interrompendo*) Nós também tínhamos drogas. Nos anos de 1950 havia a maconha, que é uma droga razoável como a bebida. Você pode utilizá-la, mas paga um preço por isso.

E.S. – O senhor fumava maconha? Bebia?

N.M. – Fumei maconha durante uns cinco anos e paguei um preço por isso: meu cérebro não é tão bom quanto seria se eu não tivesse fumado. Por outro lado, eu poderia ter morrido de alguma doença horrível se não tivesse fumado, porque a maconha me habilitou a pensar. No meu caso ela funcionou como uma psicanálise. Que, aliás, nunca fiz. A maconha me deu as armas para mergulhar mais fundo e perceber as emoções em guerra dentro de mim. Essa luta interna, esse contato com a realidade de cada um é algo que falta à maioria do povo americano. Não estou recomendando que todo mundo fume maconha. Ela cobra uma comissão altíssima, tende a viciar, mina a energia, corta a possibilidade de se trabalhar bem. Apenas digo que, embora tivéssemos nossas drogas, pelo menos a maconha era uma *loving drug* num certo grau. Ela abria sua mente e ajudava a apreciar melhor as coisas. Cocaína foi um desastre. Ainda é. Nesse sentido, meus filhos enfrentam um mundo pior, onde as drogas estão ganhando terreno. Isto é ainda mais grave nas classes pobres, onde as drogas pesadas como *crack* e heroína são a única via para se sentirem importantes, ricos, extraordinários, a única forma de contato com uma vasta vida interior – ainda que apenas por dois minutos. E nada poderá fazer com que desistam delas, não enquanto suas vidas continuarem sem perspectiva. Ninguém vai começar um programa para melhorar suas vidas porque os consideram como um caso perdido. A sociedade está presa nesse horrível círculo vicioso.

E.S. – E sua relação com álcool? Fala-se que o senhor...
N.M. – (*interrompendo*) A lenda é que fui um grande bebedor. Sim, eu já bebi um bocado. Mas, comparado com gente que conheço, nunca fui um bebedor sério. Eu gostava muito de álcool e ainda gosto, mas nos últimos dez anos parei de beber por duas vezes por minha própria vontade, sem recorrer a nenhuma organização. Tem quase um ano que não toco em um copo de bebida. Talvez porque estou ficando mais velho e compreendi que escrever é mais importante para mim agora do que jamais foi. Conforme se vai envelhecendo, começa-se a temer a perda de alguns poderes aqui, outros ali, e vi que a bebida estava cobrando um preço muito alto dos meus recursos. Por isso resolvi parar de beber por um ano ou dois e ver o que acontece. E veremos.

E.S. – Quando escreveu *O fantasma da prostituta* o senhor foi pesquisar na Alemanha, Rússia e Uruguai. Não pensou em visitar o Brasil? Considera que a CIA teve um papel ativo no estabelecimento das ditaduras militares na América Latina e no Brasil em particular? Por quê?

N.M. – Com toda sinceridade, os aspectos da CIA que me fascinavam não tinham nada a ver com o Brasil. Eu fui ao Uruguai, mas isso porque parte da história de *O fantasma da prostituta* segue a trajetória de Howard Hunt, que era o chefe do *bureau* da CIA no Uruguai. Teria também ido à Argentina e ao Brasil, se meu tempo e meus recursos não fossem limitados. Fui apenas ao Uruguai até porque é onde os acontecimentos têm uma repercussão menor no mundo, ao contrário do Brasil ou da Argentina. No Brasil o golpe militar foi em 1964, no Chile em 1973 e *O fantasma da prostituta* só vai até 1963. Literalmente termina em 1965, mas é apenas um capítulo depois do assassinato de Kennedy. Meu foco é sobre o que a CIA estava fazendo em Cuba, com a Alemanha e o Uruguai. Poderia ser Viena, Polônia, União Soviética ou África porque, quando se trata da CIA, ela está presente em qualquer parte do mundo. Peguei a Alemanha porque sabia bastante sobre ela, e o Uruguai porque queria um lugar que não fosse importante em termos de história do mundo. Não estou sendo desrespeitoso com ele, mas existem vinte, trinta, cinquenta nações com histórias felizes ou infelizes a serem citadas, mas que não afetarão os acontecimentos mundiais. Não é o caso do Brasil ou da Argentina, que são corpos mais gravitacionais. Eu queria escrever sobre um escritório pequeno da CIA num país pequeno, em contraste com o esforço muito maior que estava sendo levado a cabo em Cuba. No caso dos golpes militares na América Latina, é um assunto muito vasto e não gosto de opinar sem pesquisar. Meu fascínio é pela CIA como organismo social. É uma nação dentro de uma nação. Da qual tudo o que se viu até agora são as pontas das unhas.

E.S. – A CIA é a "a mente da América" (*the mind of America*), segundo um personagem de *O fantasma...* O que o senhor quis dizer com isso?

N.M. – A mente não é o cérebro natural do ser humano. O cérebro tem a função de pensar. A mente é a força determinadora de como faremos isso. Um bíceps pode ser usado normalmente, ou ter sua função extrapolada, como faz um levantador de peso: isso se aplica a qualquer parte do corpo. Do mesmo jeito, quando me refiro à CIA como "a mente da América", não quero que seja o pensamento natural, o espírito dos Estados Unidos. Muito pelo contrário. Significa que é a força determinante, que é a força que a América desenvolveu para si. E assim como a mente, com frequência, sabe muito pouco do que o corpo necessita, "a mente da América" desconhece as verdadeiras necessidades do país. Há uma parte da mente que procura desenvolver-se à custa do próprio corpo, à custa dos outros órgãos. Da mesma forma eu vejo a CIA minando a força intelectual dos Estados Unidos. A CIA, claro, não concordaria com isso. Argumentaria que apenas serve ao presidente.

E.S. – Um presidente democrata como Bill Clinton poderia modificar esse papel e a atuação da CIA?
N.M. – Sim, claro. Acho que a CIA está atravessando uma crise. Ela foi inteiramente construída em cima do antissovietismo. A Guerra Fria era sua *raison d'être*, seu campo magnético. Tudo na CIA era dirigido, não para reunir inteligência pura, que deveria ser sua função genuína, mas para movimentar a Guerra Fria com eficiência máxima. Seu interesse era distorcer a história, e não descobri-la. Sabe, eu tive uma experiência interessante ano passado, poucos meses antes de *O fantasma da prostituta* chegar às livrarias: fui convidado para fazer uma palestra dentro da própria sede da CIA.

E.S. – Na boca do lobo. E o senhor aceitou?
N.M. – Claro! Falei em dois lugares. No primeiro, que eles chamam de "a bolha", um auditório para umas quinhentas pessoas, falei para estagiários, guardas, todos os trabalhadores comuns da sede. Ao final fui convidado para subir ao segundo andar e falar para os oficiais superiores. Havia uns vinte e cinco. Foi um par de horas bem interessante, porque eu achava que iriam atacar as revelações e ideias expostas em meu livro, e me fazer um monte de perguntas duras, algumas das quais eu não poderia responder. Para minha surpresa, falei sem ser interrompido. Disse tudo o que pensava. Especialmente

isso: que a razão de eu ter aceitado o convite era ter, pela primeira vez, uma coisa a lhes dizer que não era negativa. Que, pela primeira vez na história da CIA, eles tinham a oportunidade de transformá-la naquilo que ela tinha sido criada para ser, simplesmente uma reunião de inteligência, de informação, de algo que nosso país precisa muito. Nós precisamos saber o verdadeiro potencial da nação, o verdadeiro potencial atômico, que futuro político realmente pode ter, o quanto disso está bloqueado e coisas do gênero. Se antes a CIA tinha servido apenas aos propósitos da Guerra Fria, isso havia sido uma distorção. Falei, falei, falei. E me diverti muito.

E.S. – Como o pessoal da CIA reagiu às suas ideias?

N.M. – Fizeram algumas perguntas. E ouviram. Só depois que cheguei em casa, cheio de mim e me achando brilhante, é que me dei conta de que tinha falado para a elite da CIA, gente que sabia muito mais sobre o que eu havia pensado a respeito do que lhes passava pela cabeça. Do orgulho despenquei para um estado de humildade. Mas o simples fato de me convidarem para discursar ali já foi um fenômeno e mostra que eles agora estão mais abertos do que nunca. Até porque, em caso contrário, estarão liquidados. Portanto, sim, eu acho que é do interesse da CIA colaborar e apoiar as ideias democráticas de Bill Clinton.

E.S. – O que acha do movimento feminista nos Estados Unidos de hoje?

N.M. – É importantíssimo. Como todos os movimentos revolucionários poderosos, reúne gente extremamente capaz com uma coleção enorme de medíocres loucas pelo poder, do tipo que impõe sua ideologia sobre todo mundo, sem reflexão e sem propósito. Eu vejo o movimento feminista, no melhor dos casos, como uma faca de dois gumes[2]. A dúvida que fica na minha cabeça é: quantas estão interessa-

---

[2] Nota do Repórter. *Faca de dois gumes*: no original Mailer disse que via o movimento feminista, no melhor dos casos, como uma *mixed blessing* (literalmente: "bênção misturada", que traz a ideia de dubiedade, bênção e maldição reunidas.)

das em melhorar a vida das outras mulheres e quantas, simplesmente, estão interessadas em destruir o homem? Eu diria que, numa proporção de sessenta para quarenta, visam ao primeiro objetivo.

E.S. – O senhor conhece o trabalho de Camille Paglia?

N.M. – Ela é outra história. É uma pensadora livre, com ideias próprias, não está seguindo ninguém. A diferença entre Camille Paglia e Gloria Steinem, é que Gloria é um animal político, essencialmente uma alta burocrata preocupada em manter a posição que tem, enquanto Camille está interessada em ideias. Ela seguirá uma ideia, não importa que caminho tome, mesmo que a leve a contradizer o que dissera no dia anterior. Eu a respeito.

E.S. – O senhor lê as escritoras? Susan Sontag, por exemplo: o que acha dela?

N.M. – Sim, eu leio Sontag. Tenho muito respeito por ela, que é muito, muito brilhante. Mas eu já não leio tantos romances hoje em dia. Quando estou trabalhando em um livro, não gosto de ler um bom escritor, porque me sinto como um mecânico que tem todas as partes do carro no chão da garagem e vê uma Ferrari passar a toda velocidade. Prefiro não pensar na Ferrari e, sim, no carro que devo construir.

E.S. – Apesar de ser judeu, o senhor nunca escreveu sobre personagens judeus, ao contrário de escritores como Saul Bellow, Bernard Malamud, Isaac Bashevis Singer e Phillip Roth. Por quê? O que o senhor acha deles?

N.M. – Sempre quis escrever sobre aquilo que outros não estavam escrevendo. E há escritores judeus muito bons, como os que você citou. Eu cheguei a esboçar um livro sobre judeus. Começava na Rússia e eu os trazia para a América, possivelmente alguma coisa a ver com minha família, que fez esse trajeto. Foi então que cruzei com o trabalho de Isaac Bashevis Singer. E isso resolveu a minha necessidade de escrever sobre judeus que vieram do leste europeu. Simplesmente vi que era ridículo, que jamais faria alguma coisa tão boa quanto os romances que aquele homem escrevia. Portanto, desisti. Não escrevo sobre judeus porque não conseguiria escrever algo tão extraordinário quanto o que fez Singer. Por outro lado, penso que existem obviamente vantagens e desvantagens em ser judeu, de inúmeras maneiras. Parte da vantagem é ter uma consciência, algo assim como uma ferramenta: se você nasce judeu, recebe uma educação decente e não chega a nada, alguma coisa está errada com o seu cérebro. Você tem todas as armas para desenvolver uma mente realmente boa. Repare que estou usando a palavra mente e, não, psique. (*Risos*)

E.S. – Sim, reparei: primeiro cérebro, depois mente.

N.M. – (*ainda rindo*) Então prefiro usar esse instrumento para descobrir mundos sobre os quais não sei muito. Prefiro falar dos *wasps* (*White, Anglo-Saxon and Protestant*, sigla que define elite branca, protestante, de origem anglo-saxônica), seus segredos, como podem estar tão bem no mundo, quais seus ingredientes especiais, porque são uma gente tão extraordinária, porque gosto tanto deles por um lado e desgosto tanto por outro. Isso me fascina. Prefiro escrever sobre coisas que me fascinam, essas coisas que eu meio entendo muito bem e meio tenho que aprender ao longo do caminho.

E.S. – John Updike e Gore Vidal são dois escritores de origem *wasp*. O que acha deles?

N.M. – Aprecio muito a habilidade de Updike, frase por frase. Uma vez eu disse que Truman Capote era o melhor escritor de frases da minha geração. Acho que posso passar a faixa para Updike. Ele escreve frases adoráveis e descrições fabulosas. Ninguém é melhor em filigranas do que Updike. Só que ele é, para usar novamente uma imagem do boxe, um peso-leve. Leve demais para o meu gosto. Eu aprecio quem é peso-pesado e ele não tem o menor interesse em se tornar um deles. Ele respeita a sua própria habilidade e trabalha duro nela. Ele é muito bom, mas... Eu não tenho a sensação de que, se pegar um livro dele, isso vai mudar a minha vida.

E.S. – E Gore Vidal? Vocês dois...

N.M. – (*interrompendo*) Gore Vidal é um homem com quem eu já tive tantos desentendimentos públicos que nem me importo em falar de seu trabalho. Eu não falaria dele como escritor, mas como personagem. E sobre o que virou agora: um ator cheio de recursos. Recentemente fizemos uma peça juntos (como atores), em benefício do Actors Studio. Era *Don Juan in hell*, de Bernard Shaw. O elenco éramos ele, Gay Talese, Susan Sontag e eu, que também fui o diretor. Vendo-o atuar, tem-se a impressão de que Vidal frequenta o palco há trinta anos. E, em muitos sentidos, é o que fez. Fiquei boquiaberto com seu *timing*, suas maneiras, seu estilo. Ele virou um ator muito, muito bom, capaz de criar personagens com riqueza de dimensão e de detalhes. Se não sofresse de uma doença que lhe afeta a memória, se conseguisse lembrar-se das frases, Gore Vidal poderia se tornar um dos atores principais da Broadway.

E.S. – A quem o senhor chamaria de peso-pesado?

N.M. – Bellows é um peso-pesado. Styron. Eu mesmo. Veja bem, peso-pesado não é sinônimo de qualidade, mas a tentativa de ser o melhor peso-pesado que se consegue ser. Eu diria que (William) Styron é ambicioso e quer escrever grandes romances. Isso faz dele um peso-pesado. Meu respeito por Updike é por sua habilidade, seu estilo. Ao contrário, meu respeito por Styron vem de sua ambição. Não é comum termos escritores com grandes ambições. Ambições grandes demais podem destruir você, porque vira motivo de deboche daqueles que acham que grandes ambições literárias são um absurdo e não têm lugar no mundo atual. Talvez tenham razão. Talvez só exista lugar para ambições razoáveis. Há uma tendência atual à moderação. Não se pode ser excessivo. Não se pode comer muita gordura, devemos nos alimentar de grãos, comidas cheias de fibras, essas coisas. (*Risos*). Não se deve comer carne de porco. Bem, grandes ambições literárias são vistas como uma forma de comer como um porco, hoje em dia. Um escritor ambicioso quer recriar o mundo e isso pode ser muito custoso em termos de reação e derrota. Pode até mesmo ser um grande equívoco. Me ocorre que, simplesmente, talvez o ato de escrever esteja com os dias contados. Lembra-se do que eu lhe disse sobre o escritor sentir-se como um ecologista? É isso. O trabalho de uma vida inteira talvez seja sem sentido, porque se está sendo derrotado no final.

E.S. – O senhor se sente derrotado?

N.M. – Eu acho que nós, escritores, vamos ser derrotados, que não conseguimos mostrar como a vida é complexa. E as pessoas irão em busca de visões cada vez mais simplistas da vida, até chegar a um beco fascista sem saída. Nenhuma grande sociedade originou-se do fascismo. Do fascismo só saíram ruínas. O ponto em que estamos parece ser o último estágio antes do desprezo pelas liberdades e isto parece ser a tendência no mundo inteiro, algo que realmente me assusta. Hitler foi um enorme fenômeno ariano do fascismo mas, meu Deus, será que esse fenômeno do século 20 estaria de volta? Até mesmo as nações marxistas rapidamente viraram fascistas.

E.S. – Há muita curiosidade sobre o fato de o senhor ter esfaqueado sua segunda mulher e ter brigado publicamente com pessoas famosas. O senhor considera que tem um temperamento violento?

N.M. – Lutadores velhos são sempre pessoas doces. Já conheceu um lutador velho que fosse mau? Minha maldade foi toda posta para fora. Eu não era violento como as pessoas são violentas nos filmes, eu não entrava numa sala pensando em quem eu ia meter o braço. Nunca fui um valentão, um bruto – pelo menos espero que não. Depois do episódio do esfaqueamento, Adele e eu nos reconciliamos. Sim, eu fiz coisas violentas durante algum tempo em minha vida. Mas elas aconteceram como os acidentes acontecem. Eu não tinha a consciência de que estava sendo violento, até porque ninguém se acha violento. Eu gosto de boxe porque o melhor dele é quando a luta acaba (*risos*). Mas boxe foi uma coisa que aconteceu mais tarde em minha vida. Não tem aquela história da garota que é tão *sexy* que vira prostituta de tanto que lhe dizem: por que você não ganha dinheiro com seu tesão? Pois foi assim que virei boxeador (*risos*). Só que não ganhei dinheiro

BOXEADORES – *NORMAN MAILER*

algum. Eu pensei: se isto é a violência falando dentro de mim, por que não disciplino essa coisa lutando boxe? Lutei durante dez anos. Nunca fui muito bom na coisa. Mas gostava.

E.S. – As seis ou sete adaptações de seus livros para o cinema lhe agradaram?

N.M. – Odiei todas. A exceção é *The Executioner's Song*. Mas, no caso, quem escreveu o roteiro fui eu.

E.S. – E *Machões não dançam (Tough Guys don't Dance)*?

N.M. – Esse quem dirigiu fui eu, portanto eu gosto. Tem muitas falhas, porém são falhas de um diretor "novo". Gostaria que ainda fosse assistido daqui a vinte anos, mas provavelmente não o será. Tenho a impressão de que o melhor de meus filmes é *Maidstone*, uma produção *underground* que filmei em 1968 e levei três anos para finalizar. Era um filme muito ambicioso, com 45 horas de material filmado, reduzido após esses três anos a um filme de hora e meia. Ficou cortado demais. O ideal seriam três horas. Cada vez que vejo *Maidstone* sinto coisas diferentes. Há vezes que o assisto, não gosto nem um pouco, e não entendo por que tinha gostado algum dia. Aí eu o revejo um ano depois e reconheço que tem inúmeras qualidades. Uma meia dúzia de críticos gostou do filme. Vincent Canby escreveu um artigo medianamente bondoso no *New York Times*. Mas *Maidstone* nunca foi um sucesso. E é a bilheteria que determina a carreira de um diretor.

E.S. – Com relação à literatura pode acontecer a mesma coisa? Uma crítica boa ou ruim pode determinar a carreira de um livro?

N.M. – A mistura de críticas boas e ruins pode ter algum efeito negativo e críticas negativas, não tenho a menor dúvida, não fazem bem algum, especialmente em relação a livros sérios. Elas podem, realmente, afastar o público leitor. Mas o grande inimigo não é o crítico. São os milhões de romances medíocres, engendrados para o grande público, e que vendem quantidades extraordinárias. Vinte a trinta desses romances representam noventa e cinco por cento dos livros vendidos nos Estados Unidos. Para atravessar essa barreira, um escritor sério realmente necessita de boas críticas.

E.S. – *O fantasma da prostituta* esteve na lista dos mais vendidos, mas recebeu...

N.M. – (*interrompendo*) Teve críticas ruins em alguns lugares--chave. As revistas *Time* e *Newsweek* falaram mal. O *Sunday Times*, idem. Cinco ou seis outras críticas em veículos importantes foram muito elogiosas. Essas três negativas, porém, fizeram um bom estrago.

E.S. – *Ancient Evenings*[3], seu volumoso romance anterior, foi mal de público e de crítica. O senhor considera que...

N.M. – (*interrompendo*) Você se engana. Surpreendentemente, apesar de muitas críticas ruins, *Ancient Evenings* vendeu tão bem quanto *A canção do carrasco* e *O fantasma da prostituta*. Todos os meus livros vendem mais ou menos a mesma quantidade. *Ancient Evenings* teve críticas excelentes em alguns lugares e ruins em outros. A reação da imprensa foi muito variada. E esquisita. Recebeu uma crítica terrível do *New York Times*, enquanto a do *Washington Post*, que também é importantíssima, foi ótima. No *Chicago Tribune*, também. No caso de *O fantasma da prostituta*, a divisão foi ainda mais clara: *Time*, *Newsweek* e o *New York Times* de um lado, a maioria dos outros críticos do outro.

E.S. – O senhor se irrita com críticas ruins? Já se aborreceu seriamente com algum crítico?

N.M. – Eu não levo a crítica a sério, no sentido pessoal. Isto é, geralmente ela não afeta a minha própria visão do livro. Mas há tensões envolvidas, até porque podem ter efeito sobre o seu futuro econômico. E eu estou ficando velho o bastante para saber apreciar os prazeres da vida, pelo menos de vez em quando.

---

[3] Título no Brasil: *Noites antigas*.

BOXEADORES – *NORMAN MAILER*

E.S. – O senhor escreveu *Os nus e os mortos* aos 25 anos. Mesmo os que não gostam do seu trabalho reconhecem que é um livro monumental. Sendo tão jovem, como conseguiu...

N.M. – (*interrompendo*) Muita sorte. Não estou sendo modesto ao dizer isso: foi sorte, mesmo. Na época, eu e minha mulher tínhamos economizado o suficiente para viver durante um ano ou pouco mais – ela, com seu salário como oficial do corpo feminino da marinha, eu do tempo em que servi no Pacífico Sul. Meus pais me apoiaram, ao contrário de muitos autores jovens, que só ouvem "Você está cometendo um grande erro e perdendo seu tempo ao passar um ano escrevendo". Eu tinha atravessado uma série de abruptas reviravoltas psicológicas, algumas delas de motivação externa. Fui do Brooklyn, na época uma área realmente pobre de Nova York, para Harvard, uma das universidades americanas de maior prestígio, e, quatro anos depois, entrei para a marinha. Na idade que eu tinha então, isso equivaleria a um velho – ou uma criança, não sei bem qual seria a melhor imagem – viver em três países diferentes num período de quatro ou cinco anos. Isso teve um efeito profundo em mim.

E.S. – Em algum desses países o senhor se sentia à vontade?

N.M. – Num certo sentido essas mudanças bruscas me tornaram mais sofisticado do que os outros de minha idade. Ao mesmo tempo, eu era jovem demais para saber o risco que estava correndo como romancista. Em outras palavras: hoje eu não conseguiria escrever um livro como *Os nus e os mortos* em um ano e três meses. Eu levaria três, quatro, cinco anos, porque saberia quão ampla era sua dimensão. Claro, eu já vinha escrevendo outras coisas, essa não era a minha primeira tentativa.

E.S. – Quer dizer: não tinha noção da dimensão de *Os nus...*, mas tinha a meta de tornar-se um grande escritor?

N.M. – Na universidade eu já sabia que queria ser um escritor. Eu sou muito objetivo. Eu queria ser um escritor do mesmo jeito que Bill Clinton queria ser presidente ou um bom atleta colegial sabe que quer se tornar um jogador profissional de basquete. Eu tinha metas, às quais me fixei inteiramente. Eu era o equivalente de um jovem atleta que, tendo talento, não faz outra coisa senão desenvolvê-lo. O grande problema veio depois, quando o livro saiu e me vi obrigado a viver uma vida real. Mas isso aconteceu há cinquenta anos! (*risos*)

E.S. – É verdade que escreve à mão e de pé?[4] Por que ...

N.M. – (*gargalhada*) Quem inventou isso? Que eu escrevo à mão é verdade. Minha assistente datilografa os originais e eu então os edito. Mas, de pé? Não. Quem fazia isso era Thomas Wolfe. Eu escrevo sentado, mesmo, como todo mundo.

---

[4] Nota do repórter: o escritor norte-americano que, sabida e comprovadamente, gostava de escrever de pé era Ernest Hemingway (1899–1961).

CAMILLE PAGLIA

"O pênis ereto é o máximo do desejo humano.
O que eu proponho é uma resposta bissexual à arte e à cultura."

Ela encara uma entrevista com a ansiedade de um *boxeur* jovem, daqueles criados na rua, sempre secos para encarar uma briga. Camille Paglia não espera sequer que você termine de formular a pergunta: já salta com os argumentos, exemplos, detalhes que melhor expliquem o que pensa. E como fala a pequenina.

Na transcrição que você vai ler eu uso ponto, parágrafo, ponto e vírgula, recursos que dão tempo de uma respirada. No ringue com a Professora de Humanidades da Universidade da Filadélfia, não há nada disso. É uma frase, vírgula, seguida de outra frase, vírgula, e outra mais, vírgula. Um dos desafios do entrevistador é conter-se para não saltar sobre a minúscula, elétrica figura, e amordaçá-la. Ou ficar tentado a deixá-la falar, falar, falar, sem nunca interrompê-la, diante da torrente de ideias originais, das reflexões provocadoras, da descaradamente narcísica, constante autorreferência. Justamente a face de Camille Paglia que provoca maiores críticas quando resolvem atacá-la. O que acontece toda vez que ela abre a boca ou escreve uma linha.

Feminismo, política, sexualidade, arte, educação, música, cinema – desde que apareceu no cenário cultural americano, no início dos anos 1990, não há aspecto da vida *made in USA* que tenha escapado da metralhadora giratória da intelectual que faz questão de lembrar, com orgulho, ser neta de sapateiros. Oito anos depois, ela continuava disparando para todos os lados – irritada, especialmente, com a decepção que tivera com o casal Clinton e com a então primeira-dama dos Estados Unidos.

O escândalo Bill Clinton/Monica Lewinsky era, então, um dos temas favoritos da imprensa, especialmente daquela mais conservadora, ligada ao partido republicano. Mal sabia Camille Paglia – aliás, mal sabíamos nós – o estrago que uma estagiária, autora de menos de meia dúzia de *felacios* no salão oval da Casa Branca e cercanias, acabaria por provocar nas eleições que se aproximavam.

Edney Silvestre — **A senhora abriu uma** trilha a ferro e a fogo na cultura americana, com suas opiniões politicamente muito incorretas sobre o feminismo, a política etc. O que a levou a ser duramente criticada e até mesmo chamada de neoconservadora. Como encara todas essas críticas?

Camille Paglia — **Quando apareci, fui chamada** de neoconservadora erradamente, pois não havia alternativas, apenas liberais ou conservadores. O debate político era muito polarizado. Eu representava um espírito novo nos Estados Unidos da década de 1990, que nós chamamos de "libertarianismo" e que é uma nova posição intermediária, que pega o melhor da esquerda e da direita. O próprio presidente Clinton e seu vice Al Gore tentaram achar uma nova posição, que eles chamam de "novo centrismo", de "novos democratas". Eles acreditam que precisamos de uma reafirmação do capitalismo, mas que é necessário haver respeito pela justiça social.

E.S. – A senhora se classifica como libertária. Como fruto da década de 1960, qual é o seu *background*? A senhora já se disse uma "protofeminista", afirmando que já era feminista antes de Betty Friedan.

C.P. – Eu era apaixonada por Amelia Earhart, a grande aviadora dos anos 1930. Na década de 1960, eu já era conhecida em Nova York, quando era adolescente, por ver Amelia Earhart como o modelo máximo da mulher liberada, que voa, domina a Natureza, arrisca a própria vida. Em 1963 publiquei um artigo na revista *Newsweek*, pedindo direitos iguais para as mulheres americanas. No mesmo ano, Betty Friedan publicou *The Feminine Mystique* (livro considerado a pedra fundamental do movimento feminista). Na verdade, eu a precedi. Fui inspirada por Amelia Earhart e Katharine Hepburn, que eram um produto da primeira onda do movimento feminista, que conquistou o direito de voto para as mulheres nos EUA dos anos 1920.

Fui excluída do movimento feminista devido a questões ligadas a sexo e cultura popular. Revendo a situação, hoje, fica claro que havia alguma coisa errada com o feminismo. Eu representava um avanço, a partir da primeira onda do movimento feminista sufragista dos anos 1920. Fui banida do movimento feminista no final dos anos 1960, entre outras razões, por causa do *rock and roll*. Eu era louca pelos Rolling Stones. O *rock and roll* era o espírito revolucionário dos anos 1960. O feminismo estava se colocando contra o *rock and roll*. Eu defendia os Rolling Stones contra as musicistas feministas, que diziam que eles eram "maus músicos", porque eram "sexistas". Logo os homens que se interessaram pelo *blues*, que trouxeram a tradição afro-americana do *blues* para adolescentes brancos que não escutavam isso nas rádios? Do que elas estavam falando? Eu adorava o estilo glamouroso dos filmes de Hollywood, nunca pensei que eram imagens sexistas, gostava de publicidade, era fã de Andy Warhol. Agora sou membro de uma ala pró-sexo do feminismo, que tem sido muito vibrante na década de 1990. Fomos silenciadas durante 25 anos e agora revidamos. Nunca fui contra o feminismo, eu lutava contra uma espécie de Politburo, contra a *coterie* das feministas poderosas de Washington e Nova York que se declaravam feministas. Mas elas nunca foram feministas, realmente. Para mim, era um ressurgimento do puritanismo.

E.S. – Há feministas que odeiam homens, apesar de serem denominadas de heterossexuais. A senhora se disse bissexual, lésbica, feminista, mas a senhora também é "a favor" dos homens. Como explica esta situação contraditória?

C.P. – Sim, eu me classifiquei de "lésbica pró-pênis". Disse que qualquer mulher que ache o pênis feio, idiota, motivo de riso, é neurótica e não podemos tolerar esse discurso dentro do feminismo. Eu disse que o pênis ereto é o máximo do desejo humano. O que eu proponho é uma resposta bissexual à arte e à cultura. Talvez nem todo mundo possa ser bissexual ativamente, relacionar-se com homens e com mulheres, mas, quando se estuda a História da Arte, aprende-se a ver a beleza de um nu masculino e de um nu feminino. Sou ítalo-americana e, no início, sentia uma alienação em relação aos Estados Unidos: éramos uma família de imigrantes. Acho que a minha habilidade para analisar a sociedade vem dessa sensação de ser uma minoria étnica neste país. Ao mesmo tempo, adoro os Estados Unidos, não tenho nada desse antiamericanismo de tanta gente da minha geração, que foi adotado pelos esquerdistas nos anos de 1960. Meu avô trabalhava em uma fábrica de sapatos.

E.S. – Nos Estados Unidos ou na Itália?

C.P. – Nos Estados Unidos. Meus quatro avós nasceram na Itália e minha mãe também. Eles entenderam a grande oportunidade que os Estados Unidos representavam. Só aqui eu, uma neta de sapateiro, poderia ter me tornado o que me tornei, eu, tão independente, com um carro, máquinas de lavar e secar automáticas, com tempo para escrever, ter Internet e televisões na minha casa, rádio, música gravada, todas essas coisas. Eu aprovo o capitalismo, porque ele me fez uma mulher liberada. O feminismo foi desonesto ao não admitir que foi um produto da Revolução Industrial. Elas não veem que o capitalismo colocou fones de ouvido e aparelhos de som estereofônico em suas salas, que foi o capitalismo que distribuiu todos os maravilhosos álbuns de Jimi Hendrix, Jefferson Airplane etc. Toda uma maravilhosa rede de distribuição que nos deu o suco de laranja nas lojas, o leite pasteurizado, a carne. Eu percebia a abundância da vida americana, já que minha família vinha da pobreza do sul da Itália. Via minha avó lavando roupa em uma tábua na banheira. Ela lavava roupa o dia inteiro. Entendi o que o capitalismo havia feito pelas mulheres. Pode-se dizer: "Ela elogia o capitalismo, é uma conservadora". Mas eu não sou conservadora, de modo algum! Porque acredito que o governo deveria ter um papel limitado em nossas vidas privadas. Apoio a prostituição, ela deve ser descriminalizada, apoio a pornografia, a homossexualidade, o uso de drogas deveria ser legalizado, apoio o direito ao suicídio, a liberdade de expressão etc. Havia um problema no discurso político dos Estados Unidos...

E.S. – Está falando dos anos de 1960?

C.P. – Sim, dos anos de 1960. Os esquerdistas da minha geração, à essa época, estavam alienados da classe trabalhadora. Meu avô, que trabalhava em uma fábrica de sapatos, era um democrata que apoiava Franklin Delano Roosevelt. Algo havia acontecido. O partido democrata estava perdendo o contato com a classe trabalhadora e se tornando um grupo de políticos profissionais, branco, da classe média-alta e arrogante. "Nós sabemos o que é melhor para aquelas pessoas", pensavam. Eu sabia que estava certa, porque vi a tendência da classe trabalhadora rumo ao lado conservador. Hillary Clinton, Bill Clinton e as pessoas em torno deles, também são um produto desse elitismo. Eles acham que sabem o que é melhor para todos. Clinton estragou uma das melhores chances que já tivemos neste país de fazer uma reforma significativa no sistema de saúde, porque Hilary acredita que é uma espécie de Evita. "Estou aqui, posso falar por todos vocês. E tenho um pequeno grupo que nos apoia, não vamos ter nenhum processo democrático aberto." Não gosto desse tipo de instinto totalitário, que parece estar aparecendo no esquerdismo americano.

E.S. – Mas a senhora era uma admiradora de Hillary Clinton...

C.P. – Sim, eu a adorei na campanha presidencial, ela foi maravilhosa na primeira campanha nacional. Foi ela que elegeu o marido, sem dúvida. É ela quem tem o verdadeiro sentido da estratégia, a sua dureza, como quando disse que não era daquelas mulheres de políticos que ficam em casa, assando biscoitos. E no dia da posse, quando havia uma fila enorme de pessoas esperando para entrar na Casa Branca, ela não percebeu que tinha um microfone na roupa e disse: "Tem gente lá fora que está sendo esmagada". Eu adorei o jeito dela. Mas receio que os Clinton tenham cometido alguns erros. Nunca foram bons em indicar pessoas qualificadas para auxiliá-los. São todas do mesmo tipo. Gente da Faculdade de Direito de Yale, uma espécie de elitismo liberal, que diz: "Nós sabemos o que é melhor para o povo". Hillary ficou cada vez mais isolada. Ela pensa em preto e branco: "Nós temos boas intenções, portanto somos bons; todos que se opõem a nós são maus. Há uma conspiração de direita que quer nos derrubar".

E.S. – A senhora não acha que existe uma conspiração de direita nessa história do impeachment?

C.P. – Certamente, mas a questão é que nunca houve alguém mais partidária do que Hillary Clinton. Hillary e as pessoas que a cercam são culpadas de uma conspiração de esquerda. Se eles não tivessem cometido erros tolos, não estariam dando tantas armas aos seus oponentes. Não se pode culpar a direita. A administração de Clinton, com os erros terríveis que cometeu, ficou muito exposta a este tipo de ataque. Ainda hoje, apesar de todos os erros dos Clinton, as pessoas ainda não gostam da oposição republicana. Se os republicanos tivessem verdadeiros estadistas, o governo Clinton teria caído há muito tempo. Pessoas democratas, como eu, estão na defensiva, a favor de Clinton, apesar de acharem que o que ele fez foi terrível, porque se pode ver o caráter baixo, a visão tacanha, os interesses pessoais, a mendicidade das pessoas que estão contra ele, do promotor especial (Kenneth) Starr a Newt Gingrich, o líder do lado republicano. Estamos em uma era nos Estados Unidos, agora, que parece muito com o Império Romano, quando havia uma espécie de cinismo venoso. Eu me preocupo com o futuro dos Estados Unidos, se não conseguirmos fazer líderes políticos fortes.

E.S. – Como feminista, democrata e autora da frase "Um homem poderoso deveria ter uma libido poderosa", o que acha da situação Clinton/Monica Lewinsky?

C.P. – Sou a única líder feminista que acreditou na história de Paula Jones, de que Bill Clinton mostrou o pênis para ela. Está registrado que eu disse, em 1994, que queria um presidente com muita libido. Acho que isso é bom, não queremos uma pessoa com medo, pois a coragem e a franqueza em expressar seus desejos sexuais é bastante similar àquela necessária na cena mundial. Entretanto, é preciso ter senso de proporção e medida. Não me importaria se Clinton perseguisse dez mulheres de três em três dias. O que me preocupa é que ele fez isso dentro da Casa Branca. Ele violou o espírito das normas do assédio sexual pelas quais nós, feministas, lutamos durante dez anos.

E.S. – Explique isso com mais detalhes, por favor.

C.P. – Em 1986, aqui na minha própria universidade (na Pensilvânia), a *University of the Arts*, eu desenvolvi normas moderadas de como enfrentar o assédio sexual e as apresentei aos decanos, para que eles as adotassem. Achava que, em uma faculdade de artes, os calouros precisavam saber que têm direitos. Uma jovem precisa saber que pode estabelecer um limite, que não precisa concordar com todos os desejos de seu professor, se esses desejos ultrapassarem o aspecto acadêmico. Eu queria normas moderadas de enfrentamento do assédio sexual, apenas para informar aos alunos, rapazes e moças, que eles têm certos direitos, que só se podem exigir deles coisas acadêmicas.

E.S. – Monica Lewinsky estaria em situação semelhante à dos estudantes?

C.P. – O problema com a situação de Monica Lewinsky é que ela era estagiária. Havia uma enorme disparidade entre o poder dela e o poder do presidente. Esta é uma questão que o movimento feminista levantou várias vezes. Até que ponto há consentimento, quando existe tamanha disparidade? Minha opinião, como feminista, é que ela jamais recebeu a honra de uma amante. Ela não era como Camilla Parker-Bowles, que o príncipe Charles exibia em público com ele e seus amigos, que servia como sua amante, em jantares no High Grove. Monica era tratada de maneira humilhante. Nunca a deixavam ver a luz do dia. Ela se queixou de que ele nunca a levava a lugar algum, de que eles nunca faziam nada. Era apenas a empregada que fazia o serviço usando a porta dos fundos. E sabemos ainda mais, pelo relatório Starr: que Bill Clinton continuava falando ao telefone enquanto Monica o "servia". Ela era tratada como uma prostituta. Eu respeito prostitutas. Mas Monica não era recompensada por seus serviços. Ele usou e abusou dela.

E.S. – Ela usou a situação para tentar conseguir bons empregos...

C.P. – Mas isso foi mais tarde. O objetivo dela era romântico. Parece que ela era apenas uma, dentre muitas, na equipe. Isso está nas fitas de Tripp também. Monica se queixou à sua amiga Linda Tripp de que as outras mulheres que serviam ao presidente não ligavam por serem muitas, mas ela se importava. Essa garota era instável desde o início. Clinton tem a minha idade. Cometi esses erros há 25 anos. Ele deveria ser mais maduro. Se você está na Casa Branca e uma estagiária, que está lá também só por causa de sua relação com um contribuinte democrata proeminente, exibe sua roupa de baixo, se você não tem ideia de que a segurança dos Estados Unidos pode ser mais importante do que persegui-la pelos corredores... Uma mulher que se comporta assim não deve ter todos os parafusos bem apertados na cabeça, ela pode ficar fora de controle, e foi exatamente o que aconteceu... Clinton tem um estranho senso de autodestruição. Primeiro foi errado da parte dele, em termos da dignidade da própria esposa. A esposa dele mora na Casa Branca, que é uma combinação de local de trabalho e residência. Foi eticamente errado da parte dele criar segredos dentro de sua própria equipe, quando a esposa estava fora do imóvel ou quando estava em outra cidade. Foi errado. Ele desonrou a esposa. Que ele persiga quem bem quiser. Se tivesse encontrado com Monica em Georgetown, se a tivesse levado a um hotel ou à mansão de amigos na Flórida, eu aprovaria totalmente. Eu diria "Veja o que ela recebeu em troco: fins de semana secretos com Clinton para servi-lo". Foi vergonhoso o modo como Clinton transformou funcionários federais, sua secretária Betty Courier, o serviço secreto, todos em torno dele em instrumentos para ocultar essa relação falida, na qual ele nem estava tendo relações sexuais. Isso é que é patético nessa história.

Se ele estivesse mantendo relações sexuais genuínas e agradáveis! Mas pelo contrário! Ele nem queria ter um orgasmo! Ele achava que não estaria traindo a mulher se não tivesse um orgasmo. E onde isso tudo acontecia? A maior parte do tempo no corredor...

E.S. – Com a porta aberta.

C.P. – Com a porta aberta, para ter certeza de que não seriam pegos em flagrante. Que tipo de sexo era esse para ela? Ela recebia alguma satisfação com toda essa dissimulação? Foi vergonhoso. Foi uma agressão, não apenas à mulher dele, mas à filha dele. Temos de lembrar que ele tem uma filha, quase da mesma idade de Monica Lewinsky. Se esta fosse uma relação romântica genuína, se ela tivesse status de amante ou fosse recompensada como prostituta, eu apoiaria. A grande surpresa do relatório Starr foi o que chamei de aparição meteórica de Eleanor Mondale, que é uma personalidade da TV neste país, que é a filha do ex-candidato a presidente. Esta seria uma amante notável para Clinton. Ela é uma mulher linda, sexy, esperta, inteligente. É claro que ela não vai contar o que aconteceu realmente entre ela e Clinton. Dentre as milhares de mulheres que desejariam ter um caso com Clinton, por que não ficou com ela? Eleanor Mondale[1] seria uma amante notável.

E.S. – Deu para ver o gosto do presidente. Ele não escolheu alguém como a srta. Mondale.

C.P. – Parece que ela estava na lista de Starr. A coisa mais engraçada do relatório Starr é quando Monica Lewinsky chega inesperadamente ao portão oeste da Casa Branca e pedem que ela espere, porque o presidente está com seus advogados. Um dos guardas deixa vazar que o presidente estava com Eleanor Mondale e Monica Lewinsky faz uma cena. Ela teve um ataque, pois sabia o que isso significava. Acho que

---

[1] Loura, alta e refinada filha do ex-vice-presidente Walter Mondale, tornou-se conhecida como apresentadora de programas de rádio e televisão, atuou em alguns filmes. Eleonor Mondale morreu em setembro de 2011, aos 51 anos, vítima de câncer no cérebro.

BOXEADORES – *CAMILLE PAGLIA*

a maioria das pessoas em Washington sabia sobre Eleanor Mondale. O país só ficou sabendo agora. É claro que agora Eleanor Mondale está fabulosa, foi capa da *National Enquirer*, na semana passada. Clinton tem esse gosto. Ele gosta de Paula Jones, que é uma espécie de garota caipira.

E.S. – Também teve Gennifer Flowers...
C.P. – Essa é bem mais sofisticada do que Paula Jones. Gennifer Flowers era uma personalidade da TV, uma espécie de beleza sulista, sofisticada ao seu modo. Paula Jones é uma garota caipira, sem educação, que vem da mesma região da família de Clinton, em Arkansas. Minha crítica, como feminista, é que cabe a Clinton, ou a qualquer homem de poder, agendar e administrar sua vida sexual de modo eficiente, para que ela não interfira com suas obrigações profissionais e para que ela não desonre sua esposa e filha. Tenho uma atitude italiana, talvez por ter visto tantos filmes de Fellini. A esposa fica em casa e é honrada. Nos Estados Unidos, a esposa de meia-idade não é honrada. O homem se livra dela na meia-idade, para poder se casar com a "esposa troféu". Acho isso mais desumano, gosto do sistema italiano.

E.S. – Que consiste em ter casos e manter a esposa.
C.P. – E a esposa tem sua honra. Ela é a mãe dos filhos. Ela é a rainha e as outras mulheres são inferiores, ela se sente superior a elas. Acho esse sistema muito mais humano. Neste país, com o divórcio rápido, desenvolveu-se o abandono da mulher que está envelhecendo. Esta é uma situação pavorosa.

E.S. – Foi isso que Woody Allen fez com Mia Farrow, quando a deixou para se casar com sua filha adotiva?
C.P. – A situação com Mia Farrow era mais complicada, porque eles nunca moraram juntos. Woody e Mia moravam em apartamentos separados. Mia era uma espécie de matriarca, com treze filhos adotivos, se bem que dois eram dela mesma... Não era uma situação

convencional. Não era um casamento em sentido algum. Acho o caso que Woody Allen teve com Soon-Yi interessante. Era um caso incestuoso de certa maneira. Foi uma espécie de vingança contra Mia e sua própria frigidez em relação ao sexo. Woody Allen estava procurando consolo maternal. Acho que isso ocorre no caso de Bill Clinton. Paula Jones – foi isso que me fez acreditar nela desde o início – contou a história em que o governador exibe o pênis para ela e diz: "Beije-o". Este é um pequeno detalhe. Não acho possível que uma mulher com a origem de Paula Jones fizesse uma falsa acusação. Clinton desejava uma mamada maternal. É uma espécie de infantilismo. Acho que Woody Allen também tem esse problema. Eu não chamaria isto de uma sexualidade madura de políticos europeus. Os Estados Unidos têm um grande problema com a sexualidade. Vai-se do extremo puritano à expressão infantil, como se vê com Woody Allen e Clinton. Ou ao extremo da indústria pornográfica, que por si só é uma economia de mercado.

E.S. – A senhora se considera uma pornógrafa.

C.P. – Com certeza. Em minhas descrições de arte, quer eu esteja falando de um quadro, de uma escultura, de um filme ou de um poema, sempre tento achar a linguagem mais suculenta para estimular as respostas sensoriais do leitor. Acho que é isso o que eu faço. Desperto as respostas sensoriais do leitor à arte. Acho que a arte e a pornografia estão muito ligadas. Eu venho de uma tradição mediterrânea!

E.S. – A senhora disse que o Papa é o maior colecionador de arte pornográfica.

C.P. – Sim. O Museu do Vaticano, com todas aquelas esculturas de nus da Roma Antiga encontradas nas escavações, durante a reconstrução do Vaticano no Renascimento... Ao se visitar a coleção do Vaticano, só se encontram estátuas nuas! Eu fui criada na Igreja Católica. Até no Estado de Nova York havia muitos nus. Uma coisa que me obcecava durante minha infância era uma estátua, de São

Sebastião, que ficava perto do altar, cheio de pequenas flechas, com sangue escorrendo. Ele parecia estar apenas sentindo cócegas, eu não via nenhuma cena de martírio. Ficava fascinada com aquilo. Por que aquilo estava ali perto do altar? Era isso que atraía a minha atenção. Para onde quer que eu olhasse, via Cristo flagelado, caindo, seminu, fazendo poses estranhas... Sempre senti que havia um estranho elemento pornográfico na iconografia italiana. Com o tempo, eu a estudei e vi que as coisas nas quais eu concentrava a minha atenção eram resquícios de cultos pagãos na Itália. A Itália nunca se tornou realmente cristã. Acho que podemos ver isso, conforme o catolicismo se espalhou na Espanha, depois na América Latina e na América do Sul. Onde quer que haja catolicismo latino, encontram-se resquícios do passado pagão. Em todo o lugar onde o catolicismo chegou, na América do Sul e na América Latina, especialmente, ele se funde com as tradições indígenas nativas. Quanto mais estudo o cristianismo, mais percebo que as partes que nunca me agradaram eram as que vinham da Palestina, as que Martinho Lutero e a Reforma isolaram durante o Renascimento europeu. Eles baniram todos os elementos do catolicismo italiano, que haviam crescido durante o período medieval, e se voltaram para o "cristianismo aborígene". Isso é o Protestantismo. Por isso sou inimiga do Protestantismo, porque eu aplaudo os elementos pagãos que Martinho Lutero deixou de lado. Acho que algo semelhante aconteceu com o feminismo. O feminismo anglo-americano havia se tornado muito "protestante", muito puritano. Ele luta contra a imagem visual. O feminismo britânico e americano não entende as imagens visuais, para ele é tudo pornográfico. Mas se você foi educado na tradição latina católica, no Mediterrâneo ou na América Latina ou do Sul, está acostumado a ver o mundo em termos visuais. Sou uma escritora, gosto de palavras, mas para mim esta é uma maneira muito inferior de experimentar a vida. As palavras são uma forma menor de consciência. Para mim, reações visuais e sensoriais são as primevas, são as reações do senso comum. Acho que é por isso que tenho tantos fãs no Brasil, porque eles entendem o que estou falando. Palavras são importantes na dinâmica teatral, de pessoa para pessoa. Mas palavras em livros são uma forma menor de experiência. Na verdade, isso é que é o Pós-Estruturalismo. Toda a escola de Lacan, Derrida e Foucault não é nada além de palavras, categorias verbais impostas às experiências, e isso é falso. A pior coisa do mundo é fazer os jovens aprenderem Lacan, Derrida e Foucault. Isso os desvia de ver, ouvir, sentir, saborear o mundo de verdade.

E.S. – O que a senhora achou do Brasil? Nós temos a reputação de uma libido exacerbada. Não sei se teve chance de observar isso.

C.P. – Durante as duas semanas em que estive lá, convidada pelo meu editor, em 1996, eu era apenas uma observadora, não estava participando, mas a minha companheira sentiu-se no paraíso. Nós nos sentamos em Copacabana, bebendo chope, comendo uma comida deliciosa, observando aquela gente linda, os homens, as mulheres... Que espetáculo! Nós adoramos tudo aquilo! Nossos olhos inundados pela beleza da paisagem, das montanhas e das pessoas. A gente leva uma sensação arrebatadora do Brasil, da beleza dos brasileiros multirraciais.

E.S. – A senhora está longe de ser uma puritana, mas vive uma relação estável. Sua relação já dura quase quatro anos...

C.P. – Cinco anos.

E.S. – Como age, dentro de uma relação? É contra ou a favor da traição, ou nem considera a ideia?

C.P. – Eu sou totalmente monogâmica.

E.S. – Que quadrada!

C.P. – Eu sei. Talvez seja fruto de minha idade. Estou com 51 anos agora. Sou de uma personalidade muito simples. Sou do signo de Áries. Não tenho a complexidade de alguém do signo de Escorpião. Eu sou simples, estável e leal. É assim que eu sou, fui criada assim. Pode ser devido à minha origem camponesa italiana. Italianos que foram criados na cidade, que nasceram nos subúrbios de Roma ou

BOXEADORES – *CAMILLE PAGLIA*

de Nápoles, teriam uma atitude mais livre em relação ao sexo. Mas eu venho de milhares de anos de vida aldeã, onde a lealdade é uma questão importante para o clã. Não se quer levar vergonha para o clã. Ninguém quer provocar escândalos.

E.S. – Como encontrou sua companheira, Alison Maddex?

C.P. – Ela me escreveu, porque se sentia alienada pelo feminismo daquele período, por causa de seu interesse por fotos de lindas mulheres, pelos nus, pelas revistas de moda. A pressão e as hostilidades constantes que ela sofria das feministas ao seu redor, que tinham a ideia de que qualquer imagem de uma bela mulher é automaticamente sexista, uma maneira de os homens terem poder sobre as mulheres. Ela era uma artista ativista. E achava que era uma luta constante e exaustiva ser uma feminista no início da década de 1990. Ela leu meu segundo livro, uma coletânea de ensaios chamada *Sex and Art in American Culture* e decidiu escrever para mim. Ela estava morando em Washington, foi a uma palestra que fiz ali e tentou falar comigo depois. Ela me presenteou com uma camiseta da Madonna que tinha feito, mas eu não lhe dei a menor atenção. Uma semana depois, mandou entregar no meu escritório um pacote com seus trabalhos artísticos, que me pareceram muito interessantes, e uma carta.

E.S. – Ela a perseguiu!

C.P. – Sim. Ela se candidatou! O trabalho dela me impressionou de imediato. Ela fez uma fotomontagem onde se via uma mulher vestindo sutiã e calcinha pretos ao lado de uma pilha de panquecas americanas, cobertas de melado e manteiga. Era uma linda foto colorida recortada de um anúncio. Isso chamou a minha atenção de imediato. Comida e sexo, o elemento pornográfico e também a propaganda, porque adoro propaganda. Adoro o trabalho de Andy Warhol em propaganda. Ela me mandou uma foto de si mesma. Liguei para ela, nós conversamos e quando nos encontramos, vimos que tínhamos mentes semelhantes. Ela está fazendo a mesma coisa. Ela é dezenove anos mais jovem do que eu.

CONTESTADORES

E.S. – Ela tem uma origem diferente, vem de uma família protestante.

C.P. – Sim, uma origem protestante. Mas ela nasceu em Washington, em uma família de políticos. Essa foi outra coisa muito importante para nós. Ela achava difícil encontrar, no mundo da arte, gente interessada em política e notícias. Ela é de Washington, notícias são o negócio da cidade, assim como o cinema é o negócio de Hollywood. Ela achava muito difícil encontrar alguém que estivesse igualmente interessado em História da Arte e em política contemporânea. Imediatamente nós compartilhamos isso, pois para mim também é muito difícil. Geralmente, nos Estados Unidos, as pessoas envolvidas em política não sabem nada sobre arte e as pessoas no mundo da arte têm ideias muito simplistas, não acompanham o noticiário. Foram essas coisas que nos aproximaram. Foi uma combinação de interesses culturais. Ela é de outra geração. Também compartilhamos o interesse pela televisão. Ela adora televisão e sempre debocharam dela por isso. Diziam que televisão é sem importância, vulgar. Eu adoro televisão e assisto o tempo todo. Temos uma televisão ligada o tempo todo em nossa casa, sem que ninguém a critique por isso. Outra coisa foi o amor pela comida. Ela acha que cozinhar é uma forma artística. Ela se interessa por cozinha e as pessoas achavam que isso não era importante. Todos esses interesses em comum, ligados à vida, à arte, à política, à mídia... Temos compartilhado essas experiências.

E.S. – Há cinco anos...

C.P. – Sim, há cinco anos. E agora ela tem o projeto de um museu do sexo. Ela está tentando trazer, pela primeira vez, um museu de sexo para os Estados Unidos. Ela não quer que seja melancólico como os museus de sexo que se vê em Amsterdã, com instrumentos de tortura e todo tipo de utensílios sadomasoquistas, coisas estranhas e bizarras. Ela gostaria que eles estivessem presentes, mas quer fazer uma instituição mais geral, que mostraria toda a história da sexualidade nos Estados Unidos em seus extremos, de Hollywood ao puritanismo de Salem. Quer uma coisa aberta a todos, para que a classe trabalhadora possa entrar, mas onde os professores universitários também encontrem coisas interessantes. A ideia dela é ter um restaurante no museu, para se poder ter uma experiência completa. O restaurante alimenta os sentidos e o museu alimenta a mente, os olhos. É uma visão integral, atrair todas as diferentes dimensões da pessoa humana.

E.S. – A senhora disse que o século 20 é a Era de Hollywood. Por que Hollywood?

C.P. – Eu disse que Sartre estava errado ao chamar o século 20 de "a era da ansiedade". Eu o chamo de a Era de Hollywood. Acho que este é o maior legado cultural do século 20. Essa talvez seja a maior premissa do meu trabalho. Acho que a tradição da grande arte chegou ao fim no século 20, com os grandes modernistas como Picasso, Joyce, Proust, Mann e outros. Agora a arte trocou de trilhos e foi para a comunicação de massa, para a qual os jovens estão se voltando. Quando examinamos a História americana dos últimos cinquenta anos, depois de Jackson Pollock e dos grandes da *Pop Art*, Andy Warhol, Carl Sondenberg e Roy Lichtenstein... Onde, nos últimos trinta anos da arte mundial, pode-se encontrar uma grande afirmação, seja na música, no romance ou na pintura? Tudo isso migrou para a cultura popular, que também me preocupa, pois sinto que a qualidade da produção da arte popular decaiu ao mesmo tempo em que, por muitas razões, ela se tornou uma indústria mundial. Meu livro mais recente é sobre *Os Pássaros*, um estudo do grande clássico de Alfred Hitchcock, a convite do Instituto Britânico de Cinema. Estou tentando despertar os jovens para a necessidade de estudar os cânones de grandeza na tradição popular. Quando se vê o magnífico conjunto do trabalho que Hitchcock deixou, que vai do final da década de 1920 até a sua morte, em 1980, a sua fidelidade à mecânica da produção cinematográfica, a atenção que dava ao guarda-roupa, ao roteiro, ao cenário, tudo, ele era um verdadeiro autor, embora tivesse uma equipe extraordinária. Necessitamos de um retorno aos padrões estéticos de cultura popular para perceber que há uma grande carga sobre ela. A cultura popular está carregando a responsabilidade da grande arte, que foi abandonada com o Modernismo. Esse é o meu argumento. Com *Esperando Godot* de Beckett, o niilismo, a alienação Pós-Estruturalismo, a negatividade, o desespero, o Pós-Modernismo, para o qual tudo está aos pedaços... Isto está completamente errado. É uma terrível dieta de pessimismo para os jovens. Os jovens precisam de mensagens afirmativas, de que podem realizar coisas nas artes. Isso é o que estou tentando fazer agora. Estou encorajando os jovens a voltar ao estudo da grandeza do passado. Acho que as pessoas de fora dos Estados Unidos não podem entender o que aconteceu com a educação americana. A ideia de "grandeza" é desafiada em Harvard, em Yale, em Princeton, em Berkeley. É fora de moda dizer que alguém é um "grande" artista. Que Michelangelo é um "grande" artista. Não, somos simplesmente vítimas da ideologia, de uma conspiração branca capitalista, heterossexista, que tenta manter a velha tradição. Sou italiana, venho de uma tradição na qual os trabalhadores do campo conhecem as grandes óperas, sabem que a Capela Sistina é a herança deles, não a de uma elite. A arte na Itália pertence a todos e todos sabem disso. Desprezo esse filistinismo nas universidades americanas.

E.S. – Quando vê alguém que era ousada e destemida como Madonna, tornar-se uma mãe com comportamento de classe média, a senhora não fica decepcionada?

C.P. – Todo artista importante precisa passar por diversas fases. É preciso amadurecer, se desenvolver como artista. Picasso é um grande exemplo disso, ele não permaneceu cubista. Quando desenvolveu aquele estilo, ele se manteve nele por talvez sete anos e depois avançou para outra coisa. Todos os grandes artistas têm um padrão de mudanças e de busca em suas vidas. Eu recebo com alegria a mudança de Madonna para uma fase mais meditativa de sua vida. Queria que ela tivesse feito isso antes dos anos de 1990. Receio que essa mudança tenha vindo quase tarde demais para ela. No momento em que ela lançou aquele livro grande e feio, *Sex*, que foi um desastre... Helmut Newton era o fotógrafo que deveria ter feito aquele livro, mas em vez disso, ele foi feito por um fotógrafo muito inferior, que parece não ter tido a imaginação para fazer uma coleção de fotos realmente decadente. Foi um livro bobo, feio e chato, que nunca rendeu muito dinheiro. Aquele era o momento. Ela não deveria ter feito esse livro, deveria ter ido mais para o lado das artes. Se ela tivesse se dado ao trabalho de falar comigo... Acho que ela deveria ter seguido em direção a Martha Graham, aquele era o momento. Ela havia estudado com o grupo de Martha Graham... Se, naquele momento, com todo o dinheiro que ganhara, tivesse decidido patrocinar um filme sobre a vida de Martha Graham... Naquele momento, as pessoas estavam prontas para saudar Madonna como uma artista séria.

E.S. – Mas, em vez disso, ela fez *Evita*.

C.P. – Acho que a ânsia que ela tem de virar uma estrela de cinema está um pouco deslocada. Ela não mostrou qualquer habilidade como atriz até agora e, em *Evita*, estava apenas dublando canções. O filme seguiu muito de perto a história de sua própria vida. Sua compreensão dos Perón era muito limitada. Quando Madonna era entrevistada sobre o filme aqui nos Estados Unidos, dizia: "Sim, a vida de Evita é igual à minha. Viemos para a cidade grande e fomos mal compreendidas. Somos amadas pelo povo, contra o *establishment*. Madonna parece ignorar que Evita e Juan Perón eram fascistas. Ela não percebeu todo o pano de fundo político. Eu gostaria que Madonna abandonasse de vez essa ideia de ser atriz. Ela é uma compositora brilhante, que nunca teve o devido reconhecimento por suas reais contribuições para a música, nunca foi reconhecida pelas transformações que fez na música de todo o mundo.

E.S. – Quem está fazendo um trabalho ousado agora, como o que a senhora fez na década de 1990?

C.P. – Está falando de escrever?

E.S. – Sim.

C.P. – Não vejo muito disso atualmente. Estamos em um período estranho neste final de década. Estamos esperando que alguma outra coisa comece, que será o próximo século, o próximo milênio. Não vejo nenhum trabalho importante sendo feito em nenhuma área em particular. Os jovens estão na Internet agora. Alguma outra coisa está se formando, através da comunicação que os jovens têm na Internet.

E.S. – O que acha que está se formando?

C.P. – É difícil saber. Só saberemos daqui a uns trinta anos. Os jovens percebem o mundo de uma maneira muito diferente do modo como a minha geração o percebia nos anos de 1960. Existe uma grande distância entre a minha geração, a dos chamados *baby boomers*, e os jovens que ficam na Internet cinco horas por noite, trabalhando no computador de maneira totalmente nova. A distância entre a minha geração e a deles é igual à que havia entre a minha geração e a geração anterior. Harold Bloom, meu mentor... Harold Bloom, e não Alan Bloom, que é um conservador. Harold Bloom também não tem o menor interesse pela televisão nem pelo *rock and roll*. Ele disse: "A diferença entre eu e Camille é que ela considera Madonna uma grande figura cultural e eu não". Existe um grande abismo. Eu tenho 51 anos. Toda esta geração mais velha ainda não reconheceu que o *rock and roll* é uma forma de arte. O *rock and roll* está no cenário internacional há quarenta anos! E os críticos mais velhos ainda não o reconhecem. Este é um problema terrível. Quando vou dar palestras em várias universidades, sou convidada apenas pelos estudantes, ou então por um pequeno grupo de professores dissidentes. Fui banida pelas autoridades acadêmicas dos Estados Unidos.

E.S. – Banida?

C.P. – Completamente. Quando vou a Harvard ou à Universidade da Geórgia, acho fascinante conversar com os jovens. Eles estão todos na Internet. Eles estão se comunicando internacionalmente, pela primeira vez. Toda a lógica segundo a qual o computador é construído é muito diferente do rigor apolíneo com o qual eu fui treinada em sistemas de lógica convencionais. Aprendi lógica com um professor jesuíta. Há milhares de anos de práticas medievais, monásticas e greco-romanas por trás disso. Alguma coisa nova aconteceu. O modo como o computador funciona, a facilidade que os jovens têm com os computadores, a maneira como eles não precisam de um manual para saber como funciona... Vejo crianças muito pequenas, de três, quatro, cinco anos, que são capazes de usar o computador, imprimir... Alguma coisa importante está acontecendo. O cérebro está se reformando. Não sei, não posso prever, mas, daqui a trinta anos, nós saberemos qual será a produção desta geração. Estamos em compasso de espera no ano final do século 20. O que eu represento, no final do século 20, é uma outra perspectiva. Eu rejeito completamente a atitude do Pós-Estruturalismo e do Pós-Modernismo, de que a História morreu, de que a História é incoerente e não há padrões nem planos. Diga a um judeu que a História não existe. Todos os anos, no Pessach, eles relembram cinco mil anos de História! O que está sendo jogado sobre nossos melhores alunos é ignorância, é puro lixo! Eu proponho uma perspectiva histórica. Acredito que as coisas acontecem em sequência. Não acredito em Deus, sou ateia, porém, ao mesmo tempo, acredito em todas as religiões e todos os deuses. Acho que as religiões são sistemas filosóficos, místicos, impressionantes e maravilhosos, repletos de arte, arquitetura, música, poesia etc. O que eu proponho é uma reforma completa da educação. Os jovens precisam de História. Perspectiva histórica é a única maneira de se evitar a guerra, de se evitar a repetição de erros políticos.

E.S. – Como vê o futuro próximo dos Estados Unidos, não apenas política, mas também culturalmente?

C.P. – Estou muito preocupada com os Estados Unidos, pois existe uma certa arrogância, uma insularidade na consciência americana. Os Estados Unidos entraram em destaque apenas nos últimos duzentos anos e só viraram uma potência mundial a partir da Primeira Guerra Mundial. Eu vivo avisando aos americanos: Roma foi uma

CONTESTADORES

potência por muito mais tempo e o poder do Egito durou três mil anos! Não vamos cometer os mesmos erros! Existe um certo provincianismo em nossa mídia também, apesar de todos os canais de TV a cabo. Sempre fico chocada quando volto aos Estados Unidos, da Inglaterra, por exemplo, com o modo como os americanos são pouco conscientes dos acontecimentos internacionais. Eles parecem pensar que estamos em uma ilha afluente e que a estabilidade do mercado de ações vai continuar para sempre. Os primeiros efeitos da instabilidade econômica estão surgindo, enquanto os fundos de investimento estão sendo ameaçados pelos problemas na Ásia etc. Este é o primeiro alerta. Como uma pessoa que se interessa por História Antiga, eu me preocupo com uma séria mudança climatológica. Um asteroide pode atingir a Terra, estou avisando sobre isso há anos. O El Niño está desestabilizando as coisas. Basta um sério colapso econômico mundial e tudo vai desabar. A democracia vai desabar e haverá o retorno à barbárie. Isso se vê repetidamente na história mundial. A ideia de que qualquer cultura tenha conseguido sustentar sua prosperidade e segurança ao longo do tempo é uma ilusão humana. É por isso que o Egito me fascinou tanto, desde a infância, um gigantesco império que durou três mil anos e caiu em ruínas e decadência.

E.S. – Sua visão do futuro é muito melancólica. Não vê nenhuma solução?

C.P. – Na verdade, sou uma otimista. Acredito muito na vitalidade e no idealismo dos jovens. A Internet será uma maneira fantástica de garantir a cooperação internacional e a única chance que temos de obter uma possível paz mundial. Minha solução é a educação. Acredito em se examinar seriamente a educação em todo o mundo. Acho que sou a única pessoa que fala sobre a necessidade de se achar uma base comum nos sistemas educativos em todo o mundo. É claro que cada país precisa ensinar suas próprias tradições. Mas deveria haver um currículo em comum mundialmente. Eu propus, por exemplo, o estudo das religiões mundiais, embora seja ateia. Acredito que só se entende uma cultura quando se estuda sua religião tradicional.

Que, de algum modo, deu forma às suposições até mesmo de pessoas que se acham humanistas, céticas e seculares. Especialmente em um mundo no qual o catolicismo, o cristianismo está se espalhando. O fundamentalismo islâmico também está se espalhando. Por que isso está acontecendo? Acho que é devido ao vácuo espiritual deixado pelo Modernismo. O Modernismo pensava que estava libertando as pessoas das instituições opressoras do passado. Mas, com o tempo, vimos que os jovens ficaram sem nada. Quando você não tem nada, se volta para as drogas, para todo o tipo de forma de autodestruição. Para mim, a educação expande a visão. Como membro de uma família de imigrantes, que teve uma ótima educação em uma escola pública gratuita, acho que este é o direito de toda pessoa jovem, rica ou pobre, no mundo inteiro. E pretendo dedicar o resto de minha carreira à reforma da educação.

PAULO FRANCIS

"O Brasil é pobre por burrice."

Num fim de tarde quente de primavera, em abril de 1994, observado pelos gatos que ele tanto amava, de camisa aberta, esparramado num sofá do segundo andar do apartamento duplex onde morava em Manhattan, na esquina da Rua 47 com a Segunda Avenida, Paulo Francis abriu o verbo sobre tudo o que o encantava e irritava no mundo e, em particular, no Brasil daquela época. Foram quase três horas de papo gravado.

O pretexto era o lançamento do segundo volume de suas memórias, *Trinta anos esta noite*, em que o jornalista e autor de *O afeto que se encerra*, dos romances *Cabeça de papel* (1977) e *Cabeça de negro* (1979) usava o golpe militar de 1964, assim como as convulsões que se seguiram, para expandir um personalíssimo painel sobre personagens e acontecimentos que moldaram a face que o Brasil apresenta hoje. No pacote, Francis punha na mesa sua experiência pessoal como exilado voluntário sobre a qual se estendeu comigo – e viajava por lembranças íntimas que incluíam até mesmo sua primeira visita a um bordel de luxo. Em Paris, naturalmente.

Na transcrição, fiz questão de não homogeneizar seu peculiar estilo de falar e construir frases, a ironia que transparecia ao referir-se ao "senhor José Sarney" ou "esse senhor" etc. Quando fala de coisas como "o horto florestal desta moça" (referindo-se a uma modelo que fora extensamente fotografada, sem calcinha, num camarote, durante o carnaval carioca, ao lado do então presidente Itamar Franco) é impossível não se "ouvir" PF falando.

Em alguns momentos mantive suas pausas e hesitações, como quando cita o caso Vladimir Herzog, porque elas explicam mais que se estivessem completadas por um parênteses explicativo. Eu me deliciei ao ouvir o jeitão polêmico e frasista de sempre. E me surpreendi, fiquei comovido mesmo, com momentos de espantosa candura, em que fala carinhosamente do Brasil que deixara para trás, definitivamente, da velhice e da proximidade da morte.

Um onipresente senso de humor sarcástico é uma das riquezas desta entrevista, me parece. Reacionário, elitista, preconceituoso, presunçoso, pernóstico: vale lembrar que, naquela época, parecia não haver xingamentos suficientes para apedrejar o carioca Franz Paulo Trannin Heilborn. Ao longo de uma vida profissional iniciada em 1952 no jornal – hoje extinto – *Correio da Manhã*, e especialmente desde que passou a atingir um público mais amplo na coluna *Diário da Corte* (que saía em vários diários, inclusive no *Estado de S. Paulo* e em *O Globo*), em seguida em aparições na televisão, Paulo Francis tornou-se o intelectual brasileiro mais comentado, vilipendiado, admirado, cortejado ou odiado da imprensa brasileira – dependendo da trincheira ideológica em que se alinhasse cada um. Desfiando uma inegável bagagem cultural, aliada a uma sincera indignação e um esperto senso de espetáculo, ele ainda conseguia um fenômeno: mesmo quem não gostava dele não conseguia deixar de ler o que escrevia.

Edney Silvestre — **Quando todo mundo espe-**
rava o terceiro romance da trilogia *Cabeça* (*de papel* em 1977, *de negro* em 1979), prometido desde 1988, eis que você volta às memórias com *Trinta anos esta noite*. Por quê?

Paulo Francis — **Ainda não encontrei o pique** necessário para escrever esse terceiro volume, que será sobre minha infância. Talvez porque seja o período mais difícil de enfrentar, aquele em que se sente mais intensamente as coisas, mais doloridamente, talvez o período em que você se iluda mais a si próprio. Ainda não encontrei o caminho. Mas vou encontrar. Se não morrer antes. (*Brinca, fazendo o som "toc, toc, toc" de bater em madeira*).

E.S. – De que fala *Trinta anos esta noite*?

P.F. – A razão deste livro é minha própria razão de ser como jornalista. Infelizmente não discutimos as coisas principais no Brasil. Cito um exemplo: enquanto se faz aquele carnaval sobre os anões que roubaram 20 milhões de dólares, o que em termos de um país não é muito dinheiro, a Petrobras, a Brás Isso, a Brás Aquilo, por mês, tomam muito mais dinheiro do povo brasileiro. Isso não se discute. Enquanto se discute o horto florestal da Lilian Ramos, há outros assuntos mais importantes sobre os quais não se fala. Eu vi se aproximar o trigésimo aniversário de um acontecimento que foi decisivo para minha geração sem que houvesse qualquer referência em lugar algum.

E.S. – Estamos falando do golpe militar de 1964, evidentemente?

P.F. – Mas é claro. Eu tinha 33 anos, a idade de Cristo, aquela que é considerada a maturidade: eu agora sou um homem feito; não sou mais um garoto e não sou ainda um homem de meia-idade. Foi aí que esse golpe caiu sobre as nossas cabeças. Embora eu fizesse muitas restrições ao Jango, eu era da situação. Uma das coisas que conto em *Trinta anos esta noite* é que encontrei um amigo alguns dias depois do golpe e ele apontou: meu cabelo tinha embranquecido. Resultado do stress daquela situação.

E.S. – O que você fazia na época?

P.F. – Eu era o principal colunista político e cultural do *Última Hora*. Tinha uma coluna, como a *Diário da Corte* de hoje, intitulada *Paulo Francis Informa e Comenta*. Saía na terceira página e era certamente uma das colunas mais lidas do jornal, embora houvesse outros colunistas de grande qualidade. Em seguida ao golpe, eu achava que ia ser perseguidíssimo pelo coronel Gustavo Borges, que era o secretário de segurança do Estado da Guanabara (como então se chamava o Rio de Janeiro), a quem eu atacava muito.

E.S. – Isso aconteceu?

P.F. – Na verdade, Gustavo Borges nunca me deu a menor confiança. Depois eu descobri que ele era um idealista, que rompeu com Carlos Lacerda quando este formou a Frente Ampla com Juscelino Kubitschek e João Goulart. Lacerda era um leninista às avessas, cuja vida política era essencialmente uma vida tática. Ele foi um comunista e nunca deixou de ser espiritualmente um leninista, mesmo sendo um anticomunista nesse período. O Gustavo Borges era um idealista comum.

E.S. – Como o general Humberto Castelo Branco também teria sido?

P.F. – O Castelo era um pouco mais esperto. No último livro de Carlos Lacerda – *Depoimento*, composto de entrevistas que deu

BOXEADORES – *PAULO FRANCIS*

quando já não tinha forças para escrever –, ele conta que o Gustavo Borges nunca mais falou com ele depois do episódio Frente Ampla. Era um homem que tinha a coragem de suas convicções.

E.S. – *Trinta anos esta noite* aborda estas histórias?

P.F. – A revolução, ou golpe, ou bochincho, ou o que você quiser chamar, começou na madrugada de 31 de março de 1964. Neste capítulo publicado em *O Estado de S.Paulo* de quarta-feira passada, eu conto que estava na redação da *Última Hora*, quando chegou a notícia que o general Olímpio Mourão tinha se rebelado em Minas Gerais, em companhia do general Silvio Guedes, que era o comandante da região militar. Olímpio vinha marchando para o Rio, que apesar de não ser mais a capital oficial do Brasil, era a capital de fato. O Magalhães Pinto (governador de Minas) formou um ministério, um governo revolucionário sedicioso. Quando Hermano Alves e eu soubemos disso, nós rimos.

E.S. – Riram?

P.F. – Achamos que era engraçado, que o Mourão não tinha a menor chance porque Jango tinha o chamado "dispositivo militar", que ia do 3º Exército no Rio Grande do Sul ao 1º Exército no Rio – os mais bem armados do país, até hoje – para defendê-lo, e contava com a fidelidade da maioria dos oficiais. Nós achávamos, simplesmente, que o governo era imbatível. Essa ilusão levou precisamente 48 horas: no dia 3 de abril o senhor João Goulart atravessou a fronteira do Uruguai. Se estabeleceu então um comando revolucionário, presidido por Costa e Silva, que assumiu o Ministério da Guerra, como se chamava o Ministério do Exército na época.

E.S. – Por que o escolheram?

P.F. – Porque era o general mais antigo. Não havia nenhuma outra razão. Estava a poucos anos do que o Exército chama de "expulsória": ia ser reformado e vestir o pijama. O Castelo Branco tinha um grupo no Estado Maior do Exército, conhecido por um apelido que para nós era jocoso, mas para eles era levado a sério: "Sorbonne". Eram os intelectuais do Exército e tinham outras ideias – ideias essas que eu gostei – de modernizar o Brasil como potência capitalista. Castelo não foi um ditador no sentido exato da palavra: ele foi eleito pelo congresso nacional! Muitos deputados e senadores tinham sido cassados e o congresso estava diminuído, mas existia, com pessoas eleitas pelo voto popular. E quem elegeu Castelo Branco foi o senhor Juscelino Kubitschek, ex-presidente da república e líder do maior partido do congresso, o PSD (Partido Social Democrata).

E.S. – Como foi isso?
P.F. – O PSD era um partido quase todo ele conservador, com algumas arestas para o centro ou para a esquerda, que decidiu votar no Castelo quando havia a chance de eleger outra pessoa, a meu ver muito melhor, que era o marechal Eurico Gaspar Dutra, outro ex-presidente, nessa época um democrata completo. Até hoje as pessoas ficam furiosas quando escrevo isso, recebo verdadeiros tratados me esculhambando: se o Dutra tivesse sido escolhido presidente, nada do que passamos teria acontecido.

E.S. – O que Dutra teria feito diferente?
P.F. – Em 1965 ele teria convocado eleições; haveria um grande confronto entre Juscelino e Carlos Lacerda. Dutra foi eleito presidente em 1945, mas governou de 1946 a 1950, capando um ano do próprio mandato. Não tinha a menor vocação de ditador. Ele iria restabelecer a ordem e iria punir, disso não havia a menor dúvida. Nisso estavam todos de acordo: tinha que haver um expurgo no Brasil. Mas o Juscelino foi convencido por algumas raposas políticas que era mais interessante votar no Castelo Branco e o elegeu. Em 1965, Castelo cassou os direitos políticos dele. Isso está contado em detalhes no meu novo livro.

E.S. – Que outros aspectos você apresenta em *Trinta anos esta noite*?
P.F. – Que houve perseguições horríveis, como aquele caso do Bezerra, que foi amarrado a um jipe e arrastado em Recife. Por outro

lado, nas metrópoles, foi o período mais politizado da história do Brasil. O que se fez de manifesto, o que se fez de espetáculo, o que se compôs de música *engagé* contra a ditadura!... Foi a famosa época do espetáculo *Liberdade, liberdade,* de Millôr Fernandes e Flávio Rangel, no Teatro Opinião. Ali é que foi lançada Maria Bethânia – então a desconhecida irmã de Caetano Veloso – substituindo Nara Leão. Ela fez um vastíssimo sucesso cantando *Carcará.*

E.S. – Os 25 anos de ditadura e a censura seriam responsáveis pelo marasmo cultural e intelectual que tomou conta do Brasil de hoje?

P.F. – Ditadura real houve a partir de 1968, quando Costa e Silva teve uma trombose e a junta militar baixou o Ato Institucional Nº 5, no dia 13 de dezembro. Daí em diante começou um período muito difícil. Fui preso, fiquei dois meses numa cadeia da vila militar com, entre outras pessoas conhecidas, o Ferreira Gullar. Esse período infernal começa a diminuir quando Geisel assume. Sem fazer nenhum gesto democrático ostensivo, pouco a pouco ele foi podando.

E.S. – Foi durante o governo do general Geisel que aconteceu o caso Vladimir Herzog, que alguns situam como...

P.F. – Aquilo foi um mero estopim. Comento isso um tanto sarcasticamente no livro. Herzog era nosso colega. Jornalista tem uma solidariedade com jornalista!... Não me entenda mal, eu adorava ele, era amigo dele, sou amigo da mulher dele, tenho por ele a maior admiração e respeito, mas... Em momentos assim é que você sente como é privilegiado no Brasil. Era um momento de censura total e, entretanto... Foi nesse período que o Geisel tirou o (*general*) Márcio Melo e Souza, o (*general*) Burnier e outros. A principal queda foi a do general Frota, que era ministro do Exército e figura central da censura. Em São Paulo ele afastou o Ednardo d'Ávila Mello (*considerado responsável pela morte de Herzog*), que eu vi lambendo as botas do João Goulart, mas tinha virado um "revolucionário". Esse foi o período mais difícil da ditadura. Não conheço ninguém da oposição que não tivesse sido preso.

CONTESTADORES

E.S. – Quantas vezes você foi preso?

P.F. – Quatro vezes, entre 1968 e 1970. A censura caiu em cima de mim de tal forma que eu não podia escrever mais sobre nada. Um artigo meu sobre *Tristão e Isolda* foi completamente censurado. Outro, de minhas memórias sobre o internato São Bento, que só aceitava alunos até o curso de admissão, aconteceu a mesma coisa. Não foi nem censura moral: não havia nada de sexual no meu artigo. Apenas contava a experiência de um menino nesse colégio muito pitoresco, pois era na ilha de Paquetá. Minha vida ficou irrespirável. Eu não tinha como trabalhar, não podia viver da minha profissão. Por isso vim para cá. A primeira vez que voltei ao Brasil foi em 1973. Cheguei a São Paulo e parecia aqueles filmes de Hollywood da década de 1940, onde o personagem está viajando a um país nazista. Todo amigo para quem eu ligava estava preso. Ou sua mulher. Ou os dois. Os militares prendiam todos os que podiam. Foi uma razia. Depois, com o terreno preparado por Geisel, o Figueiredo assumiu e voltamos, a partir de 1983, àquele tipo de liberdade que se tinha no período de Castelo Branco, anterior ao Ato Institucional N° 5.

E.S. – Atribuir, então, a estes anos de ditadura o que acontece hoje...

P.F. – Eu acho que não. A ditadura prejudicou muito a uma determinada geração, essa que ainda não tem quarenta anos, nascida entre 1950 e 1960. Essa teve um período de adolescência muito vazio, muito estreito. Mas é preciso lembrar que o regime militar tinha suas espertezas. Por exemplo: abriu muito o lado sexual. O Brasil até então era um país muito puritano. Quando eu era garoto não se podia dizer a palavra "chato" em família. Hoje o que se diz!... Aliás, o grande sucesso do *Pasquim* era o uso de palavras como "bicha", que todo mundo dizia, mas ninguém escrevia. Havia um certo fraque e casaca na imprensa brasileira.

E.S. – O truque da ditadura, então, foi libertinagem em vez de liberdade?

P.F. – Os militares foram inteligentes: não permitiam a expressão política, mas permitiam a expressão cultural e sexual. Essa nudez que hoje é quase obrigatória em bailes de carnaval e aparece na televisão, surgiu nesse período. Nunca vi, em nenhum outro país do mundo, mulher tirar a roupa com a facilidade que tira no Brasil. Virou um show obrigatório. Você veja: essa moça que foi para o camarote (*De Itamar Franco*), desfilou de seios de fora. No meu tempo, se uma mulher desfilasse de seios de fora, era malhada, era atacada no meio da rua. Os anos de ditadura tiveram um impacto decisivo em nossas vidas, mas já houve bastante tempo para se recuperar. Acontece que o Brasil tem uma tendência ao hedonismo – não o país inteiro, nem é sua única tendência – que vê o trabalho como uma coisa ridícula.

E.S. – Como assim?

P.F. – Essa ideia que se vê nos Estados Unidos, em que a pessoa trabalha como uma besta, quer ter sua pilha de dinheiro, ganhar a vida, isso é visto com certo desprezo no Brasil. Eu tenho sessenta anos, nasci na década de trinta. Meus colegas de adolescência ou eram os ricos, que iam herdar os negócios de seus pais, ou de classe média abastada, como eu, o que significava estudar à custa de seu pai até quando você quisesse. Noventa por cento dos meninos iam estudar Direito, porque levava seis anos, durante os quais não precisariam trabalhar. Com exceção de um ou outro que ia ser químico industrial ou engenheiro, a maioria não queria fazer absolutamente nada. Portanto não é de agora, não houve contracultura. É a índole brasileira, uma índole hedonista. Talvez tenha sido um grande erro tentar a industrialização do Brasil. Para mim, que sou neto de alemães, seria intolerável, mas talvez o Brasil devesse ter seguido sua índole meridional, tropicalista.

E.S. – Você também se refere com frequência à tragédia brasileira causada pelos sucessores dos presidentes eleitos.

P.F. – Parece que o país tem uma sina. Elegeu-se Getúlio Vargas em 1950, Getúlio se suicidou e assumiu um homem chamado Café Filho, comprometido com uma agenda que era a da oposição. Depois de Juscelino, cujo governo transcorreu normalmente, o Brasil, cansado do getulismo, elegeu Jânio Quadros com 48% dos votos. Apesar de suas contradições, Jânio fez o mais brilhante dos governos que o país já teve, nos seis meses em que governou. De repente ele renuncia. Assume João Belchior Goulart, que representava tudo o que o senhor Jânio Quadros estava combatendo. Isso explica em parte o rancor e as frustrações de 1964. Quando houve a chamada "abertura", o Tancredo Neves teria sido uma pessoa em quem se podia confiar na presidência. Porém, mais uma vez, o destino fez *knock, knock, knock.* O senhor Tancredo Neves morreu e assumiu o seu literal oposto, que era o senhor José Sarney. Agora tivemos esse Collor, que falava a linguagem da abertura para a modernidade, cujo sucessor é um homem paralizado num nacionalismo retrógrado dos anos de 1950. Itamar o presidente-prisão-de-ventre: dali não sai nada.

E.S. – Por que você apoiou Collor?

P.F. – Tudo, menos o Lula. Se um dia ele virar presidente do Brasil vai haver uma guerra civil. O país vai virar um Sudão. Ele não tem condições intelectuais, não tem preparo, é um botocudo. Ele esteve na minha casa quando estava decidindo que carreira política ia seguir. Eu sugeri que se candidatasse a deputado, não a governador de São Paulo, porque achava eu que nunca elegeriam um trabalhador para este cargo. Trabalhador tem desprezo pelos trabalhadores, acha que não têm suficiente educação, suficiente preparo, desprezo nesse sentido. O senhor Collor falava uma linguagem nova. Ele foi eleito pela gente mais pobre do Brasil. Ganhou a eleição e, um ano depois, se mete nessa trapalhada toda e agora estamos com esse senhor Itamar Franco, que não é de nada. Será que não se pode ter um presidente que se escolhe, meu Deus do céu?

E.S. – Como foi sua vinda para cá? Como foi o começo? Por que ficou?

P.F. – Minha vida tinha ficado impossível no Brasil. Com a censura me impedindo de escrever, também me impedia de ganhar a vida. Vim em 10 de junho de 1971, para passar dezoito meses, com uma bolsa da Ford Foundation. Também escrevia artigos para *O Pasquim* e a *Tribuna da Imprensa*. Eu bebia muito. Passei o primeiro ano aqui embalsamado em álcool. A coisa melhorou quando passei a escrever para a revista *Visão*. Em 1975, o Cláudio Abramo me convidou para cobrir como "frila" a agonia do generalíssimo Franco. Larguei tudo e fui para a Espanha. Voltei poucos meses depois, me tornei correspondente da *Folha de S. Paulo* e pouco a pouco fui aparecendo na *Folha Ilustrada*, com *Nova York por aí*, que viraria o atual *Diário da Corte*. A TV Globo aconteceu com um convite do Armando Nogueira em 1981. Minha estreia foi no programa *Globo Revista*, exatamente na noite em que John Hinckley atentou contra a vida do presidente Reagan: 30 de março de 1981.

E.S. – Pensa em viver aqui para sempre?

P.F. – Houve um momento, nos anos de 1980, em que pretendi voltar ao Brasil. Comprei uma casinha em Petrópolis e pretendia viver ali uma parte do ano, quando aqui é verão. Não voltei por causa da estupidez do governo do Sarney, que considero um dos mais desastrosos da nossa história. Não pretendo ser cidadão americano. Não tenho sequer o *green card*, embora minha advogada diga que a hora que quiser eu tenho, pois sou considerado *outstanding* na minha profissão e que o *green card* me seria concedido automaticamente. Eu digo que não, mas me dói profundamente o estado das coisas no Brasil. O Brasil é pobre por burrice.

E.S. – Você disse numa entrevista: "Somos um povo infantil". Entretanto, no *Diário da Corte* você escreve como se falasse para adultos inteligentes. Não é uma contradição?

P.F. – Acho um insulto tratar o meu leitor como criança. Procuro elevar o debate, escrevendo da maneira mais clara possível. Não escrevo como poderia escrever, de uma maneira que seria incompreensível para a maioria das pessoas. Reescrevo as passagens mais complicadas, simplifico uma porção de coisas, como quando expliquei a economia de Keynes: se a economia está murcha o governo investe, até que surge suficiente renda para cobrir o déficit, que traz o equilíbrio. Isso tem

CONTESTADORES

uma porção de argumentos extremamente complexos que não vou citar porque o leitor não vai acompanhar. Procuro fazer uma coluna que possa ser lida pelo maior número de pessoas instruídas.

E.S. – Paulo Francis é um dos pouquíssimos jornalistas, se não for o único, cujos artigos conseguem provocar reações extremadas dos leitores. A que atribui a exceção?

P.F. – Justamente porque digo o que penso. O Cláudio Abramo tinha uma frase magistral: "Brasileiro não diz o que pensa e não pensa o que diz". Vou te dar um exemplo que você vai cair para trás. Estava praticamente toda a imprensa brasileira importante no aniversário da Zélia (*Cardoso de Mello, Ministra da Economia do governo Collor*), quando ela dançou *Besame mucho, cheek to cheek* com Bernardo Cabral. O Augusto Nunes, que era diretor do (*jornal*) *O Estado de S. Paulo*, escreveu essa matéria, mas publicou na primeira página com o nome de um repórter, Luciano Martins. E ainda avisou: você está dando um furo. E o Luciano Martins ganhou o prêmio de reportagem do ano. Se não fosse assim, esta notícia, que nenhum outro jornalista queria dar, não teria sido veiculada. São corruptos? Não. São pessoas de grande integridade. Mas é o esquema brasileiro: ninguém bota o bacalhau para fora. Aqui (nos Estados Unidos) é o contrário. Aqui é até demais. Franqueza excessiva. Mas eu prefiro mil vezes viver na franqueza do que viver na terra do eufemismo. Eu provoco mesmo, eu levo ao debate, estou sempre sendo processado por alguém.

E.S. – A Petrobras, um dos seus alvos mais comuns, é um desses casos?

P.F. – A Petrobras é um escândalo, um assalto à mão armada. A verdade é realmente relativa hoje em dia, mas tem certas coisas, como ser atropelado no meio da rua, para as quais não existem duas versões. A conceituação pode divergir, mas o fato você não pode negar: a Petrobras rouba o Brasil.

E.S. – O que faltaria ao resto da imprensa brasileira seria a indignação?

P.F. – Apesar de eu ser mais moço que eles, sou do tempo do Joel Silveira, do Carlos Lacerda, do Paulo Silveira, do David Nasser, se bem que esse tivesse outros interesses. Eram jornalistas que compravam briga. Existe o Millôr Fernandes, que é capaz de provocar grandes polêmicas. Esse foi o grande impacto da ditadura nos jornalistas mais jovens: nunca dizer as coisas como elas são. Eu sou considerado um elitista, mas isso é o que eu considero um elitismo extremamente nocivo.

E.S. – O silêncio é elitista? Como assim?

P.F. – Porque, pertencendo àquele grupo de eleitos, você fica sabendo. Mas não conta a ninguém. Algumas coisas particulares eu até acho bom a imprensa omitir. Eu não quero saber da vida sexual de ninguém, o que fazem ou o que deixam de fazer, isso eu acho viadagem, uma coisa excessiva. Mas na área política é preciso botar os pingos nos "is". Para o Brasil, por exemplo, é essencial a privatização das companhias estatais. Não sai porque o senhor Itamar não quer. O senhor Itamar é um nacionalista dos anos de 1950, do tempo de Getúlio Vargas, do Jesus Soares Pereira, teve sua formação nesse tempo, ainda acredita nisso até hoje, não evoluiu. Se ele tivesse viajado um pouco mais, descobriria que há coisas muito diferentes desde aquela época.

E.S. – Lula Presidente da República: você acha possível?

P.F. – Se for eleito, não toma posse, se tomar posse, não governa. O Brasil tem do primeiro ao quinto mundo. Partes de São Paulo e o sul do Brasil seriam o primeiro. Os Alagados são o quinto. Você não pode ter um presidente que ainda não sabe bem o que é o terceiro mundo. Ele não sabe o que quer dizer "privatização". *O Globo* fez uma entrevista onde lhe perguntaram: "O senhor se opõe a toda forma de privatização?". Ele respondeu: "Não. Eu me oponho à maneira como está sendo feita a privatização. O que os empresários deviam fazer é se organizar e construir estradas, porque o Brasil está precisando de estradas". O Lula não sabe que privatização significa pegar uma empresa estatal e vender a particulares. Não é você não saber Euclides, Tales de Mileto ou Bertrand Russell. É você não saber o significado das palavras mais vulgares da língua brasileira. Se você não sabe seu significado, não sabe o que elas significam. Como ele vai poder dar ordens, como vai poder governar, se não sabe sequer o que está dizendo? É por isso que digo: vai virar um Sudão. Podem elegê-lo, mas ele não se elege.

E.S. – Explique isso melhor.

P.F. – A oposição pode se destruir, principalmente em São Paulo, com Quércia, Maluf e Fleury, a ponto de, no segundo turno, não haver nenhum candidato crível. Aí o Lula ganharia a eleição *by default*. Temo que isso possa acontecer. Mas se houver um candidato de alto nível, a tendência seria sustada. O Fernando Henrique Cardoso, numa chapa com Luís Eduardo Magalhães ou Tasso Jereissati, alguém atualizado que represente o Nordeste e suas necessidades, teria grande chance.

E.S. – *Trinta anos esta noite* fala apenas de política?

P.F. – É um livro de memórias várias. Conto também coisas extremamente pessoais, como minha primeira visita a Paris, onde saí procurando por Jean Paul Sartre. Há um capítulo, "France soir", que é sobre minha primeira visita a um bordel de luxo, onde teço considerações sobre o papel social dos bordéis. E falo da Itália, que é minha paixão suprema.

E.S. – *Trinta anos esta noite* é o título brasileiro do filme de Louis Malle, de 1963, *Le feu follet*, por sua vez baseado no romance homônimo de Drieu La Rochelle, que conta a história das últimas 24 horas de um suicida. Dar o mesmo título às suas memórias traz alguma referência simbólica?

P.F. – Pensei que só eu e mais meia dúzia de masoquistas tinham visto esse filme, mas todos parecem se lembrar dele, especialmente

BOXEADORES — *PAULO FRANCIS*

quem foi da "Geração Paissandu". Não tem nada a ver com meu livro, apenas achei que a tradução brasileira do título era bonita. E pensei que ninguém ia notar.

E.S. – Como é a vida do Paulo Francis hoje?

P.F. – Eu estou nos meus últimos anos. Estou gozando a renascença italiana como nunca. Tenho ido todo ano à Itália, onde fico inteiramente embasbacado diante da beleza que eles criaram. Hoje em dia estou me divertindo mais do que nunca. Todo fim de semana vou à ópera e ao balé, o que tem sido fonte de grande prazer.

E.S. – E televisão? Você parece se divertir à larga no *Manhattan Connection.*

P.F. – Televisão a cabo é uma grande libertação e *MC* é como uma conversa entre amigos, com o mesmo descompromisso de um bate-papo. Ainda não fiz em televisão o que gostaria de fazer. Acho que a linguagem da TV se presta a muito mais. Gostaria de fazer matérias com mais imagens, mais vida.

E.S. – Você era comunista. Por que mudou ideologicamente?

P.F. – Eu era trotskista. A ideia é a mesma, mas a divisão é mais violenta que o comunismo. Se mudei, foi no sentido de que vi determinadas coisas que eu não sabia e que não se coadunavam com aquelas em que eu acreditava. Vi uma Europa arrasada em 1951 e, quando voltei em sessenta e poucos, a Europa estava estourando: todo mundo rico, todo mundo bem remunerado com o Mercado Comum Europeu. Tudo o que eu tinha aprendido, que era uma fusão de monopólios, oligopólios para explorar o povo, me mostrava o contrário: todo mundo rico. Fiz uma viagem ao *midwest* americano em 1975 que me mostrou que não há nada como o parque industrial americano. Tem que ir lá para ver. Cite um país próspero com intervenção do Estado. Não há. Pegue as duas Coreias: a do sul, onde existe iniciativa privada, é milionária; a do norte, onde o Estado domina tudo, é uma merda. A cobiça não é boa nem má: a cobiça é essencial.

E.S. – Você se arrepende de seu passado comunista?

P.F. – Nós todos que tivemos nosso namoro ou casamento com o comunismo devemos desculpas ao nosso povo por tê-lo ludibriado, embora também nos tenhamos ludibriado a nós próprios. É chocante saber que um fulano tem três milhões de dólares e outro não tem pão para comer. A maneira de resolver, porém, não é através da intervenção do Estado, que só sabe aumentar a si próprio e não faz absolutamente nada por ninguém. É mais fácil um empresário "desalmado" dar emprego a milhares e milhares de pessoas nas empresas que ele cria para seu próprio enriquecimento do que depender do Estado. Não é que ele está querendo ajudar ninguém, não. Ele quer é enriquecer. Mas para enriquecer, ele precisa dar emprego, para ter um bom trabalho, ele precisa pagar bem às pessoas, ele precisa de gente com dinheiro para formar um mercado de consumo. Não vivemos mais no período em que Karl Marx viveu, em que um operário trabalhava dezoito horas por dia.

E.S. – Qual é o papel do jornalista no Brasil, trinta anos após o golpe militar e quase dez anos após o fim da ditadura?

P.F. – Eu acho que o brasileiro é um povo infantil porque nosso país não sai dessa visão pseudo fraterna, onde se confunde desejo com realidade. Eu já sofri disso também, mas acho que evoluí um pouco e digo. Por isso é que eu irrito tanto as pessoas. Elas podem até, intimamente, concordar, mas não querem quebrar aqueles tabus. O jornalista é um vanguardista da opinião, um homem que mostra as coisas. Qual é a vantagem de escrever em jornal se não for dizer algumas coisas para as pessoas, dar algumas coisas que você sabe que podem ser úteis aos outros?

NOAM CHOMSKY

"As grandes corporações modernas têm a mesma origem intelectual
que o fascismo e a política dos bolcheviques."

Em frente à cidade de Boston, do outro lado do rio, há uma série de prédios – muitos, realmente – que sempre me pareceram mutantes. Cada vez que ia lá, para alguma das muitas reportagens que fiz na universidade de Harvard e no MIT (Massachussets Institute of Technology), tinha a impressão de estar chegando a um lugar diferente, com edifícios outros que não os que tinha visto na vez anterior. Não era impressão. Havia mesmo novas construções. Sempre erguidas em tempo recorde, naquele farto, rico, afluente – para os americanos – final de milênio, com estrutura de aço e paredes de vidro, substituindo gramados, estacionamentos, terrenos baldios ou os antigos, menores, tradicionais prédios de tijolos vermelhos que tinham ocupado, até os anos de 1900, aquela área de Cambridge. Dentro de um desses reluzentes caixotes, ainda com andaimes e operários finalizando obras no andar térreo, foi nosso encontro com Noam Chomsky.

Dentro de uma sala de aulas.

Não poderia haver lugar mais adequado para conversar com este linguista, ensaísta, ativista político e dos direitos humanos, tradicional opositor da política externa americana e sempre na contramão do pensamento conservador que domina boa parte da mídia – e consequentemente da opinião pública – dos Estados Unidos.

A contestação começou cedo na vida deste judeu que se opôs à criação de Israel: tinha treze anos. Precoce, aluno brilhante, filho de um intelectual que fugira da Rússia, Chomsky vociferou depois contra a proliferação atômica e a segregação racial. Com o mesmo ardor, quando todo o povo americano ainda era a favor da Guerra do Vietnã, foi uma das primeiras vozes a chamá-la de imoral e injusta. Aos 69 anos – entrevistei-o em março de 1998 – continuava (e continua, neste novo milênio) sendo um crítico incansável das grandes corporações e do complexo industrial militar. Combativo, original, incansável, professor de linguística do MIT. Desde 1955, é adepto de uma ideologia vagamente chamada de socialismo libertário (*libertarian socialism*). Suas ideias são, invariavelmente, aplaudidas e acatadas por boa parte da esquerda americana, que o considera o mais importante intelectual vivo do país. As mesmas ideias que o tornaram, igualmente, um dos pensadores mais atacados na mídia dos Estados Unidos.

Edney Silvestre — O senhor é tido como uma grande autoridade em linguagem. Mas já disse muitas vezes que o interesse pela linguística veio com seu interesse pela política. Como é possível juntar essas duas coisas?

Noam Chomsky — Foi por acaso, como a maioria das coisas que acontecem na vida de uma pessoa. Lá pelos treze, catorze anos, eu estava muito interessado em política radical. Fui para a faculdade aos dezesseis anos e achava tudo um tédio. Não via por que ficar lá e estava pensando em largar, quando, através dos meus contatos políticos, conheci um homem mais velho, um pensador liberal de esquerda, um homem sério que tinha o mesmo interesse que eu na questão do Oriente Médio. Eu tinha profundo interesse pelo Oriente Médio. Isso foi antes da criação de Israel. Eu aderi a esse movimento que era contra a criação de um Estado judeu e a favor de que judeus e árabes trabalhassem juntos. Soa maluquice hoje, mas eram ideias normais no contexto dos anos de 1940. Este homem, Zellig Harris, era professor de linguística da Universidade da Pensilvânia, uma pessoa muito carismática, o maior especialista em linguística dos Estados Unidos, na época. Isso me levou de volta à faculdade, fiz pós-graduação e tudo começou aí.

E.S. – Mas por que a linguística? Qual é a relação com as suas posições liberais?

N.C. – Na época, nenhuma. Mais tarde, comecei a estudar a história da linguística e fui desencavando várias outras coisas. Descobri que havia relações estabelecidas no Iluminismo. Isto sem pensar em Rousseau, Humboldt e a longa tradição que têm as suas raízes no racionalismo cartesiano e no liberalismo clássico. Na época havia uma conexão. Não é uma conexão lógica, que se dá na medida em que os ideais liberais clássicos se baseiam no princípio de que os seres humanos devem ser livres de imposições externas, como por exemplo, o trabalho assalariado. Humboldt é um dos fundadores do liberalismo clássico. Ele diz que se um artista trabalha sob ordens, podemos admirar o que faz, mas desprezamos quem ele é. Ele não é um ser humano, mas uma ferramenta nas mãos de outra pessoa. O trabalho livre é um elemento crucial para a dignidade e os direitos humanos. Adam Smith tinha ideias parecidas e isso era comum no século 19. Se há um "instinto de liberdade", como disse Bakunin, isto é um lado que muito se assemelha com outra ideia que as mesmas pessoas estavam desenvolvendo.

E.S. – Por favor, explique melhor.

N.C. – O sinal mais claro da liberdade humana, a necessidade instintiva de se livrar de controle externo, é o uso normal da língua, que tem aspectos altamente criativos. Não me refiro à poesia, mas à conversa com amigos na sala de estar. É inovador, independentemente de regras estabelecidas, de controle externo, e faz os outros pensarem que também podem se expressar daquela forma, já que não há fronteiras e não se trata de acaso. Esse conjunto de propriedades foi, para Descartes, um tipo de prova definitiva de que alguns organismos tinham uma mente. Foi um teste usado pelos cartesianos para demonstrar a existência da mente, de atividades livres e criativas. Por um lado, isso leva a um conceito de ordem social na qual essas necessidades humanas fundamentais serão desenvolvidas e expressas, e poderão alcançar o seu potencial máximo. Por outro lado, leva ao estudo dessa capacidade única do ser humano, desconhecida em outras espécies do mundo animal, e que se manifesta da forma mais óbvia: no uso da língua. Esse tipo de conexão de fato era discutido há duzentos anos. Hoje pode-se falar sobre isso, mas não é uma conexão lógica. Não se pode tirar dos políticos liberais o que se sabe sobre a natureza dos estudos cognitivos. Podem-se mostrar as conexões e torcer para que uma futura ciência social, que não existe ainda e com a qual nem sonhamos, possa esmiuçar as reais conexões. Isso é tudo e essas foram coisas que aprendi mais tarde. Ninguém sabia nada sobre isso nos anos de 1940 e 1950. Eu comecei a ler materiais velhos e esquecidos, e descobri as conexões.

E.S. – Por que, apesar de ser uma autoridade e de ter revolucionado o estudo da linguística, o senhor tende a ser ignorado pela chamada grande imprensa americana?

N.C. – É muito simples: digo coisas que não querem ouvir. Critico o poder americano; as estruturas institucionais que estão por trás dele. Veja o exemplo da crise do Iraque. Nos últimos meses, passei horas e horas no rádio, fazendo artigos para o mundo inteiro, para a grande imprensa, para a BBC, para *The Observer*, para um jornal egípcio. Mas não para nenhuma publicação daqui, e por uma razão muito simples. A principal coisa que eu estava dizendo era que um Estado cumpridor das leis tem compromissos muito claros e específicos nos Estados Unidos, que são as leis supremas. O Congresso tem o dever, por determinação da Constituição, de identificar e punir transgressões a essas leis. E essas leis expressam explicitamente que a ameaça ou o uso da força em questões internacionais são considerados crimes. A única forma na qual podem ser usadas a ameaça ou a força é sob a supervisão exclusiva do Conselho de Segurança, depois de passar por uma série de procedimentos. Isso nunca aconteceu. Estados fora da lei não dão importância a isso. Saddam Hussein não dá e Washington também não. São essencialmente parecidos, dois Estados fora da lei, cujas leis são ignoradas, e que se acham no direito de fazer o que bem entendem, clara e explicitamente. Este é o princípio de toda a discussão. Por não aceitar o princípio, fico fora da discussão. É simples.

E.S. – Em fevereiro de 1998 eu estava em Havana, cobrindo a visita do Papa, quando, de repente, a maioria dos jornalistas americanos deixou Cuba e veio para cá, para fazer parte do espetáculo do escândalo sexual envolvendo o Presidente Clinton, o caso de Monica Lewinsky e a felação mais famosa da História.

N.C. – E que é incentivado pela imprensa. Não há comprovação de que a população esteja interessada nisso. O mais provável é que o povo americano esteja interessado em outros assuntos. Os editores sabem sobre o que o público se interessa. Por exemplo: os americanos têm estado preocupados com os acordos comerciais, por razões óbvias. E são contra vários deles. São contra o NAFTA, contra o "Fast-Track"... Este foi tão impopular que o Congresso teve de vetá-lo. Há outro vindo aí que é ainda mais sério. É o acordo para os investimentos. Está sendo negociado desde maio de 1995. A comunidade empresarial sabe tudo sobre isso. As publicações empresariais publicam longos artigos sobre ele há três anos. É um enorme acordo de direitos para investidores que foi planejado para ser – e será, se for aprovado – um grave ataque à democracia. Ele transfere o direito das pessoas, exercido através dos municípios e dos governos, para as mãos do que chamam de investidores, quer dizer: General Electrics, a IBM etc. Instituições que não prestam contas, totalitárias. A elas será dado o direito de ditar as regras, globalmente. Estas são as coisas nas quais a população estaria muito mais interessada do que em Monica Lewinsky. Se um editor não souber disto, é um idiota. Tanto o sabem, que acham melhor não publicar, pois, se o fizerem, não terão como impor o acordo. É claro que a mídia, como qualquer outra corporação, é favorável ao acordo.

E.S. – Por que a mídia seria conivente?

N.C. – Porque é um golpe contra a democracia e delega o poder para as corporações privadas que não prestam contas. É claro que a mídia é favorável. Ficaria surpreso se não o fosse. Você esperava que a General Motors fosse contra? E por que o *New York Times* deveria ser? É apenas outra corporação.

E.S. – Mais de uma vez o senhor já disse e escreveu que o Presidente Kennedy teria sido responsável pelo golpe militar no Brasil em 1964. Gostaria que falasse mais disso aqui.

N.C. – O governo Kennedy apoiou o golpe militar. Robert Kennedy, seu irmão, foi ao Brasil pouco antes do golpe e as declarações que deu deixam claro que ele o incentivou. Os Estados Unidos deram enorme apoio aos generais e, depois de alguns anos, o Brasil tinha se tornado o "queridinho" latino-americano da comunidade empresarial. Nos quase vinte anos que se seguiram, o golpe foi considerado uma história de sucesso absoluto. Em 1989, uma data interessante, foi lançado um livro de um historiador que também tinha sido historiador da CIA, um homem sério e estudioso da americanização do Brasil. Ele descreveu o que havia acontecido desde 1945, quando os Estados Unidos iniciaram a aproximação com o Brasil, até o golpe, como sendo o maior sucesso do estilo de capitalismo americano. Um sucesso absoluto e, até certo ponto, foi mesmo, o que é ótimo para uns 5 ou 10% da população. Mas, para a maior parte do povo, foi um desastre. As condições de vida são as mesmas da Albânia e do Paraguai. Mas ninguém liga. Não é o que define uma história bem-sucedida. Depois de 1989, a mesma política que tinha sido descrita como um sucesso do capitalismo americano começou a ser chamada de socialismo, ou marxismo. Não deu certo para os ricos e, quando isto acontece, quer dizer que é um fracasso. A reviravolta é sempre rápida, o sistema de propaganda não deixa escapar. É só dar uma olhada no que era escrito em 1989, 1990, e um ano depois disso. Desde então, o Brasil está sujeito ao que se chama de neoliberalismo, que é uma fraude. Não é novo, existe há séculos, e não é liberalismo. Escandalizaria qualquer liberal clássico. É uma técnica tirada de uma ambígua doutrina de livre mercado, onde os pobres estão sujeitos ao livre mercado, mas os ricos são protegidos do mesmo.

E.S. – Como o sistema funciona, aqui nos Estados Unidos?

N.C. – Assim funcionam todas as sociedades industriais, os Estados Unidos inclusive. Aqui neste país, custos e riscos são socializados a um nível bastante amplo, e os lucros são privatizados. Esta sala, por exemplo, é propriedade do MIT, uma das maiores universidades científicas do mundo, que paga o meu salário. Talvez os economistas não saibam,

CONTESTADORES

mas os cientistas sabem que isto é apenas uma maneira pela qual o dinheiro público sustenta a indústria da alta tecnologia. Bill Gates tem muito dinheiro por ser um parasita inteligente. É capaz de pegar coisas produzidas à custa do povo e, usando suas palavras, "abraçá--las e multiplicá-las". Um parasita, em outras palavras. A sua fortuna foi gerada por computadores criados para o resguardo de programas de segurança aérea, na época, desacreditados. Isso foi feito bem aqui, quando entrei, à custa do dinheiro público, nos anos 50, quando não se podiam comercializá-los. A Internet da qual Bill Gates está tentando se apossar foi cem por cento subsidiada com dinheiro público. As ideias, as inovações, a tecnologia, a infraestrutura vêm do dinheiro do povo e, depois de trinta anos, são doadas a empresas privadas como a Microsoft.

E.S. – O senhor é muito crítico em relação à Internet, já disse que é uma faca de dois gumes.

N.C. – Há uma ironia interessante. Enquanto o Pentágono controlava a rede de computadores, tudo era grátis. O Pentágono é uma das organizações mais abertas que existem, não se importa com lucros.

E.S. – Vale acrescentar que durante a guerra, ou seja lá como vamos chamar isto, entre os Estados Unidos e a Nicarágua, o senhor se comunicava com a sua filha, na Nicarágua, através da rede de computadores do Pentágono.

N.C. – Sim, pela Arpanet. Quer dizer, a Internet vem da Arpanet, "Agência de Projetos de Pesquisas Avançadas do Pentágono". Tudo foi desenvolvido lá. Por ser da MIT, eu fazia parte da Arpanet, que era propriedade dos militares, mas permitia o acesso dos membros de comunidades acadêmicas. O Pentágono o fazia aberta e gratuitamente. Não a usava para a comunicação militar, mas sim para a comunicação entre cientistas e tudo o mais. A minha filha estava na Nicarágua e não havia outra forma de ficarmos em contato. O sistema de comunicação militar funcionava bem, os sistemas militares sempre funcionam bem. Depois a rede foi para a Associação Nacional de Ciência, também uma instituição pública. Muitas ideias básicas da rede vieram também dos grandes laboratórios europeus que ficam na Suíça. Todo o conteúdo intelectual e técnico veio do setor público e não do setor corporativo. Então, por volta de 1994, tudo foi dado de presente para o setor corporativo, que agora quer reconstruí-lo de modo que, antes de você acessar a rede, terá de passar pelo seu sistema de acesso, que fornece muita propaganda e que vai encaminhá-lo para o que querem que você veja, transformando tudo em um serviço de compras a domicílio, ou em algo que vai distraí-lo como as histórias de Monica Lewinsky – mas não como o acordo para investimentos, o terrorismo americano em Cuba ou o apoio americano aos militares da Indonésia. Se vão ter êxito ou não, eu não sei.

E.S. – Vê alguma forma de deter alguém como Bill Gates?

N.C. – Claro, primeiro porque a sua riqueza e a sua estrutura empresarial não têm legitimidade. Por que deveriam existir?

E.S. – Mas existem.

N.C. – Sim, são um presente. Os reis e as rainhas também existiram, assim como os generais brasileiros e a burocracia stalinista na Rússia. Existem muitas instituições ilegítimas. Mas não são permanentes. O desejo popular pode se livrar delas como já foi feito. Não vivemos rodeados por reis, princesas, generais ditadores e burocratas. E não porque Deus nos deu essa graça, mas porque as pessoas lutaram contra essas coisas, se organizaram e lutaram contra aquilo. A dominação das corporações não é diferente. As grandes corporações modernas têm a mesma origem intelectual que o fascismo e a política dos bolcheviques, se você olhar cuidadosamente. Na virada do século, quando se formavam as bases intelectuais disto tudo, havia um conceito hegeliano de que entidades coletivas orgânicas e legalizadas têm direitos sobre os indivíduos e acima deles. O liberalismo clássico e o pensamento liberal da esquerda são fundados na ideia de que os direitos são individuais, que as pessoas têm direitos, mas instituições coletivas não têm direitos. Talvez tenham algum tipo de parceria, e isso foi mudado no início do século, sob essa nova influência hegeliana e, devo dizer, com o apoio dos progressistas, já que gostam dela em vários sentidos. E daí vêm as raízes do bolchevismo, do fascismo e as raízes das corporações, coisas muito similares. Têm um poder enorme, são dependentes do governo. São todas socialistas, esperam que o governo arque com seus custos e riscos, mas pesquisa e desenvolvimento que não dão lucro imediato ficam por conta do povo. Que é o que acontece com esses acordos comerciais. Parte das organizações de comércio tinha como uma das funções cruciais garantir que países como o Brasil não desenvolveriam a sua indústria farmacêutica.

E.S. – Por quê? Que interesses o Brasil estaria contrariando?

N.C. – O Brasil competiria com empresas farmacêuticas como a Johnson & Johnson. De acordo com as leis de patentes, que são bem rígidas e impostas pelos ricos, que por sua vez nunca as aceitaram para si, até chegarem ao topo. Os Estados Unidos não as aceitaram, nem a Alemanha, nem os outros países ricos. Mas, agora que são ricos, querem impô-las aos outros.

E.S. – Ou seja, nós.

N.C. – Brasil, Argentina, Índia. As leis de patentes eram aplicadas sobre o processamento. Se os farmacêuticos inventassem uma nova droga, poderiam patentear a forma de processamento que usavam, mas não a droga em si. Com as novas regras do novo acordo de comércio, pode-se patentear o processamento e ainda o produto, por mais ou menos quarenta anos. O objetivo é restringir as inovações e os progressos econômicos, e impossibilitar a indústria farmacêutica da Índia ou do Brasil de achar um jeito melhor ou mais inteligente de produzir essa droga.

E.S. – Suponhamos, como hipótese, que exista um remédio para a cura do câncer. Um cientista brasileiro, indiano ou argentino não poderá mais trabalhar com ele, pesquisá-lo ou produzir um similar?

N.C. – Pode comprá-lo. Mas não só não pode trabalhar com ele, como não pode inventar um jeito melhor de produzi-lo. É isso que estão fazendo. A Índia e o Brasil tinham uma boa indústria farmacêutica, e bons cientistas que estavam sempre achando novas formas de produzir drogas cujos processamentos já estavam patenteados. A nova organização de comércio mundial quer acabar com esse grau de... E não é liberal, é altamente protecionista.

E.S. – É o que os países ricos têm criticado em nós.

N.C. – Claro, a fórmula de funcionamento do mercado livre é que os ricos estão isentos dele e os pobres sujeitos a ele. Isso também é verdade internamente, aqui. Nos Estados Unidos, os líderes da revolução do livre mercado, como Newt Gingrich, líderes do Congresso, ou o líder do senado, acham que o livre mercado é lindo para jovens de dezessete anos e que estes têm de ser responsáveis: "Não deve ganhar nada, tem de trabalhar". Mas não para seus eleitores. Gingrich, por exemplo, é o recordista americano em desviar verbas federais para os seus muito ricos eleitores do abastado subúrbio de Atlanta. Bill Gates assume como certo que a população vai fazer a Internet e dar para ele e, se ele se encrencar, a população arca com o prejuízo. Há um estudo recente de dois economistas ingleses sobre as cem pessoas mais ricas do mundo. O que se viu foi que esses ricos se voltam para o governo de seus países para ter suporte e subsídios. Mais de vinte dentre eles não existiriam se não tivessem recebido apoio do dinheiro público em momentos críticos. As regras são cinicamente formuladas para que os poderosos possam fazer o que bem entendem, interna ou externamente. Este é um dos motivos por que o novo liberalismo é uma fraude, é um sistema altamente protecionista com uma mistura de liberação e protecionismo bem dosada em benefício de quem inventou o sistema; não é nenhuma surpresa. Voltemos à questão da mídia e do que o povo quer saber. O povo gostaria de saber essas coisas? Acho que sim, mas não vão relatá-las.

E.S. – O senhor acredita na possibilidade de uma imprensa livre na chamada democracia capitalista?

N.C. – Como poderia? O que se chama de imprensa livre é uma imprensa controlada, corporativista, onde as corporações são a síntese da tirania. Fabricaram isso para permitir uma certa liberdade, mas há ditadores benevolentes também. Já houve ditadores que davam bastante liberdade. Alguns reis são melhores que outros, mas o sistema é autocrático. É a natureza, é a estrutura institucional. É autocrático. Até mesmo por lei, as corporações são responsáveis por aumentar o lucro de seus acionistas. É seu único compromisso. Grandes corporações como IBM, Toshiba, Siemens têm intrincadas alianças corporativas. Trabalham juntas em tecnologia, mercado etc. Isso em um sistema global altamente mercantilista, e sempre amparadas por suas instituições internacionais como o Banco Mundial, o FMI e o grupo dos sete, os ricos. Só os pobres, como os moradores das favelas do Rio, têm que encarar o mercado. Os ricos não. Estes nunca precisaram.

E.S. – Como você vê o futuro, principalmente a tecnologia e a forma como nós, seres humanos, estamos envolvidos com ela?

N.C. – A tecnologia é neutra. Um martelo não se importa se você o usa para construir uma casa ou para quebrar a cabeça de alguém. O mesmo acontece com a automação. Ela pode ser usada para desabilitar as pessoas, para emburrecê-las ou para aumentar o controle. Ou pode ser usada em prol da liberdade, para dar às pessoas o controle do seu local de trabalho. A Internet também pode ser usada para a liberação da técnica ou para o controle da mesma, é a mesma ladainha.

E.S. – Está em nossas mãos.

N.C. – Sim. O sistema de propaganda quer fazer crer que é inútil, que estamos sob o domínio de amplas regras econômicas e que as coisas têm de ser assim. Como foi na época dos reis. A propaganda dizia: "Você tem de ser um escravo ou servo. Ou ouvir a Igreja, ou obedecer ao rei". Como poderia ser diferente? Quem está no poder vai sempre dizer isso. Mas já foi a verdade? Não. É verdade agora? Não. As previsões para o futuro estão em aberto.

TEMPESTUOSOS

EDWARD SAID

"Israel existe porque a Palestina foi destruída."

Do lado de fora das janelas amplas do escritório de Edward Said, o sol do quente verão nova-iorquino se esparramava pelos gramados da Universidade de Columbia. Dentro, tudo parecia em ordem: os livros, nas estantes que iam até o teto; os tapetes antigos; as cadeiras e poltronas velhas e confortáveis; as pilhas de papel, comportadamente dispostas sobre a escrivaninha de madeira escura. Fiquei imaginando quanto do que hoje eu via, ao entrar ali naquela tarde de 15 de agosto de 1997, seria substituição dos móveis, livros e papéis destruídos em um atentado atribuído a vândalos, no fim da década de 1980. Perto da virada do século, ele continuava recebendo ameaças de morte de extremistas judeus, iraquianos, palestinos e sírios. A imprensa pró-Israel o apelidara de "Professor do Terror". Os partidários de Yasser Arafat o consideravam um inimigo. Aquele homem magro, alto, de cabelos grisalhos, fala calma e gestos elegantes, controvertido, criticado, capaz de provocar ódios e paixões com a mesma intensidade, não era um político profissional, não tinha ambições de poder, não acreditava na violência e exercia a pacata profissão de professor de Literatura Comparada em uma das universidades mais respeitadas dos Estados Unidos. Na época com 61 anos, Said – palestino de nascimento (nascera em Jerusalém), cristão que professava a religião anglicana, educado no Cairo (para onde a família se mudara, quando da formação do Estado de Israel), formado em Princeton, com doutorado em Harvard – era um dos pensadores mais originais do final do século 20, capaz de misturar política, arte, colonialismo e experiência pessoal em livros e artigos a que ninguém conseguia ficar indiferente.

Era um escritor e ensaísta que acreditava no poder transformador da cultura, do intelecto, da discussão de ideias. Mesmo que essas ideias fizessem dele um alvo para tantos inimigos.

Edney Silvestre – **Como um professor de** Inglês e Literatura Comparada tem seu escritório invadido, sofre ameaças de iraquianos, sírios, judeus e até mesmo palestinos radicais?

Edward Said – **Tentei dizer a verdade e falei** algo muito controverso e muito inflamável. Quando as pessoas não gostam do que falo – o que, na minha concepção, é bastante moderado e racional – elas se tornam violentas. Tornaram-se violentas. Devo dizer que isso já diminuiu, mas ainda existem muitos ataques verbais a mim. Há alguns anos, um professor de Inglês escreveu um artigo em uma das maiores revistas judias deste país e o título era: "O professor do terror".

E.S. – Eu ia lhe perguntar sobre isso...

E.S. – Tem muito pouco a ver com o que realmente digo. Acho que o fato de eu ser palestino, articulado e de dizer coisas em bom inglês e, com isso, agradar às pessoas, fazer com que ouçam o que digo, creio que me torno muito difícil de ser rebatido ou contradito, pois não emito opiniões, tento manter-me o mais próximo possível dos fatos, e isso leva as pessoas a um certo frenesi. E se no processo perturbo ideias aceitas por todos, de que Israel é uma democracia liberal, de que os palestinos são terroristas e irracionais, que querem destruir Israel, se digo e provo que não é verdade, então há aqueles que ficam muito irritados.

E.S. – Aqui nos Estados Unidos, todos sabemos que a imprensa é muito pró-Israel, mas não só a imprensa pró-Israel é muito agressiva com o senhor; a imprensa pró-Palestina, pró-Arafat, pró-OLP também lhe é muito hostil.

E.S. – Isso é recente. Aconteceu, digamos, depois do acordo de Oslo ser assinado em setembro de 1993, imediatamente após. Eu conhecia todas as pessoas envolvidas no acordo havia muitos anos, desde o início dos anos de 1970. Eu era íntimo de Arafat e fazia parte do movimento, era membro do conselho nacional, escrevi muitos livros... Enfim, estava muito envolvido. Mas li o acordo de Oslo e vi o que estava lá. Não fui enganado pelas comemorações da mídia na Casa Branca, com Clinton dizendo que era um grande acontecimento.

Percebi que o que acontecera (*em Oslo*), como (*o acordo*) fora realizado em segredo, tinha sido uma traição às esperanças palestinas. Então eu o disse. E, acrescento, no início houve muitas coisas desagradáveis, muitos ataques a mim. Mas, nos últimos dois anos, isso diminuiu. A maioria das pessoas, até mesmo seus seguidores, dizem-me que eu estava certo.

E.S. – Fala de seguidores de Arafat?

E.S. – Sim, muitos seguidores de Arafat disseram-me isso. Alguns de seus colaboradores mais chegados foram muito críticos quanto ao acordo, mas temiam dizê-lo em público. E a realidade é que, sinto dizer, o acordo de Oslo foi um desastre. Netanyahu deixou que o que restara de nós fosse totalmente destruído. Chegou-se a um ponto em que, agora, as pessoas querem ouvir o que tenho a dizer. A situação está mudando, é dinâmica.

E.S. – Por que considera o acordo de Oslo um erro?

E.S. – Acho que a ideia de fazer-se a paz entre palestinos e israelenses é uma coisa importantíssima e sou totalmente a favor. Costumo ser atacado quando falo da necessidade de dois Estados, um palestino e um israelense vizinhos, na Palestina. O acordo de Oslo era, na minha concepção, deliberadamente muito ambíguo. Ele foi concebido e negociado por duas facções, uma muito mais poderosa, muito mais preparada do que a outra.

Os palestinos estavam muito mal preparados. Não conheciam o idioma, as negociações foram em Oslo, não tinham apoio legal, não conheciam Direito Internacional e sabiam pouquíssimo sobre Israel. Foram exilados em Túnis e recebiam ordens de Arafat. E o propósito das negociações palestinas era tornar os palestinos aceitáveis para Israel como parceiros. Então, escondeu-se tudo: não houve menções às ocupações. Nada sobre os povoamentos. A economia seria totalmente subordinada a Israel, as saídas e entradas seriam garantidas por Israel, a soberania era israelense. Receberíamos autonomia, o que não é soberania. Os direitos sobre a água e o ar: controle de Israel. Política fazendária, segurança: controle israelense. Então, no fim, o mapa produzido na Conferência do Cairo em 1984 – por coincidência eu estava no Cairo na época – continha uma série de acampamentos palestinos não conectados entre si, divididos por estradas e povoados israelenses. Então vi que era uma fraude. O Partido Trabalhista de Peres e Rabin "vendeu" essa ideia aos israelenses com base em que esse acordo custaria muito pouco a Israel. E, de fato, era uma continuação da ocupação, mas os palestinos seriam a milícia israelense. Eu disse isso publicamente, disse que Arafat se tornara como o regime de Vichy, na França, durante a Segunda Guerra. Ele faria o esforço para a ocupação militar dos israelenses. E foi o que aconteceu.

E.S. – Tenho certeza de que ele não gostou disso.

E.S. – Não, ele não gostou. Mas aceitou. O que eu disse foi o que ele aceitou (*o acordo*) como meio de garantir a própria sobrevivência: ele seria o chefe. O que é compreensível, mas acho que um líder realmente sério, que tem o interesse de seu povo como prioridade, teria dito publicamente: "Foi isto o que conseguimos. Obtivemos um acordo ruim, mas se vocês concordarem eu assino, se não concordarem, eu renuncio". Ele não fez isso. Ele mentiu. Negociou em segredo e continuou dizendo: "É uma grande vitória". Sabemos agora, através de um de seus seguidores, que ele levou um ano para perceber que, em Oslo, não conseguira um Estado palestino, só autonomia. Ele não lera o acordo com cuidado. Conheço essa gente, sei como são e tenho certeza de que é um fato.

E.S. – O que poderia ser uma paz justa para a Palestina?

E.S. – Acho que a única paz possível é com uma reconciliação e, com ela, reconhecimento, pelos israelenses, de que para criarem seu Estado destruíram a Palestina. Quero dizer, a Palestina em que nasci – nasci em Jerusalém, em 1935 – era uma sociedade de árabes, compreendida pelas cidades que todos conhecemos: Haifa, Jafa, Jerusalém, Nablus, Nazaré, Tiberias etc. Como resultado da política de divisão e a guerra de 1947-1948 com a qual toda a minha família tornou-se refugiada...

E.S. – Vocês fugiram para o Egito.

E.S. – Sim. O restante da família foi para a Jordânia, o Líbano, os Estados Unidos, a Europa etc. Nem um único membro de minha família permaneceu na Palestina após a primavera de 1948. Fomos deliberadamente destruídos e despojados como povo. Até hoje, com exceção de uns poucos historiadores, o pecado original de Israel não foi reconhecido por ele.

Quero reconhecimento como os judeus o querem por terem sido destruídos pelos nazistas. Quero o reconhecimento de Israel como os nativos americanos tiveram o reconhecimento de que sua terra lhes foi tirada. Quero que reconheçam a injustiça que me foi feita. Eu entendo o antissemitismo, entendo o Holocausto e tenho, é claro, toda simpatia pelos judeus, mas eles, como vítimas, criaram outras vítimas, e nós somos as vítimas das vítimas. Então, primeiro, quero reconhecimento disso. Não significa que quero tudo de volta, não quero mandá-los embora. Quero que fiquem, mas que reconheçam o que foi feito a mim e me restituam. Perdemos uma imensa quantia, bilhões de dólares em propriedades. Pegaram tudo. Disseram: "É propriedade inimiga, ficaremos com ela". Isso é inaceitável. E a segunda parte do plano é que eles também têm de reconhecer a soberania do Estado Palestino para o povo palestino, no que são hoje os territórios ocupados de Gaza e da Margem Oeste (CISJORDÂNIA). Mas tem de ser um Estado igualitário. Não pode ser um Estado dominado por Israel. Tem de ser um Estado de dois povos que aceitam viver lado a lado. Posso garantir-lhe que, a menos que isso seja feito, não haverá paz ou segurança para os israelenses, porque todos os árabes, todos os muçulmanos sabem o que aconteceu e muitos israelenses têm conhecimento disso, mas se recusam a reconhecê-lo. É muito difícil, mas precisam encarar o fato. É preciso que penetre em suas consciências que Israel existe porque a Palestina foi destruída.

E.S. – Com certeza, Moshe Dayan reconheceu o que chamou de "o pecado original de Israel". Mas ele se recusou...

E.S. – Suas ideias se resumiam ao seguinte: "Somos poderosos, vamos ficar". Mas ele está morto e seu tempo passou. Vivemos em uma época em que os palestinos são, agora, 7 milhões de pessoas. Não somos algumas centenas de milhares de pessoas. Somos muito politizados e estamos divididos. Alguns palestinos vivem em Israel e são cidadãos de Israel, outros estão na Margem Oeste (Cisjordânia), em Gaza, no Líbano, na Jordânia, por toda a parte. Mas somos muito politizados e esta fase atual, muito sombria, passará. A geração mais jovem, a geração de meus filhos... Tenho um filho de 25 anos que nasceu e cresceu em Nova York, que resolveu viver e trabalhar na Palestina por si mesmo. Aprendeu árabe, sabe-o com perfeição, tão bem quanto eu: fala, escreve e lê. Há muitos palestinos como meu filho e eles entendem que a questão da Palestina está mais viva do que nunca e querem o reconhecimento de seus direitos. É um desafio. Os israelenses e seus aliados no Ocidente têm uma visão muito curta. Acham que através do poder, da arrogância e do apoio dos Estados Unidos podem nos menosprezar: "Se não gostarem, montaremos mais povoados". Foi o que disse Netanyahu. Por quanto tempo isso pode durar? A História do mundo está cheia de Estados que disseram "somos poderosos, fazemos o que queremos" e que acabaram como pó. Eu acredito que palestinos e israelenses, juntos, podem criar uma coexistência justa e interessante na Palestina. Mas tem de ser feito com base na justiça, não pode ser feito com base em que nós cedemos em tudo e eles ficam com tudo, e na ideia de que eles têm um direito superior, que Deus lhes deu a terra, que são mais desenvolvidos, com mais tecnologia etc. É algo inaceitável no final do século 20.

E.S. – Acredita que exista uma chance para que nós, da nossa geração, possamos ver essa paz permanente?

E.S. – Certamente que sim. Veja bem, após tudo o que já aconteceu, após todas as concessões feitas pela OLP, por Arafat e sua gente, os israelenses têm pessoas como Netanyahu, que querem ainda mais. Eles não se acostumaram à ideia de que existimos. Querem apenas que saiamos de lá. Mas não sairemos. Se as pessoas não vão embora, então é preciso lidar com elas como elas são. Somos um povo, temos nossa História, nossas tradições e nossa ligação com a terra. Como os israelenses, existimos em toda parte, somos um povo multicultural. E isso não vai mudar. Com o tempo isso se enfatizará ainda mais. Uma das coisas importantes a se notar é que uma geração mais nova de historiadores israelenses está começando agora a escavar o passado. Pessoas como Beni Mars, Seg Evand e Ilan Pappé, que escreveram livros magníficos, mostraram que o que aconteceu em 1948 não coincide com o mito da guerra de independência. Não foi uma guerra de independência, foi uma guerra de colonização, na qual os colonos expulsaram os nativos. Acho que isso vai trazer uma conscientização.

E.S. – O que se lembra de seus doze anos de vida em Jerusalém?

E.S. – Bem, sabe, para começar nunca gostei de Jerusalém como cidade. Meu pai, que era nativo de Jerusalém, nunca gostou dela, tampouco. Ele saiu de lá aos dezesseis anos e eu nunca gostei muito dela porque, para mim, Jerusalém é uma cidade de religiões conflitantes. É uma cidade onde o monoteísmo, o judaísmo e o cristianismo existem em estado muito bruto e as paixões de Jerusalém não me atraem em nada. Nunca me atraíram. Para mim, como cristão, crescer em Jerusalém significava ter de ir à igreja quatro vezes no domingo.

E.S. – Quatro vezes?

E.S. – Sim, quatro vezes em inglês e árabe. E cresci numa Jerusalém que era parte do mandato britânico, então, sempre havia tropas Britânicas, sempre havia incidentes. Era uma cidade dividida. Quando eu tinha nove ou dez anos, isso foi pouco depois da guerra, da Segunda Guerra, lembro-me de que a cidade era dividida em zonas e algumas eram zonas judias. Os cinemas eram judeus ou árabes, as lojas eram judias ou árabes. Então, tínhamos uma vida dividida.

E.S. – O senhor se sente mais americano, palestino ou o quê?

E.S. – Não sei, não posso responder a essa pergunta. Para mim, a questão de identidade é extremamente maçante, pois odeio pensar em mim como apenas uma coisa. Somos todos uma mistura. O Brasil é um país cheio de misturas e é assim que somos. Cresci com diferentes tipos de pessoas, de diferentes nacionalidades e sou parte disso. Não me sinto realmente em casa em lugar algum, nem aqui, nem quando retorno ao mundo árabe. Neste verão passei algumas semanas no Líbano. Não, não me sinto mais americano do que... Apenas me sinto uma pessoa complicada que pode viver em vários diferentes lugares, pois falo vários idiomas. No mundo árabe sou árabe; aqui, sou americano; na Europa, sou outra coisa.

E.S. – Sente alguma nostalgia?

E.S. – Não, nem um pouco. Eu a matei em mim. A época em que fui mais feliz foi quando estava na faculdade, pois só fazia ler. Eu tinha pouquíssimas conexões. Não tinha qualquer ligação com outros árabes. A maioria dos árabes que conheço, conheci depois de 1967. Não os conhecia até então, pois eu estava em um meio que era completamente americano ou europeu.

E.S. – Sua participação política, chamemos assim, na questão palestina, iniciou-se tarde.

E.S. – Sim, porque eu estava totalmente isolado dela, como a maioria dos palestinos. Depois de 1948, o que aconteceu foi que os refugiados que tinham ido para os Estados Unidos ou para o Egito estavam muito ocupados, tentando acostumar-se ao novo ambiente. Aqui, eu era estudante, tinha quinze anos quando cheguei, e estava ocupado em ser um bom aluno. Acabei meu doutorado em 1963 e meu primeiro emprego foi aqui, em Columbia. Vim diretamente para cá, comecei a ensinar e envolvi-me profundamente na carreira de professor assistente e costumava escrever etc. Então, em 1967, aconteceu o grande choque. Eu tinha 33 anos na época. O mundo do qual eu me lembrava, que deixara para trás, estava completamente mudado e destruído. Israel ocupara o restante da Palestina...

E.S. – O senhor fal...

E.S. – Da Guerra dos Seis Dias, em 1967. Pouco depois iniciou-se o movimento palestino. Na verdade não houvera qualquer movimento. A OLP (Organização para a Libertação da Palestina) fora criada em 1964, porém não me dizia nada. Mas, em 1968, iniciou-se um movimento em Aman, no qual havia membros da minha família. Fui até lá. Encontrei velhos amigos que não via havia anos e parentes que agora eram membros do movimento. E foi assim que começou.

E.S. – Como arte, literatura e política se inter-relacionam?

E.S. – Devemos ter cuidado para não as misturarmos com tanta facilidade. Sou uma dessas pessoas que acreditam que a obra de arte tem uma integridade, sua própria forma, e que não deve ser misturada facilmente com a política. Mas toda obra de arte é um objeto histórico e nós somos criaturas da História. Então acho que a primeira interação entre política e arte é através da História, para compreender que circunstâncias históricas levaram à criação de uma obra de arte. Logo de início, comecei a notar que não se podia remover uma obra de arte do contexto político da sociedade. O escritor Dostoievski, por exemplo, fez parte de um momento muito revolucionário, mas reacionário, da história da Rússia do século 19. Os romances de Dickens eram muito parte de um mundo específico, e para entendê-los de modo apropriado, é preciso entendê-lo também. Meu primeiro trabalho que tentava misturar política e estética foi *Orientalism*, que não é simplesmente, apesar de às vezes ser encarado dessa forma, um ataque a estudos orientais, mas também um estudo da imaginação. Como a imaginação geográfica forneceu os ingredientes para uma certa imagem do Oriente que foi, na realidade, criada por certos pintores e escritores como Flaubert e poetas como Chateaubriand, Victor Hugo e outros tantos.

E.S. – Vejo que o senhor tem livros sobre Verdi na estante. Tomemos a ópera *Aida* como exemplo: poderia nos explicar sua visão dela como reflexo do imperialismo?

E.S. – Claro. Verdi, tem mesmo de vê-lo aqui. Mas Verdi é também... quer dizer, *Aida*, em particular, também é uma ópera muito importante para os egípcios, pois é sobre o Egito e foi uma das primeiras óperas que vi no Cairo. Havia uma ópera italiana e sempre, no inverno, havia uma temporada de ópera italiana e a primeira que sempre se apresentava era *Aida*. Conheço-a muito bem, realmente. Interessei-me em saber por que Verdi escrevera essa ópera. Nada em seu passado sugeria qualquer conexão com o Egito e em várias de suas cartas ele dizia que o Egito e a cultura egípcia antiga eram coisas das quais não gostava. Então eu descobri que Mariette, o homem que escreveu o libreto, era um arqueólogo que trabalhava no Egito. A história de *Aida* fora escrita por ele e comprada por Verdi que, em certo momento de sua carreira, tentava descobrir o que fazer a seguir, principalmente após tornar-se uma grande figura europeia. Ele queria uma nova perspectiva operística e a oportunidade foi-lhe apresentada não só por Mariette, mas por Quediva, o governante do Egito que, em termos econômicos, estava sob o jugo dos ingleses e franceses. Ele queria uma nova ópera e ofereceu a Verdi uma enorme quantia, muito mais do que ele jamais recebera por qualquer de suas óperas, até então. Portanto, Verdi escreveu essa ópera como resultado de uma série de forças que só poderiam ter vindo de um império: Quediva queria uma ópera italiana, escrita em estilo francês, sobre um assunto egípcio, para uma certa ocasião – a abertura da ópera que seria honrada por vários europeus que lá iriam, como a imperatriz da França, para celebrar os laços com o Egito –, um acontecimento cultural totalmente em termos europeus. Vi isso como parte do domínio que o império tinha sobre a imaginação nativa. Era sobre o Egito antigo, não o Egito moderno. Nenhum egípcio estava presente na estreia de

Aida. Ela foi criada e montada totalmente para a comunidade estrangeira. Isso, para mim, representa um meio pelo qual a imaginação do império transformara a imaginação de um compositor italiano. E o que Verdi produziu estava cheio de símbolos do poder europeu. Explicando melhor: música europeia modulada, influenciada por certas harmonias cromáticas que conotavam "o Oriente". E a história de uma escrava etíope desprezível, numa corte egípcia, na qual poder e conquista, que são os temas centrais da ópera, triunfam sobre o amor e o indivíduo. E isso me parece representar o que denomino de "o espetáculo do império", porque, depois de sua primeira apresentação no Cairo, à qual Verdi não foi, a obra foi levada para Milão e lá tornou-se o elemento principal do repertório europeu. Quando se pensa sobre o Egito sempre se pensa em *Aida*. E, agora que estamos num tipo de neo-império, os egípcios apresentam *Aida* com um elenco de 5 mil pessoas, aos pés das pirâmides ou em Luxor, sob o templo de Hatchepsut, onde a ideia do império continua.

E.S. – O senhor também disse algo muito interessante sobre literatura: que, sem o império, não existiria o romance europeu como o conhecemos.

E.S. – Desde cedo, deparei-me com o fato de que os grandes romances europeus estavam ligados a impérios. Quer dizer, existe um grande romance alemão, mas que foi escrito no final do século 19. Existe o romance italiano, mas que se iniciou com Manzoni, em meados do século 19. Os dois países que têm uma tradição ininterrupta de prosa narrativa ficcional são a Inglaterra e a França, e eles foram as duas grandes forças europeias. E do que trata um romance? Ele trata de pessoas que têm ideia de transformar suas vidas pela imaginação ou, através de um trabalho, permitir-lhes que produzam seu próprio mundo. O primeiro grande romance realista inglês foi escrito por Daniel Defoe, *Robinson Crusoé*, sobre um inglês que, ao naufragar em uma ilha anônima, acaba por criar outra Inglaterra nessa ilha, com escravos, dominando o local. O romance inglês é bem diferente do francês, mas acho que a ideia de prosa narrativa ficcional está muito ligada à ideia de aventura, em ir a lugares estranhos.

E.S. – Kipling, Conrad...

E.S. – Mais tarde. Mas mesmo antes deles, pense em Thackeray, no início do século 19. A maioria de seus romances é sobre pessoas que vieram da Índia. Jane Austen, uma romancista na qual todos pensam em reuniões para o chá...

E.S. – Este é um assunto sobre o qual eu ia mesmo pedir que falasse mais longamente, pois é um dos aspectos que mais provocam críticas ao senhor: sua visão da obra de Jane Austen como uma face do imperialismo.

E.S. – O principal romance dela, *Mansfield Park*, publicado entre 1814 e 1815, é centrado em um lugar altamente idílico na Inglaterra, uma propriedade rural chamada Mansfield Park. Bem no início do romance, ficamos sabendo que o proprietário não pode, de modo algum, manter tal propriedade sem o apoio de uma outra que possui em Antígua. Sir Thomas Bertrand, o personagem, tem que ir a Antígua no início do romance, para tentar debelar uma rebelião de escravos que lá ocorre; fica muito claro que ele tem uma plantação de cana em Antígua, e que o lucro dela é que possibilita a existência dessa maravilhosa propriedade na Inglaterra.

Então, na verdade, o que Austen faz, com muito cuidado, creio, é conectar um império no exterior, que não vemos, pois toda a ação ocorre na Inglaterra. Ela mostra que, para que a Inglaterra possa ser bela e para que Mansfield Park seja um local idílico, é preciso manter a ligação com o posto exterior. Nos livros de Austen, não só em *Mansfield Park*, mas também em *Orgulho e Preconceito*, *Persuasão*, *Razão e Sentimento*, há muitas referências à Marinha Britânica, que está "rodando" pelo mundo, pois é o período a que chamam de "livre-comércio", no qual eles comercializavam com todos.

E.S. – Livre para eles.

E.S. – Livre para eles, é claro. Há referências ao Mediterrâneo, à África, à Índia, ao Caribe, todos os lugares que interessariam ao leitor inglês da época eram vistos, de certo modo, como parte da economia inglesa. Eles eram estrangeiros, mas de certo modo necessários para manter a existência dessa ilha de utopia. No caso, Mansfield Park.

E.S. – Falemos de uma outra parte de sua batalha: a leucemia.
E.S. – Certo.

E.S. – Como a leucemia afetou a sua vida e deu-lhe essa disposição para fazer as coisas que deseja?
E.S. – Bom, veja bem, no início... Fui diagnosticado com leucemia há exatos seis anos, em setembro de 1991.

E.S. – Setembro é um mês difícil para os palestinos.
E.S. – É sim. Você está certíssimo. Exatamente.

E.S. – Como agosto é para nós, brasileiros.
E.S. – O verão não é muito gentil. Bom, quando descobri a doença fiquei, é claro, em estado de choque, em pânico por várias semanas. Não conseguia dormir, estava nervoso etc. Reação perfeitamente normal. Mas também tinha consciência de que havia uma luta, não era apenas uma questão de eu morrer imediatamente. Há um período no qual se pode lutar e senti que havia duas coisas que eu deveria fazer: a primeira era remover a doença do centro do meu consciente, pô-la de lado para que pudesse trabalhar e fazer o que queria. E a segunda, conseguir os melhores cuidados médicos possíveis, o que é difícil, pois o conhecimento sobre o câncer é muito fluido e pouco difundido. Levei cerca de um ano. Finalmente encontrei o melhor médico possível. Ele é indiano e atende em Long Island, seu nome é Rai.

E.S. – R-A-Y?
E.S. – Não, R-A-I. Canti Rai. Ele é de Rajasthan. Ele é a maior autoridade em leucemia e linfoma. Então me preparei para lutar. No início eu tinha muito poucos sintomas. Mas no segundo ou terceiro ano, eles começaram a aumentar. Então, quando iniciei a quimioterapia, foi outro passo. E fiz muita quimioterapia. Mas o que aprendi foi viver dia

a dia, não antecipar os desastres e nunca desistir. Neste último ano, a partir de setembro de 1996, tive um ano desastroso. Fiquei muito doente. Tive pneumonia em setembro e, do início de dezembro até maio, ou estava no hospital, ou estava doente. Perdi uns dezoito quilos, sentia muitas dores horríveis, mas nunca perdi a fé de que poderia continuar e tentava trabalhar todos os dias. E tentei não esconder a doença. Acho que ajuda. Algumas pessoas preferem não falar sobre o assunto. Eu descobri que, se a confrontasse, eu poderia lidar com ela. E, finalmente, acho que percebi o quanto aprecio a vida, mas que não tenho medo de morrer. E acho que assim você segue em frente.

SALMAN RUSHDIE

"O papel do intelectual é falar a verdade ao poder; aos que detêm o poder. Sobretudo hoje, quando há somente uma superpotência mundial."

Em 1989, Salman Rushdie publicou seu quinto romance. O escritor anglo-indiano já era conhecido e respeitado, mas queria fama. E a fama chegou. De uma forma que ele jamais poderia imaginar. Aquele quinto romance, *Os versos satânicos*, foi considerado um insulto ao islamismo pelos aiatolás do Irã. Eles promulgaram uma *fatwa*, uma sentença de morte contra Salman Rushdie, que passou a década seguinte mudando frequentemente de endereço, de cidade, de país e até de continente. A vida pessoal foi destruída: o casamento acabou, os encontros com a família e amigos passaram a ser secretos e raros. Mesmo assim, Rushdie continuou a escrever sua obra. Na vida em fuga, a única constante era o laptop.

Em abril de 1999, o governo do Irã suspendeu a sentença. Grupos islâmicos radicais não aceitaram a decisão. Mantiveram a disposição de assassinar Salman Rushdie. Um desses grupos ofereceu dois milhões e quinhentos mil dólares para quem o matasse. Na mesma semana em que nossa entrevista deveria acontecer.

Saímos de Nova York cedo, num sábado frio de início de primavera. Para onde íamos? Não sabíamos. Apesar das incontáveis mensagens telefônicas e de fax que tínhamos trocado com agentes, assistentes e representantes, mesmo com a ajuda da Companhia das Letras (editora de Rushdie no Brasil), por questão de segurança do escritor, rodávamos sem direção definitiva. Ao chegarmos a um ponto indicado, deveríamos ligar para um número xis. Do outro lado da linha a pessoa nos passava a indicação da próxima estrada a tomar, nos dava um novo número para ligar, e assim por diante. Perdi a conta do número de vezes que ligamos (seis, oito?) e das rodovias que percorremos. Até que, no meio da tarde, chegamos ao destino. Era o Bard College, que, em caminho direto, fica a cerca de duas horas de Manhattan.

Edney Silvestre — Fizemos um percurso que
teve o trajeto alterado várias vezes, até chegarmos aqui. O *campus* está vazio, mas dá para notar que há seguranças em posições estratégicas. E há também seguranças em cada andar deste prédio. A ameaça de assassinato, apesar do que dizem em contrário, continua forte?

Salman Rushdie — Lamento o transtorno.
Talvez tudo isso seja um excesso de zelo. Essa operação de segurança independe da minha vontade. Eu nem mesmo sabia o que aconteceria. Para mim, estaríamos todos juntos aqui, no Bard College, que sempre me apoiou ao longo dos anos. Aqui é o meu reduto. Tenho boas relações com o corpo docente, todos muito atenciosos. Gentilmente disseram que receberiam os jornalistas e eu achei que, em vez dos trinta ou sessenta minutos de praxe, poderíamos ter mais tempo juntos, talvez um bate-papo informal no fim de semana. Seria um encontro mais interessante. Foi esse o motivo que me levou a fazer isso. Não sabia que lhe diriam para ir à estação ferroviária, esperar sob o relógio...

E.S. – Com uma senha que me identificasse...
S.R. – Não sabia. Na minha opinião, era totalmente desnecessário. É um problema convencer o pessoal da segurança a fazer distinção entre jornalistas e assassinos.

E.S. – Às vezes não há... O tema da morte e ressurreição, presentes em seu novo livro, seria uma forma de reação à *fatwa*? *O chão que*

CONTESTADORES

ela pisa está sendo descrito como uma recriação do mito de Orfeu. O senhor o chama de "história de amor épica"...

S.R. – Minha intenção inicial foi escrever uma grandiosa história de amor, passada na época em que não éramos tão cínicos sobre certas coisas. Queria descobrir como criar uma verdadeira história de amor em nossos tempos, sem cinismo, ou que se parecesse com as historietas de revistas femininas. A estrutura de Orfeu e Eurídice foi de grande ajuda por se tratar de uma grande história de amor. Ela me deu um indício. Uma boa maneira de descrever a dimensão de um amor é mostrar o buraco que ele deixa atrás de si, quando o ser amado se vai. A potência da bomba se mede pela sua cratera. Essa foi a pista para abordar a história. Nesta história, a heroína, logo na primeira página, cria um terremoto, e o livro é sobre o buraco que ela deixa atrás de si. Também gostei do fato de que, neste mito, muitas perguntas interessantes foram feitas sobre a arte representada pela música, em relação ao amor e à morte. Essas grandes questões estão ligadas, formando um triângulo. É uma história do eterno triângulo. Eu quis explorar essa conexão. A arte permite que o amor supere a morte? A arte, ao rejeitar o artista, destrói o amor? O amor e a arte, quando se juntam, formam, de certa forma, uma resposta à morte?

E.S. – Quais foram suas respostas a essas perguntas?

S.R. – Elas estão no fim do livro. Mas, de modo geral, a resposta que obtive foi o motivo que me levou a escrever uma história de amor. Minha vida não é uma vida comum.

E.S. – Nem precisa dizer...

S.R. – Uma das coisas que aprendi foi a dar valor maior ainda ao poder do amor em nossa vida, como uma certeza em um mundo de incertezas. Mas a verdade é que até isso é temporário, pois o amor não oferece garantias. Ama-se apaixonadamente durante dez anos e, um dia, ao acordar, o amor se foi. Mas, dada a condição da natureza humana, que muda e declina até seu fim, é uma base sólida para se construir uma vida, como vim a descobrir. E quis ver o que significava para os outros, em um contexto mais amplo, mais global.

TEMPESTUOSOS – *SALMAN RUSHDIE*

E.S. – Como essa consciência da morte afeta sua obra?

S.R. – Concordo com a consciência da morte, mas há outras coisas que me impressionaram nesses dez anos. Quem recebia ameaças de morte era eu, mas eram os meus amigos que estavam morrendo. Não porque alguém queria matá-los, mas devido à Aids, ao câncer, a ataques cardíacos ou o que quer que fosse. Perdi vários amigos íntimos nesse período: os escritores Bruce Chatwin, Angela Carter, Raymond Carver e outros, não tão famosos. E neste exato momento tenho dois amigos à beira da morte. Ao chegarmos à metade da travessia da vida, como disse Dante, a morte se torna um fato, passa a ser seu próprio círculo social, de pessoas que amamos, e que começam a ser como dentes que caem, deixando buracos. Não há escapatória. À medida que envelhecemos, torna-se mais premente, porque vemos acontecer à nossa volta, a pessoas de quem gostamos. Meu romance é sobre isso também. Em termos de minha obra, creio que a constante ameaça de ser assassinado me fez... Eu vivi essa experiência nos últimos dez anos, uma experiência de muita dor, perda, tristeza, perplexidade, desorientação, pesar...

E.S. – E solidão.

S.R. – Às vezes solidão. Embora durante pouco tempo. Porque tive a sorte de me apaixonar e, assim, não me sentia só porque havia me casado logo, dois anos depois da *fatwa*. E durante oito anos e meio, desse período de dez anos, eu me senti ridiculamente feliz.

E.S. – Tentavam matá-lo e o senhor se sentia ridiculamente feliz.

S.R. – Esse foi meu quinhão de sorte. E também me inspirou uma história de amor. Quanto à minha obra, achei que não podia me permitir tornar-me o personagem desse acontecimento, e ser definido exclusivamente por ele. Percebi que o fato podia, de várias formas, prejudicar a minha obra: amedrontando-me, para que escrevesse livros neutros, que não abalassem estruturas, ou exatamente o contrário: cheios de ódio, de vingança. Em ambos os casos, os que me condenaram à morte sairiam vencedores, porque eu estaria reagindo

127

a eles. Eu repetia uma frase para mim mesmo: "Você tem de escrever para a orquestra toda". Não podemos limitar-nos a um ou dois instrumentos, apenas. É preciso utilizar o talento em toda a sua extensão. Não só o talento como essa forma plena à qual nos dedicamos para nos tornarmos profissionais. E também pelo grande respeito à Literatura. Eu pensava: "Se não pode fazer isso, então não escreva. O mundo tem livros suficientes. Não precisa de mais, e ruins". Isso me tornou mais determinado a reagir ao que me acontecera, mostrando que prosseguiria em meu caminho. Como escritor, tinha preocupações, interesses, vontade de visitar lugares, coisas a pensar. E decidi: "Vou por esta rota. Não sei aonde me levará, mas não me desviarei para o caminho dos livrinhos cautelosos ou da vingança. Seguirei em frente". Eu me senti fortalecido. Se consegui ou não meus objetivos, os outros que julguem. "Se tentarem fazê-lo calar-se, cante mais alto. Cante melhor. Você sabe como cantar melhor." Esta é minha resposta. Não sou político, não posso resolver as crises mundiais. Mas posso escrever. E o fiz.

E.S. – Ainda teme por sua vida?

S.R. – Não perco tempo temendo por minha vida. Mas ainda existem grupos iranianos que não aceitam as disposições do governo do país deles. Existe esse tipo de problema. Não podemos impedir que as pessoas brinquem de mocinho e bandido. Elas gostam demais desse jogo.

E.S. – *Versos satânicos* lhe trouxe mais fama do que qualquer autor contemporâneo jamais teve – e o senhor mesmo admitiu que queria fama –, mas ela veio a um preço muito alto. Valeu a pena?

S.R. – Com toda a franqueza: não valeu a pena. Se eu pudesse voltar no tempo e continuar com o nível de interesse e respeito que minhas obras despertavam em 1989, eu o faria na mesma hora. Eu queria me tornar um escritor a quem as pessoas dessem importância em razão de seus livros. E não devido a um fato de sua vida. É um problema quando a vida de um escritor é mais conhecida do que sua obra. Esse foi o maior problema de Ernest Hemingway. E há outros

TEMPESTUOSOS – *SALMAN RUSHDIE*

exemplos. Estar na posição que eu condenava em outros escritores, como Hemingway, é no mínimo irônico, e certamente não era algo que eu desejasse para mim. Estranhamente, o que estive fazendo, nesse período, foi lutar para retornar à parte cultural. O que houve foi que a minha história saiu do contexto literário para a primeira página, tornando-se uma história política, digamos, ou sociológica, e por aí vai. Nessa história, a única coisa que não interessou a ninguém foi a natureza da minha obra. Durante vários anos as questões sobre a natureza de meus escritos jamais me foram colocadas. Qual é a satisfação de um escritor, quando passa a vida tentando fazer uma coisa e... Quando se é famoso, todos querem vê-lo e fazem fila para entrevistá-lo, mas ninguém pergunta sobre seu trabalho. Isso é bem peculiar.

E.S. – Quem cultua celebridades só se interessa pela moldura.

S.R. – Minha luta tem sido para voltar a ser escritor. E se isso significa ser menos famoso, para mim está ótimo, está mesmo. Eu aceitaria imediatamente. Creio que já começou a acontecer, porque... O que tenho a dizer é: o maior dano causado pela sentença de morte não foi o físico. Estou aqui, estou bem. Para as pessoas que não conhecem minha obra, isso a tornou inacessível. Foi como se a característica dos ataques contra mim, que foram destituídos de humor e sombrios, meio estranhos, e de certa forma incompreensíveis por serem teológicos, por conterem outra teologia, fizeram com que se pensasse que minha obra era assim: sem humor, sombria e teológica. Quem a compreenderia? O que fez de mim uma celebridade não encoraja a leitura de meus livros. De certa forma, a desencoraja. Há pessoas que jamais lerão meus livros. Tornou menos provável a escolha de meus livros. Foi esse o verdadeiro dano causado. Ninguém diz que meu livro é engraçado. É como se esse atributo não interessasse. De fato é uma história cômica, sobre duas pessoas que caem de um avião e sobrevivem. Obviamente ele começa de uma forma engraçada. Assim, a percepção das pessoas foi distorcida, não só sobre a minha pessoa, como sobre minha obra. São dez anos de luta contra isso.

E.S. – Outro aspecto deixado de lado sobre *Versos satânicos*, após a comoção em torno da sentença de morte, foi o retrato da Inglaterra sob o ponto de vista do imigrante.

S.R. – A história que eu contei em *Versos satânicos* era sobre migração, da forma como a descrevi para mim mesmo. E assim a descreveria. Diria que meus dois primeiros livros falavam brevemente da Índia e do Paquistão. Minha obra devia fazer a jornada que eu fiz. Deveria migrar para Londres. Em *Versos satânicos* senti que estava escrevendo um livro britânico, basicamente. Um livro sobre Londres e a vida dos imigrantes, em Londres, sob o regime que me sentenciou à morte. Vamos dar esse crédito ao governo.

E.S. – Chamemos de "regime".

S.R. – Concordo, mas não devo expressar opiniões. Às vezes parecia mesmo um regime. Em relação ao outro material, o chamado material polêmico, foi a forma como me sentia em relação à condição de ser um migrante. Tudo aquilo que você considera um direito, em sua pátria, de repente é questionado. Você não fala o idioma tão bem quanto os nativos. Os seus costumes não são os mesmos ali. As garotas usam minissaias. Você se descobre alienado. E as suas suposições a respeito da vida, incluindo seus valores espirituais, estão em contradição com os valores espirituais e morais dessa nova cultura. Onde tudo é questionado, meu livro deve fazer o mesmo. Deve questionar tudo sobre os elementos que os personagens trazem do Oriente para o Ocidente. Trazê-los para o Ocidente os põe em questão. Um deles é a experiência espiritual, e isso é a gênese dos dois capítulos que tratam disso. Mas, de forma estranha, esse alvoroço me surpreendeu, porque o livro, na verdade, era muito respeitoso sobre a religião. Eu pensava: "Não sou uma pessoa religiosa. Não creio que um anjo apareça no topo de uma montanha trazendo a palavra de Deus. Se eu fosse à montanha com o profeta, veria o anjo? Provavelmente não". Contudo, o fenômeno da Revelação é muito antigo. Acontece a muita gente, em muitos lugares e épocas. Devemos levá-los a sério, porque não estão mentindo. O que acontece é real, pelo menos para eles. Por não ser

TEMPESTUOSOS – *SALMAN RUSHDIE*

teólogo, nem filósofo, minha forma de entender algo assim é contada na história para enxergar a verdade do personagem e chegar à compreensão do que aconteceu a ele. Foi o que fiz e pensei: "Esta é uma coisa séria a fazer, vindo de alguém sem *background* religioso, e que lida com assuntos sagrados, os mesmos com os quais me criei e que, a meu ver, também me pertencem". Estava tentando conhecê-los e entender o que significavam para mim. Foi o que pensei estar fazendo. Ao saber que isso ofendia as pessoas, vi que era o oposto do que estava tentando fazer. Mas algumas pessoas ofendem-se facilmente.

E.S. – Outro aspecto que passou despercebido em *Versos satânicos* foi o efeito da mídia na cultura moderna. Me ocorre comentar porque o senhor citou anjos como portadores da mensagem.

S.R. – Eu me lembro de ter ficado bem chocado, quando *Versos satânicos* foi lançado, mais ou menos na mesma época em que Wim Wenders lançou o filme *Asas do desejo*, que é sobre os anjos de Berlim. Eu pensei: "De onde vêm todos esses anjos?". De repente começam a escrever sobre anjos chegando a várias cidades. Talvez houvesse algo no ar, naquela época, que tenha feito com que precisássemos reinventar os anjos. Mas eu sempre me considerei um escritor contemporâneo. Estou sempre interessado no que acontece agora. Quando se escreve sobre o passado, ou o futuro, deve ser apenas para se comentar o presente. Tenho um grande interesse em entrar nessa era de maior tecnologia, de sobrecargas de informações, através do vídeo, da Internet e do que mais houver. Quero analisar tudo e encontrar uma forma de incorporá-lo a meus livros. Há um trecho importante em *Versos satânicos*, sobre o conflito racial em Londres. Eu tento perceber como uma câmera capta um evento assim. E como essa forma afeta a nossa percepção do evento. Resumindo: a câmera está sempre atrás do policial, porque ela precisa estar em local seguro. É um objeto valioso. O que a câmera vê são homens se defendendo enquanto o povo os ataca. Isso cria um significado que seria diferente se a câmera estivesse do outro lado. Mas ela muito raramente está do outro lado. Creio que estão iniciando um processo para explorar a forma na qual a imagem

131

que vemos, e que parece objetiva, mesmo uma reportagem que afirme ser neutra, sem se inclinar por algum lado, assume esse lado apenas pela forma de mostrar a imagem.

E.S. – A mídia – televisiva, especialmente – não conseguiria, então, ser neutra, mesmo quando quer?

S.R. – Depende de que lado da barreira estiver olhando. Em *O chão que ela pisa* tento mostrar outro fenômeno da mídia, algo como o que houve após a morte da princesa Diana. Esse foi um dos maiores acontecimentos de nosso tempo porque, no início, a mídia não sabia o tamanho da repercussão da história. Não sabia que viria a ser uma imensa demonstração de sentimentos, nem o quanto a princesa significava para tanta gente. Mas a mídia aprende depressa. E em pouquíssimo tempo desencadeou-se essa operação enorme, muito maior do que a cobertura em Kosovo. Foi uma gigantesca operação da mídia global. E a recompensa era estabelecer a importância do evento. O que significava? O que todos queriam saber? Milhares procuravam a TV para dizer o que significava. Esse efeito, esse *loop* entre o evento real e a plebe. Uma qualidade espontânea desapareceu rapidamente. Em vez de um evento de natureza pesarosa, foi apresentado aquilo que se viu na TV. Eu estava fora da Inglaterra, nos Estados Unidos, quando aconteceu o acidente. E voltei à Inglaterra no dia seguinte ao funeral da princesa Diana. Nesse mesmo dia, fui ver o chamado "milagre das flores". Quando cheguei lá, já se tornara um ponto turístico. Ninguém estava ali para chorar, mas para tirar fotos. E pensei: "Isso aconteceu a menos de uma semana". A emoção imensa e verdadeira havia se transformado naquilo, em menos de uma semana. Podemos chamar de *loop* pós-moderno. Não se pode separar o evento da reação. As coisas estavam tão integradas que cada qual mudava a outra. Foi uma mudança importante e crucial para o que vivemos hoje. O poder da era da informação. Minha informação é mais lenta, mas talvez seja mais duradoura. Mudanças na natureza da era da informação me interessam.

E.S. – Muita gente não sabe que é um aficionado do cinema, adora filmes. É verdade que tentou ser ator?

S.R. – Tentei sim. Na faculdade eu representava mais do que escrevia. Eu fiz a Faculdade de Teatro de Cambridge. Era mais ator estudantil do que escritor. Escrevi para jornais estudantis, mas era mais ator. Minha primeira ambição era escrever; a segunda, representar. No fim dos anos de 1960, início dos anos de 1970, o teatro estava no auge, em Londres. Autores que hoje são grandes figuras estavam surgindo: David Hare, Howard Brenton, Trevor Griffiths, todos eles. Havia um alvoroço no teatro que não existia na literatura, na Inglaterra daqueles tempos. Os livros não estavam em um bom momento, na época. Isso veio depois. Mas os jovens se sentiam atraídos pelo teatro. Depois que deixei Cambridge trabalhei em algumas peças, em Londres, durante alguns anos.

E.S. – Era um bom ator?

S.R. – Não o suficiente, pelo visto. Não era horrível, mas tampouco bom. Representar é mais difícil do que escrever, e há longos períodos em que se depende dos outros. A menos que acredite muito em si mesmo, e tenha como se sustentar até poder mostrar isso, não o faça. Eu não tinha essa crença. Então, fui atrás do outro sonho.

E.S. – Eu o convidaria para ser o ator de uma cinebiografia de Stanley Kubrick, pela sua semelhança com ele.

S.R. – Não conheci Kubrick. Ele era muito recluso. Viveu muitos anos em Londres, onde tínhamos vários amigos comuns. O roteirista Michael Hare, que escreveu ótimos livros e o roteiro de *Full Metal Jacket*, um dos filmes de Kubrick que concorreram ao Oscar, era um deles. Outro amigo meu e de Kubrick era um executivo da BBC Television e produtor do filme *Yentl*, de Barbra Streisand. Mas eu jamais o conheci. Embora eu tenha sido forçado a um período de reclusão, quem me conhece sabe que não sou do tipo recluso. Sou uma pessoa extremamente gregária, adoro a companhia das pessoas. O que me aconteceu foi o pior para mim. Escritores mais reclusos teriam lidado melhor com isso. Eu me senti privado de muitas coisas. Isolar-se por vontade própria, como Kubrick fez, é algo que não entendo. Não sei como alguém faz isso. Conheço as explicações dadas sobre Kubrick, mas seria difícil fazer sua biografia, porque não aprovo a decisão dele. Mas é um grande cineasta, apesar disso. Muitos de seus filmes existirão enquanto houver cinema: *Dr. Fantástico, Lolita, Glória feita de sangue, Spartacus, 2001*, até mesmo *Larry Lindon*, que não foi tão bom. Sua obra é impressionante.

E.S. – *Rock and roll* é parte essencial de *O chão...* Na sua juventude em Bombaim, ouvia muito rock?

S.R. – Claro, sobretudo porque era tocado nas rádios – não na Índia, mas do Ceilão, hoje Sri Lanka. A Índia não tocava música ocidental, mas o então chamado Ceilão, sim.

E.S. – O que ouvia?

S.R. – Tudo. Elvis, Little Richard, The Drifters, Jerry Lee Lewis... Nossos pais não gostavam, assim íamos ouvi-los na casa daquele cujos pais tivessem saído. Bombaim é uma cidade internacional, e tínhamos amigos de todas as partes do mundo. Eles traziam seus discos, e muitas canções eu ouvi pela primeira vez na casa deles, não no rádio. Como todo mundo, fui afetado por elas. É incrível que essa música falasse ao mundo todo ao mesmo tempo e que tenha continuado assim até agora. Hoje parece ter se tornado outra coisa. Há outra geração de música.

E.S. – Ouve *rock and roll* hoje?

S.R. – Eu ouço tudo: *rock and roll*, música clássica indiana... Gosto de ouvir música, exceto quando escrevo. Então eu a desligo.

E.S. – Como o senhor escreve? Ficar mudando de um hotel para outro, de um esconderijo para outro não atrapalhava seu trabalho?

S.R. – Existe um pouco de fantasia criada pelo público. Não foi tão ruim assim, e tampouco foram hotéis. Meu trabalho foi prejudicado, sim, mas não tanto quanto se pensou. Precisava mudar de casa a cada três ou quatro semanas, e isso é realmente muita coisa. Quando a mídia começou a dizer que eu tinha de me mudar a cada dois dias pensei: "Por que exagerar, se a realidade já é ruim?". E essa realidade não durou tanto assim. O laptop é uma grande invenção. Permite que você leve seu escritório para onde for. Tive que alterar minha forma de trabalhar, passando a fazê-lo onde estivesse. E consegui. A maioria daqueles que são escritores há algum tempo têm uma certa disciplina de trabalho e organização. Não entram em devaneio, mas sentam-se e fazem o trabalho, como qualquer pessoa. Eu sou assim: sento-me e trabalho. Quando acabo, me levanto.

E.S. – Escreveu *O chão...* a partir de um esqueleto com o desenvolvimento básico de ações e personagens? É assim que normalmente cria seus livros?

S.R. – Eu tinha vários elementos estruturais, sendo um deles o mito de Orfeu e Eurídice, e seu grande amor. Um outro era querer que o livro começasse no império britânico e acabasse no império americano, descrevendo as jornadas físicas e históricas entre eles. O livro começaria com, digamos, as concepções errôneas do Oriente sobre o Ocidente: ouvindo música, assistindo a filmes de Hollywood, imaginando como seria. Mais tarde enfocaria o outro lado, o tipo de Oriente fictício que descobri ao chegar aqui no Ocidente. A grande cidade de minha infância era tão metropolitana quanto Londres ou Nova York. Cheguei a Londres e descobri que a Índia significava maharishi, ioga, rituais e...

E.S. – Exotismo, enfim.

S.R. – Exotismo, e algo muito... Incenso e algo misterioso chamado "a sabedoria do Oriente". Eu pensava: "Não acredito. Do que estão falando? Onde fica esse lugar que pensam existir?". No entanto, atua poderosamente na mente humana. Creio que isso não existe mais na Inglaterra, porque ali as comunidades da Índia e do Paquistão estão na segunda ou terceira geração, e os ingleses já sabem um pouco mais sobre os países de onde essas pessoas vieram. Seu conhecimento sobre a Índia é mais realista, ou sobre o Paquistão ou Bangladesh. Mas na América acho que continuam os velhos conceitos: budismo, sinetas, vegetarianismo, e assim por diante. Eu me diverti um pouco com meu livro, satirizando tudo isso: os elementos de Oriente e Ocidente, a má interpretação mútua dos, digamos, dois mundos e a mudança histórica de uma estrutura global para outra... e também com a questão da realidade virtual, ou seja, a realidade do mundo imaginário e a forma como se liga e se sobrepõe ao que pensamos ser o mundo real. O mundo real é certamente cheio de mentiras. Aceitamos muitas realidades que se provam falsas. É um mundo mais consciente do que o mundo real. Eu quis pesquisar a relação da imaginação com a realidade. Comecei com esses temas, e sabia que seria um livro com uma trajetória grande. Começa com um terremoto. Como dizem em Hollywood, "faça um terremoto e construa a partir dali". Nesse sentido seria um livro barulhento, repleto de violência, de certa forma, dadas as ideias interligadas de arte, amor e morte. Teria de mostrar muito todas as três. E tem muito de música, muito de amor e muito de morte. O prisma é virado constantemente, e vemos cada ideia através do reflexo das outras duas. Sempre penso muito na estrutura e na forma antes de começar a escrever. Às vezes uma descoberta completa a forma.

E.S. – Acontece de seus personagens tomarem caminhos inesperados?

S.R. – O mito de Eurídice exige que Orfeu tente ressuscitá-la. Então pensei: após a morte da heroína, nesse terremoto, seu marido apaixonado fica vagando, obcecado, à procura de réplicas da esposa. Eventualmente ele encontra essa réplica. Em meu projeto original, de alguma forma peculiar, ela tomaria o lugar daquele amor perdido. Mas, quando comecei a escrever, percebi que não daria certo, porque quando vi a nova personagem, a nova mulher, Myra, e comecei a entender quem era essa jovem nova-iorquina, moderna, passei a questionar por que ela amaria um homem bem mais velho, obcecado

TEMPESTUOSOS – *SALMAN RUSHDIE*

por uma morta. Por que se apaixonaria? Não havia como. Nesse ponto descobri que ela se apaixonaria pelo personagem de fora, a terceira ponta do triângulo, o *voyeur*, o amor secreto de Vina: Rye, o fotógrafo que narra o romance. Eles se apaixonam; e isso provoca uma mudança importante no final. E ao chegar lá vi que é dessa beleza que eu gosto, e o centro emocional do livro se move em torno dela. Começa com uma história de amor que acaba mal e termina com outra que acaba bem. A figura marginal, fora do romance, é levada para o seu centro, até o final do livro. Essas descobertas feitas no decorrer da história são as que mais me agradam.

E.S. – É comum, então, enquanto escreve, ocorrerem descobertas que o fazem mudar toda a estrutura de um livro?

S.R. – Acontece. Embora eu planeje com cuidado, sempre deixo lugar para descobertas, porque de outra forma não teria graça. Eu me descubro tendo ideias durante o ato de escrever, de outra forma não seria possível. Ao escrever, quando a concentração é profunda e leva a pontos onde normalmente não se chega, você deixa de ser a mesma pessoa, como ser social. Tem-se acesso a um campo mais amplo, o qual não se alcança no cotidiano. Seria tolice não analisar o que isso põe para fora. Mas é preciso ser crítico. Não se pode usar tudo o que nos ocorre. Muitas vezes você tem de dizer: "Isto não é certo", e voltar à sua concepção original. Mas é permitido desviar-se dela.

E.S. – Ainda sobre a reação de radicais islâmicos à sua obra: existe um filme paquistanês que o mostra como vilão, que chegou a ser proibido pela censura inglesa, mas que acabou liberado graças a uma importante intervenção.

S.R. – Exato. Aconteceu há muito tempo, em 1989, creio. Não, foi em 1990. International *guerillas* era o título. Eu era o vilão, vivendo em uma ilha paradisíaca rodeado de garotas e policiais. Policiais, não. Pareciam mais soldados israelenses. Os heróis eram os assassinos fundamentalistas que me procuravam para acabar comigo. Fui retratado como bêbado, sádico, torturador e por aí vai. O filme foi proibido na

CONTESTADORES

Inglaterra por ser fantasticamente difamatório. Eu me vi na estranha posição de ser defendido pela lei da censura, quando minha luta é contra ela. Disseram-me que o motivo pelo qual a censura não o deixou passar foi o receio que eu movesse um processo, que poderia vir a ser contra eles também, caso liberassem o filme, como parte difamatória. Tive de lhes mandar uma carta formal, afirmando que não abriria processo, desistindo de meus direitos legais na questão, solicitando que não me defendessem e liberassem o filme. Por causa dessa intervenção o filme foi liberado. É uma boa história sobre o valor da liberdade de expressão, porque o filme foi exibido em Bradford, a cidade da Inglaterra com a maior população islâmica, e ninguém foi assistir. Saiu de cartaz em dois dias, por falta de público. Isso mostra que ninguém quer assistir a filmes ruins. Se proibido, poderia ter-se tornado um sucesso, em vídeo também, e o mal seria muito maior. Da forma como foi, sumiu sem deixar vestígios. E isso veio confirmar o que pensei.

E.S. – Ao nos aproximarmos do novo milênio, como o senhor vê o papel da literatura?

S.R. – O papel da literatura sempre foi o mesmo. Não é uma coisa, apenas. Antes, deixe-me separar da literatura a ideia do papel do intelectual. Necessariamente não se faz isso nos livros. O papel do intelectual é falar a verdade ao poder, aos que detêm o poder. Sobretudo hoje, quando há somente uma superpotência mundial. Há um monopólio do poder. Quanto à literatura, sou ridiculamente otimista a respeito. Existe uma coisa que se pode fazer com um livro, que não se faz com mais nada: estou falando de intimidade, no sentido de uma ligação direta de alguém com o mais profundo interior de outro ser. É a capacidade de se transportar, e deixar que você participe daquilo que está lendo. Você cria as imagens; não foram criadas para você. Você lê os diálogos e ouve as pessoas falando, imagina os sons. Essa participação na literatura é única. E a facilidade de ler: pode fazê-lo na cama, na banheira, na praia, pode cuidar mal do livro, dobrar as folhas, sublinhar frases. Tudo isso, em minha opinião, é a comunhão íntima que as pessoas necessitam e apreciam. Vão continuar querendo isso. É assim que os livros mudam o mundo. Não acontece como na política. O único livro que se pode dizer que fez isso foi *A cabana do pai Tomás*, que realmente teve um papel na abolição da escravatura e um grande impacto como ato político. Mas o que sempre acontece com os livros é algo mais profundo. Vamos dizer que quando lemos, amamos. O livro nos modifica. De certa forma, uma parte dele ficará conosco para sempre. Ele se torna um pouco do que somos. Assim, os livros mudam o mundo. Eles mudam seus leitores, um de cada vez. E não necessariamente da mesma forma, porque o que me afeta pode não afetar você, no mesmo livro. Por isso é uma coisa tão radical e perigosa, e por isso os tiranos tentam destruí-los, porque é a comunhão íntima de mentes que muda radicalmente a consciência humana.

EDWARD ALBEE

"Escrevi romances ruins, contos medíocres.
E como eu era escritor, não me restava mais o que fazer,
exceto escrever uma peça."

Talvez os contos, poemas e romances de Edward Albee fossem realmente sofríveis. Mas nunca saberemos: ele destruiu tudo. Ou pelo menos assim afirma. Frequentemente às turras com a crítica teatral nova-iorquina, rico o suficiente para escrever o que bem quiser e experimentar formatos, Albee conquistou plateias no mundo inteiro na década de 1960, com um amargo estudo da dependência das relações humanas: *Quem tem medo de Virginia Woolf?*. Com algumas casas e apartamentos espalhados entre Estados Unidos e Europa, para esta entrevista ele nos recebeu em seu apartamento de cobertura no bairro do Tribeca, repleto de esculturas assinadas pelo companheiro com quem vive, assumidamente, há mais de vinte anos. A maneira aberta como o dramaturgo sempre encarou sua orientação sexual foi motivo de muitos problemas na juventude e razão de sua expulsão de casa – um dos aspectos rememorados na peça *Três mulheres altas*. Albee estava mais à vontade do que da primeira vez que o entrevistei, e muito bem humorado. Não era para menos.

Depois de muitos anos batendo de frente com o mundo teatral nova-iorquino, estava em plena lua de mel. Recebera o prêmio Pulitzer pela terceira vez (justamente com *Três mulheres altas*), estava prestigiado pela ácida crítica de Manhattan, voltara a se firmar como um ícone da cultura norte-americana e saboreava a reputação de ser não apenas o maior autor de teatro de sua geração, mas também o herdeiro de Eugene O'Neill, Arthur Miller e Tennessee Williams. O que tinha um lado irônico, quase ridículo: menos de três anos antes, o mesmo Edward Albee capaz de arrebatar plateias com *Um equilíbrio delicado*, *The Zoo Story* e *Quem tem medo de Virginia Woolf?*, era desprezado pela crítica e não conseguia, sequer, montar suas peças em Nova York. Uma reviravolta que Albee via sem nenhuma amargura. Aliás, com divertida autocrítica e indisfarçável senso de humor.

Edney Silvestre – o senhor é um dos mais elogiados dramaturgos americanos...

Edward Albee – (*interrompendo*) E conde-nados.

E.S. – E condenado? Por quê?

E.A. – Porque atravesso períodos em que ninguém gosta de meu trabalho. E, a cada dez anos, a situação se reverte: decidem que gostam do meu trabalho. Alguns críticos sempre odiaram tudo que fiz e alguns têm sido muito legais. Então, fui elogiado e atacado através dos anos.

E.S. – Sua carreira tem alguns aspectos peculiares. Muitas peças estreiam fora dos Estados Unidos. *Zoo Story*, por exemplo, abriu na Alemanha, em Berlim.

E.A. – Uma versão em alemão, sim.

E.S. – Por que isso? E por que começou tão "tarde" na dramaturgia? Tinha cerca de 29 anos.

E.A. – Vamos responder a essa pergunta antes. Virei dramaturgo quando era a minha hora de ser dramaturgo. Havia fracassado em outras formas de escrita. Escrevi romances ruins, contos medíocres. E como eu era escritor, não me restava o que fazer, exceto escrever uma peça. Também, não acho que antes de ter 29 anos as coisas estivessem claras o bastante para que eu pudesse me tornar um escritor decente. O trabalho anterior não era muito bom.

CONTESTADORES

E.S. – O senhor também escreveu muita poesia, antes de se tornar um dramaturgo.

E.A. – Muita poesia, prosa, tentativas de peças. Nunca terminava nada. Mas aos 29 anos os planetas se alinharam... acho que é assim que as coisas acontecem.

E.S. – Por que estrear peças americanas em Berlim? E em alemão?

E.A. – Em 1958, quando escrevi a peça *The Zoo Story*, em Nova York não havia um circuito *off*-Broadway. Não havia lugar para peças curtas ou experimentais. Isso não era feito em Nova York. Tudo o que havia era a Broadway, que não estava interessada numa peça desconhecida, de sessenta minutos, escrita por mim ou por qualquer outro autor não consagrado. Mas um amigo meu, daqui de Nova York, mandou a peça para um amigo dele, o compositor David Diamond, que estava vivendo em Florença na época. Diamond gostou de *The Zoo Story* e mandou a peça para um amigo dele, um ator suíço-alemão, chamado Pinkus Brawm que, por sua vez, a traduziu para o alemão e enviou a tradução para uma mulher chamada Stephanie Hulsinger, que gostou da peça. Stephanie ainda é minha agente na Alemanha, 37 anos depois. Na época ela trabalhava para a S. Fisher Public House, que também fazia produções. Stephanie. Ela levou *The Zoo Story* para um homem em Berlim chamado Barlog que, por sua vez, precisava de uma peça para acompanhar *Krapp's Last Tape*, de Samuel Beckett.

E.S. – Beckett-Albee: que dueto!

E.A. – Foi um bom dueto. E depois desse percurso de Nova York a Florença, a Frankfurt, a Berlim... a peça acabou sendo aceita para ser produzida em Berlim, em alemão. Com a peça de Beckett, também em alemão. Foi assim que tive minha primeira estreia mundial. Uma estreia mundial logo na minha primeira peça: em Berlim ocidental, pois havia duas Berlins mesmo, quando o muro ainda estava de pé. Estrear em Berlim ocidental e em alemão: é realmente incomum para um dramaturgo americano.

E.S. – Muito. Geralmente, os dramaturgos americanos preferem estrear aqui e só depois...

E.A. – Também minha peça seguinte, *The American Dream*, teve sua estreia mundial no mesmo teatro em Berlim. Acho que de minhas 24, 25 peças, creio que pelo menos metade estreou longe de Nova York. Duas delas estrearam em Viena: *Marriage Play* e *Três mulheres altas*, ambas em inglês.

E.S. – Em Viena foi o senhor que dirigiu *Três mulheres altas*...

E.A. – Sim. Nos últimos quinze anos dirigi as estreias de todas as minhas peças, porque na primeira vez gosto que as pessoas vejam e ouçam exatamente o que eu vi e ouvi quando escrevi a peça. Aprendi a ser diretor para deixar as pessoas verem isso. E depois que eu dirijo, passo a tarefa à frente e digo: é assim que deve ser. Daqui para frente, peguem e façam o que quiserem.

E.S. – A interpretação de Maggie Smith na montagem londrina de *Três mulheres altas* é considerada um dos pontos altos do teatro nesta década. Ela é conhecida como uma atriz com temperamento forte e ideias próprias de como construir as personagens. Como foi o relacionamento entre vocês dois?

E.A. – Foi ótimo. De respeito mútuo. Eu admirava o trabalho dela havia muito tempo, acho que ela também gostava do meu. Ela é muito empreendedora, uma mulher muito inteligente. Incrivelmente bem-dotada. Tivemos atritos ocasionais. De vez em quando eu reclamava nos ensaios que estava vendo Maggie Smith no palco, em vez de minha personagem.

E.S. – Imagino que ela não tenha gostado muito disso.

E.A. – É claro que não gostou de ouvir isso, mas só significava que ela não estava trabalhando o bastante. Eu queria que Maggie Smith sumisse, desaparecesse e se tornasse a personagem. E ela fez isso, foi maravilhosa.

E.S. – Deve ter sido extraordinário assistir.

E.A. – Ela fará minha peça *A Delicate Balance*, em Londres, no outono deste ano, 1997. Estamos em 1997, não estamos?

E.S. – Sim, 1997. E quem viverá a outra personagem central?

E.A. – Eileen Atkins. Ficará muito bem com Maggie Smith e John Standing, que também é um ator de primeira. Será uma boa produção. Anthony Page, que dirigiu *Três mulheres altas* em Londres, dirigirá *A Delicate Balance* lá.

E.S. – O senhor ganhou três prêmios Pulitzer e outros prêmios...

E.A. – Três e meio, na verdade.

E.S. – Como assim, três e meio?

E.A. – Porque os jurados do Prêmio Pulitzer premiaram *Quem tem medo de Virginia Woolf?*, mas as pessoas que lideravam o comitê Pulitzer – os editores de jornais – vetaram o prêmio, dizendo que a peça era muito polêmica. Então, me deram o Pulitzer e o pegaram de volta. Por isso é que sempre o considerei como meio.

E.S. – Já que falamos em *Quem tem medo de Virginia Woolf?*: é verdade que a versão para o cinema deveria ter sido estrelada por Bette Davis, em vez de Elizabeth Taylor?

E.A. – A primeira vez que conversei com o estúdio interessado em comprar os direitos para o cinema, perguntei quem atuaria. Eu tinha interesse nisso. E eles disseram: "Bette Davis e James Mason".

E.S. – Muito bom...

E.A. – Um elenco interessante. Me prometeram Bette Davis e James Mason e me deram Elizabeth Taylor e Richard Burton. Não me deram, exatamente, mas foi o que puseram, o que é bastante diferente.

E.S. – O senhor gostou de Elizabeth Taylor ou não? Ela era muito jovem.

E.A. – Ela tinha 32 anos e fez um trabalho muito bom, tentando parecer 52. E quase conseguiu. Quase. Ela ganhou peso, ela filmava sem maquiagem e parecia desgrenhada, mas eu ainda via Elizabeth Taylor. Ela fez um bom trabalho de interpretação, foi sua melhor performance.

E.S. – *A Delicate Balance* também foi levado às telas?

E.A. – Sim. E eu tive muita sorte nos dois casos. Em *Quem tem medo de Virginia Woolf?,* alguém havia escrito um roteiro. Os atores e o diretor, Mike Nichols, viram o roteiro, riram e disseram: "Com esse não faremos o filme". Foi o que me contaram. Então jogaram o roteiro fora e foram ensaiar com minha peça. Cada palavra, exceto duas frases: "Vamos ao bar da estrada" e "Vamos voltar". *Quem tem medo...* não teve roteiro: usou as minhas palavras. Não havia roteiro. Isso também aconteceu com *A Delicate Balance*, mas foi produzido pelo American Film Theatre, que tem a intenção de filmar peças. Nesse caso também não houve um roteiro. Em ambas as ocasiões em que filmaram peças minhas tive sorte, pois não havia roteiros para distorcê-las, não havia roteiros para deformá-las.

E.S. – O elenco de *A Delicate Balance* tinha Katherine Hepburn...

E.A. – Paul Scofield. Quem mais, meu Deus? Kate Reed, uma atriz canadense maravilhosa que morreu há cerca de um ano. E Joseph Cotten, Betsy Blair e... nunca me lembro do nome da filha... uma pena, ela era uma boa atriz. Era um bom elenco. Eu aprovei aquele elenco.

E.S. – Há chance de *Três mulheres altas* ser levado às telas?

E.A. – Tenho conversado com um diretor que tem muita vontade de filmar a peça. Mas, por enquanto, não chegamos a um entendimento porque não me dão o controle do que exijo. Não me concedem aprovação do texto.

E.S. – Eu estava na plateia de *Três mulheres altas* no dia seguinte à sua premiação com o Pulitzer. O senhor foi chamado pelo elenco ao palco, subiu, sorriu, agradeceu, mas parecia indiferente à premiação. Não liga para prêmios?

E.A. – Bem, meu sentimento quanto a prêmios é: já que estão distribuindo, eu quero ganhar, mas não importa muito. Toda vez que ganho um prêmio, me surpreendo. Mas, para ser honesto, toda vez que não ganho, me surpreendo, também. Mas não se pode querer, não se pode sentar e dizer: "Preciso ganhar esse prêmio, esse prêmio é importante para mim". Porque a espontaneidade desaparece. Você faz seu trabalho, escreve o melhor que pode e, se quiserem premiá--lo... Prêmios são bons, mas não se deve dar muita importância a eles. Se pensarmos muito neles, ficamos enrascados.

E.S. – Sabemos que *Três mulheres altas* é, de certa forma, biográfico. Mas quanto? E quanto de sua vida foi...

E.A. – Tentei explicar no programa que escrevi para a peça. O que disse ali? Que embora a personagem seja muito baseada... (*pausa*) a personagem e os incidentes de sua vida são baseados em minha mãe adotiva. Eu fui órfão, adotado por uma família. Mas creio que, ao mesmo tempo, inventei a personagem. Usei minha mãe adotiva como base para a personagem, mas acredito que pude distorcê-la para torná--la mais real.

E.S. – Pode explicar isso?
E.A. – Não.

E.S. – Não?
E.A. – Minha sensação é a de que cada incidente, e muitas das palavras, das coisas que ela disse ou teria dito... (*pausa*) Senti que estava inventando, senti que não estava limitado pelos fatos. Que, se eu quisesse fazer uma coisa que não fosse bem factual, sem mentir, mas torná-la mais engraçada, mais interessante, mais inteligente do que era, o que fiz em muitas ocasiões, na escrita... Senti-me livre para fazer isso, porque era minha responsabilidade criar uma personagem interessante para o palco.

E.S. – É uma personagem fascinante.

E.A. – Quem a conheceu diz que não a fiz tão perversa quanto era.

E.S. – Ela era pior do que a versão do palco?

E.A. – Uma pessoa péssima, realmente terrível, mas acho que ela tinha várias razões para ser péssima. Ela tinha medo, até o fim da vida tinha raiva, medo, solidão, sentia dor, se esquecia das coisas. Uma coisa horrível que acontece com os idosos.

E.S. – *Três mulheres altas* é um retrato devastador da velhice.

E.A. – Sim, bem... Eu sentia certa admiração por suas habilidades de sobrevivência. Nunca gostamos um do outro. Nós discordávamos um do outro totalmente. Eu tinha uma espécie de respeito por ela, e talvez isso tenha aparecido no texto. Não acho que ela tenha me perdoado por ter saído de casa quando eu tinha dezoito anos, por não falar com ela durante vinte anos. Não acho que ela tenha me perdoado por muitas coisas.

E.S. – Durante muitos anos suas peças não foram encenadas em Nova York, enquanto em outros lugares...

E.A. – No mundo todo, menos em Nova York.

E.S. – Isso não é importante? Ter uma peça montada em Nova York não é importante?

E.A. – Ao que tudo indica, aqueles que encenam peças em Nova York acham importante. Mas o mundo é grande. Não é que meu trabalho não tenha aparecido durante dez anos. Apenas não foi apresentado em Nova York. Porque, comercialmente, eu não era um bem viável. Achavam que perderiam dinheiro se montassem uma peça minha. Então não a faziam. O fato de serem montadas na Europa, Ásia, América Latina e em todo os Estados Unidos, regionalmente, não parecia influenciar a falta de entusiasmo dos produtores nova--iorquinos. Todos têm fases em suas carreiras, nas artes. Por vezes se está em alta, outras em baixa...

E.S. – Como se sente agora?
E.A. – Estou chocado! Estou em alta.

E.S. – Está em alta já há algum tempo...
E.A. – Espere só: daqui a cinco anos, talvez menos, estarei em baixa de novo. Terei de esperar outros dez, quinze anos para voltar a ficar em alta. Quando tiver noventa anos, rirei dessa gangorra.

E.S. – Será divertido.
E.A. – Mas continuarei a escrever mesmo na baixa.

E.S. – A propósito, está escrevendo alguma coisa neste momento?
E.A. – Escrevi uma peça recentemente chamada *The Play about the Baby*.

E.S. – O título é esse mesmo?
E.A. – É. Terminei há cerca de três meses. A primeira apresentação deverá ser em Londres, no Almeida Theatre, em maio do ano que vem. Ou talvez façamos na próxima primavera em Nova York ao mesmo tempo: gosto de fazer produções simultâneas, de ficar correndo para lá e para cá dirigindo ambas, é claro. E estou trabalhando em outra peça chamada *The Goat*.

E.S. – *O bode?*
E.A. – *The Play about the Baby* (*A peça sobre o bebê*) é uma peça sobre um bebê; e a peça do bode (*The Goat*) é sobre um bode. Não posso lhe contar mais nada.

E.S. – Você não conta nunca, somos obrigados a descobrir. O senhor mencionou Londres, há pouco esteve no Texas, depois em Viena, hoje estamos fazendo essa entrevista aqui em Nova York, amanhã o senhor estará indo para a Flórida...
E.A. – Sim, apenas por dois dias. Toda primavera vou para lá e participo de uma conferência de dramaturgos muito jovens. Dramaturgos

com idades que vão de dez a dezoito anos. E falo com eles – falamos – de dramaturgia.

E.S. – O que diz a eles? O que diz a um dramaturgo de dez anos de idade?

E.A. – O mesmo que digo a meus estudantes da Universidade de Houston: "Se quiser mesmo ser um dramaturgo, não deixe que o impeçam e não deixe que digam o que não deve fazer ou tentem mudar o que quer dizer". Mas também aviso que é um meio muito difícil. As pessoas de dez anos entendem as coisas assim.

E.S. – Imagino que sim. O senhor sente que pertence a alguma cidade em especial ou...

E.A. – Uma cidade?

E.S. – Sim, uma cidade, um lugar...

E.A. – Bem, eu amo Nova York. Vivi aqui minha vida toda. Acho que Nova York é um lugar maravilhoso.

E.S. – Mas não gosta dos críticos nova-iorquinos. Ou eles não gostam do senhor.

E.A. – O que acho dos críticos é o que todo dramaturgo acha. Se um crítico gosta do seu trabalho, é um homem decente e inteligente. Se ele não gosta, é burro. Todos acreditamos nisso. O único problema dessa teoria, naturalmente, é que o mesmo crítico pode ser muito inteligente num ano e muito burro no seguinte.

E.S. – Então eles têm sido muito inteligentes.

E.A. – Não entendi.

E.S. – Com os elogios que a crítica vem lhe cobrindo, deve haver epidemia de inteligência acontecendo em Nova York.

E.A. – Espere só. Em cinco anos os críticos estarão burros de novo. Nova York é uma cidade muito divertida. Há tanta coisa acontecendo nas artes – nas artes visuais, na pintura, na música clássica e até mesmo no teatro.

E.S. – O senhor vai ao teatro?

E.A. – Sim, vou. É preciso saber o que a concorrência está fazendo. De vez em quando há algo interessante para ser visto. Mas gosto também de outras cidades. Viajo muito e me divirto no mundo inteiro.

E.S. – Acha que neste momento o teatro americano está bem ou desmoronando, como alguns acham?

E.A. – A dramaturgia dos Estados Unidos está muito saudável. As oportunidades para os dramaturgos americanos terem seus trabalhos levados a sério pelo público é que não são tão boas quanto deviam. É, em parte, uma questão econômica. Sabe, quando minha peça *The Zoo Story* foi finalmente encenada em Nova York, em 1960, mais uma vez em um espetáculo duplo com a peça de Beckett, aqui em inglês, toda a produção custou dois mil dólares. Hoje, na Nova York atual, a mesma produção custaria cem mil dólares. *Quem tem medo...*, que fizemos em 1962 por 48 mil dólares, bem, o custo desta peça hoje seria de um milhão de dólares. A economia do teatro está tornando mais difícil para que as pessoas queiram se arriscar com peças novas de dramaturgos desconhecidos. Além disso, o preço dos ingressos é tão alto agora! Sessenta, setenta e cinco dólares por um ingresso de teatro! Isso é ridículo!

E.S. – Vê alguma forma de mudar isso a curto prazo?

E.A. – Acho muito difícil. O público tem de dizer: "Queremos ver Tchékhov e Beckett. Parem de nos empurrar esses lixos e esses musicais idiotas". Como os empresários querem mesmo é ganhar dinheiro, pararão de fazer os musicais horríveis e encenarão Tchékhov e Beckett. Quem comete o erro de achar que a Broadway tem a ver com o teatro dos Estados Unidos como forma de arte, está muito enganado.

E.S. – A Broadway não tem nada a ver com o teatro americano?

E.A. – Muito pouco. Ocasionalmente, em cada temporada, uma ou duas peças sérias são feitas. E se tiverem astros, talvez continuem em cartaz por algum tempo.

E.S. – Na cultura contemporânea, com a popularidade do cinema e da televisão, qual seria o papel do teatro?

E.A. – Quando alguém escreve uma peça, não precisa fazer concessões... Não é um empregado, não pode ser ordenado sobre o que escrever, como é obrigado na televisão ou no cinema. Quem escreve para o cinema nem sequer tem os direitos do que escreve. Quem escreve para a tevê não tem domínio sobre o próprio trabalho. São empregados, lhes dizem o que e como escrever. Nós, dramaturgos, não temos de aceitar isso. O que é bom, nos deixa com domínio sobre nossos trabalhos. Porque os produtores sempre dirão: "Isso (que escreveu) é muito difícil, muito duro, por que não simplifica?".

E.S. – Por que o senhor escreve?

E.A. – Porque sou escritor. Sério. Escrevo porque tenho ideias para escrever. Escrevo-as porque sou escritor. Escrevo peças porque as ideias que tenho são de peças. Ou as ideias que tenho se traduzem em peças. Escrevo porque sou escritor. É simples. Minha natureza é ser escritor.

E.S. – Como vê sua participação e colaboração para a cultura americana contemporânea?

E.A. – Não penso nesses termos. Isso me tornaria muito convencido. Começaria a pensar em mim mesmo na terceira pessoa. E isso não é bom. Não posso fazer isso. Toda vez que escrevo uma peça, é como se fosse minha primeira peça. Tento não...

E.S. – Sente-se inseguro ao escrever?

E.A. – Não. Também não me sinto seguro. É um ato criativo. Gosto muito. Não me preocupo se a peça será experimental ou fácil e direta. Não me preocupo se será popular ou não. Não é possível se preocupar com esse tipo de coisa. Se começarmos a nos preocupar com isso ao escrever, nos inibimos. Sou um receptáculo para o que está contido. Uma peça sai de mim, de minha mente, de minha criatividade. Quando olho para ela, lá está: "Ninguém vai gostar dessa", ou "Muita gente vai gostar" ou "Não é nada interessante; aonde você pretendia chegar?". Você não pode se preocupar é com: "Meu Deus, essa peça será popular, a outra não". Assim começa a distorcer o que escreve.

E.S. – E o seu futuro, como vê? Sabemos que em cinco anos os críticos o odiarão...

E.A. – Sim, eles vão me odiar. Daqui a cinco anos? Com sorte, estarei como agora: escrevendo peças. Espero que eu me aperfeiçoe. Espero melhorar. Tenho ideias para quatro, cinco peças agora que, no ritmo de uma peça a cada ano e meio, me manterão caminhando por mais alguns anos, de qualquer forma. Depois veremos. Suponho que continuarei a escrever peças e a dirigi-las. E lecionando. E aproveitando estar vivo.

CORDIAIS

JULIETTE BINOCHE

"Atuar é como descascar cebolas:
você vai tirando uma pele atrás da outra, chora às vezes,
até que sobra apenas o cerne."

Na segunda metade dos anos de 1960, em Paris, um mímico de talento, pai de duas filhas, sempre em luta para conseguir trabalho, toda vez que obtinha algum, deixava suas meninas na loja de brinquedos de uma amiga, na rue Dauphine, no coração do lado boêmio da cidade que pulsava no ritmo de contestação que desembocaria na revolta estudantil de maio de 1968. A loja, de propriedade de duas protofeministas – a franco-italiana Esperia Trombetta e a alemã Renate Radkte – e significativamente chamada "Le monde en marche", era um espaço aberto a intelectuais de todas as tendências, profissões e idades, onde as meninas seguramente viram e ouviram conversas de exilados russos e brasileiros, atores, escritores, arquitetos, poetas, cenógrafos, figurinistas, pintores, teóricos da revolução como Daniel Cohn-Bendit, músicos como Pedro Soler, coreógrafos como Maurice Béjart.

Duas décadas mais tarde, uma das meninas, agora com 21 anos, mal saída do Conservatoire – a famosa escola de teatro da capital francesa – tinha sido escolhida, após incontáveis testes, para o papel principal de um filme intitulado *Je vous salue Marie*. Mas o diretor, Jean-Luc Godard, a humilhava tanto, e com tal regularidade, que acabou traumatizando a jovem atriz. Ela achou que tinha optado pela profissão errada e pensou em abandonar a carreira.

Mas Juliette Binoche, a filha do mímico pobre, mudou de ideia. E saltou da traumática experiência com Godard para filmes memoráveis, como *A Insustentável leveza do ser*, *Sangue ruim*, *Perdas e danos*, *A liberdade é azul* e o filme que acabaria por lhe trazer a definitiva consagração junto às grandes plateias e levar o Oscar de melhor atriz coadjuvante – vencendo Lauren

Bacall, entre outras: *O paciente inglês*, baseado no romance de Michael Ondaatje.

Foi durante uma *press-junket*, que é como os publicistas de Hollywood denominam as maratonas de entrevistas para promoção de seus filmes, que encontrei Juliette Binoche no elevador do mesmo hotel onde eu faria outra entrevista. Isso é quase impossível: quando as estrelas vão de um andar a outro, tudo é bloqueado. Mas a filha de Pierre Binoche não é uma estrela comum. E estava acompanhada de uma das (poucas) relações-públicas flexível, das mais acessíveis e agradáveis que conheci nos doze anos que passei nos Estados Unidos, Christine Few. Propus a entrevista ali mesmo, falei dos conhecidos comuns em Paris. Mas a atriz estaria voando de volta à França naquela tarde, não haveria tempo hábil, exceto... "Você consegue estar aqui, com sua equipe, montar luz e equipamento até quatro da tarde?", perguntou Binoche, "e terminar a entrevista antes das cinco?".

Consigo, eu disse.

Às quatro em ponto, com a equipe comandada pelo cinegrafista Paulo Zero, pronta e esperando, Juliette Binoche entrou na suíte do hotel.

Edney Silvestre — Como surgiu sua paixão por atuar?

Juliette Binoche — Acho que começou no pátio do colégio, porque minha escola era um lugar muito frio, onde a gente estudava sentada na frente de uma mesa vazia, tudo muito rígido. Então, ir para o pátio, inventar novos mundos e personagens, faz você desenvolver a imaginação. É uma preparação para a vida. Aquele era o meu mundo. Cada vez que o sinal tocava, eu estava pronta para entrar naquele mundo. Creio que começou lá a necessidade e a vontade de atuar.

E.S. – Isso aconteceu em Paris?
J.B. – Se eu me lembro bem, isso foi no colégio interno e depois na escola normal. Sim, em Paris.

E.S. – No início de sua carreira, você fez escolhas muito pouco convencionais, escolhas muito pouco "hollywoodianas". O que a leva a correr esses riscos, por que aceita esses desafios? Seria tão mais fácil fazer...
J.B. – Não fico pensando se é um filme de Hollywood ou não. Só quero ler o roteiro e ser tocada pelo assunto e pelo que eu vou contar, pois me sinto uma contadora de histórias. Não é meu ponto de vista fazer filmes de grande produção para, então, ter condições de

aceitar filmes com orçamentos menores. Do ponto em que estou para a frente, vou querer fazer as outras coisas, claro, não penso em apenas passar a fazer parte da história de Hollywood. Acho que tenho de encontrar o equilíbrio entre fazer filmes para ganhar dinheiro e fazer filmes de arte. Eu não preciso de tanto dinheiro para sobreviver, então não estou tentando encontrar filmes milionários, só estou fazendo filmes de arte pelos quais recebo bem. Não estou tentando ficar rica. Não quero ter outra casa e outro carro. Para quê? Não faz sentido. É absurdo ser tão materialista a ponto de fazer filmes por razões que não têm nada a ver com aquilo que você é e acredita, por outras razões que não a de contar uma história que me emocione.

E.S. – Em A liberdade é azul, que é um filme importante em sua carreira, um filme muito intenso, sua personagem passa por uma dor horrível até chegar a uma espécie de redenção. Fale sobre as razões dessa escolha.

J.B. – A dor não é horrível. Quero dizer: passamos por momentos difíceis e aprendemos com eles. Deveríamos valorizar esses momentos, porque é a única maneira de nos abrirmos e de crescer. Em O paciente inglês, por exemplo, o personagem-título passa por um processo doloroso que acaba por trazer-lhe alívio e conhecimento de si mesmo. Tenho falado muito sobre isso com um diretor fantástico, Peter Brook, e estamos compartilhando experiências novas. Eu contei para ele que estava no terremoto de Los Angeles.

E.S. – Estava lá?

J.B. – Sim. Antes do terremoto eu estava segura de mim mesma, eu tinha um modo de pensar e de confiar nas coisas e, de repente, depois do terremoto, tive muitas dúvidas, não acreditei em mais nada. Pensei: "A vida é absurda" e ponto final. É isso o que eu entendo da vida. E Peter Brook me falou: "Você teve sorte de passar por isso porque, então, pode se questionar". As coisas estão chegando para mim de um modo diferente. Com Hannah, minha personagem em O paciente inglês, acontece algo semelhante. Ela é tomada por dúvidas a partir do momento em que perde o namorado, depois perde sua melhor amiga, tudo tão de repente. Ela percebe, então, que a vida é muito frágil. E que pode escapar de nossas mãos tão rápido.

E.S. – Neste momento, como está a sua vida?

J.B. – Sabe, quando alguém me pergunta: "Qual o momento mais feliz de sua vida?" eu respondo: "Agora!". Estou respirando, estou saudável, estou aprendendo. É muito divertido. Eu me sinto num processo.

E.S. – Você é uma das mulheres mais bonitas do mundo. Isso ajudou sua carreira? Ajuda na sua vida diária?

J.B. – Sabe, você não para para pensar, quando está vivendo, em como... Quando eu era pequena, me lembro de desejar ter coisas. Admito que, às vezes, ainda acontece. Ainda fico impressionada e surpresa. Mas o que ajuda é o que está dentro, entende? Porque é a sua atitude, a aparência não importa, é a atitude de dentro que importa, porque é isso que vai fazer a diferença. A aparência... Como atriz, é verdade que, às vezes, atrizes maravilhosas não conseguem trabalhar no cinema, porque – não para todas, mas... – os critérios se baseiam na beleza. Quando eu estudei para ser atriz, eu não era o tipo de garota que você colocaria num filme. Não fui escolhida por minha beleza, eu acho.

E.S. – Como acabou fazendo *Je vous salue Marie*?

J.B. – Eu estava concorrendo com muitas outras garotas e acho que ele (Jean-Luc Godard) me viu numa foto. Quis me conhecer. Então nos encontramos umas cinco vezes para fazer testes. Ele disse que não havia personagem para mim e, de repente, três semanas depois, escreveu uma personagem e perguntou se eu a faria. Foi assim que entrei nesse filme.

E.S. – Como foi ser dirigida por Godard?

J.B. – Foi muito interessante, porque eu achei que, como atriz, quando se entra num filme, você é ajudada pelo diretor, ele quer o melhor de você, e quer... Ele é um guia. Os professores eram assim na escola. Então eu vi um homem que não se importava com os atores, não se importava se você era bom ou não. Ele era muito impaciente. Tudo que eu achava que seria, foi totalmente diferente. E é assim, como ator, você deve se adaptar ao que acontece. Quando você tem uma ideia forte do que vai acontecer, sempre se surpreende e às vezes fica decepcionado, porque nunca é como imaginou. Você nunca se decepciona quando está aberto a todo tipo de processo de trabalho.

E.S. – E quanto a trabalhar com Anthony Minghella, o diretor de *O paciente inglês?*

J.B. – Ele confiou em mim, ele me guiou, me ajudou a ter confiança. Ele foi muito generoso, porque queria o melhor de mim. Há muito tempo eu não esperava isso de um diretor. Estou acostumada a trabalhar sozinha. Ele me situou, fazendo perguntas sobre a personagem e sobre a trama. O que me levou a ficar completamente envolvida pelo filme.

E.S. – Sua personagem, Hannah, tem muito a ver com o que você é, com o que você acredita?

J.B. – Não sei. Acho que no final do filme ela está mais leve, porque passou por muita coisa e perdeu a ingenuidade. Penso que ela ficou mais sábia, mais madura, porém ainda é ingênua, porque passou tanto tempo dedicada ao paciente inglês, tanto tempo a serviço das emoções dele.

E.S. – Você vê paralelos entre ela e a personagem que interpretou em *A insustentável leveza do ser?*

J.B. – Sim. Acho que há uma ligação. Não me surpreendo que Anthony, quando viu *A insustentável...*, tenha me chamado para o filme. Tem a ver com isso. Essa leveza. Mesmo passando por muita coisa, a leveza pode acontecer.

E.S. – Anthony Minghella a comparou com um cristal límpido, porque diz que suas emoções são transparentes. Há uma honestidade em suas emoções, você parece sem limites na tela, dá a impressão de que não segura suas emoções.

CORDIAIS – *JULIETTE BINOCHE*

J.B. – Sempre fico impressionada, quando outros atores dizem que se protegem – que estão escondendo, ou tentando fingir – das emoções pessoais, porque sinto que faço sempre o contrário. Tentando ser o mais clara possível, o mais aberta possível, o mais transparente possível, para as pessoas verem o que acontece dentro da personagem e da situação, para que as pessoas entendam e sintam alguma coisa como ela. Atuar é como descascar cebolas: você vai tirando uma pele atrás da outra, chora às vezes, até que sobra apenas o cerne.

E.S. – Há sempre curiosidade sobre as cenas de sexo. Como você reage a elas quando filma?

J.B. – Primeiro: sejam cenas de sexo, sejam cenas engraçadas, você pode até estar fazendo um filme pornográfico repleto de cenas de sexo – um filme, antes de qualquer coisa, é sobre contar uma história. Imagino que para alguns diretores o cerne esteja nas cenas de sexo. Mas os diretores com quem trabalhei não estavam interessados apenas nesse aspecto. Mas é verdade que se você ler o livro *Perdas e danos*, verá que existe uma necessidade incrível de estar junto, fisicamente. E quando o tema é seres humanos, não há limites. É preciso ser corajoso como ator, esquecer de si próprio, porque se você pensa que é você ali, não o personagem, não vai conseguir fazer. Entende o que quero dizer? É íntimo demais. Muitos atores são pessoas pudicas e isso requer que você seja mais generoso. Geralmente as pessoas acham que deve ser fácil fazer essas cenas, mas, como ator, você precisa tirar o seu ego de você e não pensar no que está fazendo. Quando há uma relação entre duas pessoas, uma relação amorosa, é natural buscar um distanciamento, porque você tenta sempre evitar o que está acontecendo ali na cama, que é uma situação que sempre nos amedronta. É preciso achar um equilíbrio, porque cinema não é realidade e você deve transformar a ficção em criação, palpável, como em *O paciente inglês*: acho as cenas de amor no filme muito bem-feitas, dá para sentir o que acontece com os personagens, a paixão que sentem, a necessidade de um pelo outro e, ao mesmo tempo, não é um modo voyeurista de ver as coisas. E é dessa forma, é assim que um diretor pode ser um artista de verdade.

165

CONTESTADORES

E.S. – Quando faz um filme, quando trabalha com um diretor, você sente que tem uma contribuição, uma ligação na criação do papel, na criação do filme?

J.B. – Sim, é claro! Quando estou lendo um roteiro tenho de sentir-me envolvida, sentir-me tocada para entrar em contato com o personagem. Tenho certeza de que em *O paciente inglês* tenho muito a ver com os personagens, pela forma como são machucados. No entanto, são pessoas diferentes e eu sou muito diferente deles. Mas tive de entrar na pele deles e os entendi totalmente.

E.S. – O filme tem uma mensagem sobre a cura através da dor em...
J.B. – Deixar sair tudo, pôr pra fora, se expor.

E.S. – A catarse como cura.
J.B. – Às vezes pode ser doloroso, mas não sempre.

E.S. – A dor nos faz crescer?
J.B. – Acho que os momentos de crise são momentos em que... Sabe, como quando a Lua está aparecendo, sempre me sinto um tanto estranha, mas também é um momento interessante para mim. Para começar, meus sonhos são diferentes e me sinto mais frágil, nervosa, mas é um momento em que sei que há uma mudança dentro de mim. Se você ouve esses pequenos sons dentro de você, acho que está perto de si próprio, de alguma forma.

E.S. – Há um – entre muitos – folclore a seu respeito: você sempre usa um perfume diferente para cada personagem.
J.B. – Desde o início fui assim. Todo ator tenta ter seus próprios truques e segredos e eu, quanto mais falo, mais os revelo! Não terei mais segredos no final! Só um pouquinho, está bem? Quando comecei a fazer filmes, em *Rendez vous*, por exemplo, usei Fidji, porque achei que me ajudaria de certo modo. É dar algo de si que as pessoas não podem ver por causa do cheiro, as pessoas não sentem o cheiro, mas talvez haja um sentimento nisso. Quando fiz *A gaivota* de Tchékhov, dirigido por Konchalovsky, usei Lou Lou, da Cacharel.

166

CORDIAIS – *JULIETTE BINOCHE*

E.S. – Que interessante...

J.B. – Em *The night is young* eu usei Coco Chanel, o mesmo que utilizei para *Perdas e danos*, já que estava vazia de idéias. Estou brincando, heim? Em *O Cavaleiro do telhado e a dama das sombras* usei Poème, de Lâncome. Para *O paciente inglês* foi uma mistura. Eu adoro ervas chinesas, então coloquei ervas chinesas aqui, para proteger do frio, é muito forte, mas coloquei Poème. Foi uma mistura muito estranha.

E.S. – Você tem conseguido manter sua vida privada longe dos tabloides. Como consegue? Isso é difícil para uma mulher com sua fama e beleza. Como consegue fazer isso? Poucas pessoas sabem que você tem um filho, Rafael.

J.B. – Estou pronta para falar de Rafael, porque é sempre interessante falar de sua vida privada quando se tem um filho, a responsabilidade, o trabalho. Mas sobre com quem estou vivendo e qual o nome do pai, ou em que ele trabalha, eu gosto de ter privacidade, do contrário... Num filme você dá tanto de sua intimidade e tenta tanto se abrir, que você pode aprender mais sobre mim vendo filmes do que me ouvindo.

E.S. – Como está Rafael?
J.B. – Ele é um bom garoto.

E.S. – Ele tem três anos agora?
J.B. – Sim.

E.S. – Você mora em Paris?
J.B. – Moro em Paris.

E.S. – Você se mudaria para Hollywood?
J.B. – Não.

E.S. – Por que não?
J.B. – Porque não é necessário. Estou feliz em Paris. É onde me sinto bem. E, também, minhas raízes estão lá. Não quero deixar as

raízes que construí com muita dificuldade. Porque minha família se mudava constantemente, eu precisava de tempo, saber onde meu filho poderia estar, onde eu possa ter uma referência para poder viajar e não me angustiar tentando achar lugares para me instalar. Mas gosto de morar seis meses em cada lugar, entende? Não me importo com isso, pois sei que posso voltar para casa e sei onde minhas raízes estão.

E.S. – Em Paris você pode sair, à vontade, sem ser importunada? Pode ir ao supermercado, por exemplo?

J.B. – Eu vou, na verdade.

E.S. – Você faz suas compras?

J.B. – Naturalmente. Quando tenho tempo, faço. Quando estou filmando, é outra história, porque preciso que alguém me ajude, não posso fazer tudo.

E.S. – Você disse que este é o momento mais feliz de sua vida, o presente. Mas você tem sonhos, coisas que sonha fazer no futuro próximo, ou distante?

J.B. – Se eu sonho com alguma coisa? Ajudar crianças.

E.S. – Como?

J.B. – Bem, lembro que tinha sonhos quando eu era pequena, e me lembro de sonhar que iria ajudar crianças. Queria ganhar muito dinheiro para ajudar aqueles que têm pouco. Isto é que é minha ambição última, quero fazer algo sobre isso.

E.S. – O dinheiro não tem sido o fator decisivo na escolha de papéis. Você não ambiciona coisas materiais?

J.B. – Eu tenho uma casa. Sou sortuda de ter uma casa, um carro, e isso me basta. Preciso de um automóvel para me locomover com facilidade e precisava de uma casa para meu filho, porque em minha família nunca tivemos uma casa que pudéssemos chamar de nossa. Então era um sonho e percebi isso. Mas, às vezes, é absurdo ter outra casa ou qualquer duplicata daquilo que já possuímos. Ser tão materialista é perigoso. E quando se viaja um pouco – fui ao Camboja, estive no Brasil – e se vê as condições terríveis em que vive a maior parte da população de nosso planeta, torna-se urgente tomar consciência de tudo isso. Quando se vai a esses lugares muito pobres, a gente sente que não são eles que são pobres demais. Nós é que somos ricos demais. Então, me sinto responsável. Quando você tem dinheiro demais, tem a obrigação moral de dividi-lo.

LIV ULLMAN

"Os homens não são como eu os imaginava, pessoas grandes, crescidas, maravilhosas, que sabiam, podiam e entendiam tudo. Nem as mulheres. Mas as mulheres são mais predestinadas..."

Às vezes, durante uma entrevista, o silêncio é muito mais poderoso, revelador e comovente do que uma torrente de palavras bem articuladas. A força do silêncio – e da imagem do silêncio, esta raridade na televisão – foi a lição que aprendi sentado no jardim exuberante de uma casa em Key Largo, no ensolarado sul da Flórida, em frente à atriz com quem – e para quem – o diretor e roteirista Ingmar Bergman criou alguns dos filmes mais perturbadores da história do cinema.

Mas quase que a entrevista com Liv Ullman não acontece.

Depois de um voo de Nova York a Miami, e de enfrentar cerca de três horas de estrada, chegamos – o cinegrafista Orlando Moreira e eu – ao portão do condomínio fechado onde Liv Ullman passava uma temporada. Os guardas checaram as anotações que tinham em um fichário marrom, confabularam por alguns momentos e nos avisaram: a permissão, e a entrevista, evidentemente, eram para o dia anterior; a senhora Ullman tinha partido de volta para a Europa na noite anterior. Na casa em que ela estivera ninguém atendia. Telefonemas pra cá, ligações pra lá, nada. Alguém se equivocara no processo, que tinha começado muitos meses antes, com uma primeira troca de faxes entre a produtora da Globo Nova York, Anemeri Soares, e os representantes da atriz e diretora filha de noruegueses, nascida no Japão em 1938. Os guardas, com razoável gentileza, pediram para que nos retirássemos. Fiz uma última tentativa: a senhora Ullman não poderia estar na casa de algum vizinho?

Era exatamente o que acontecia.

Só que o vizinho era o marido dela – o casal tem uma vida a dois, pela segunda vez (já tinham sido casados), de uma forma toda, digamos, peculiar, como ela nos contaria depois. O equívoco tinha uma explicação: quem partira na noite anterior tinha sido Linn, a filha que Liv Ullman teve com Bergman.

A atriz e o diretor se conheceram em 1966, casualmente, no meio de uma rua de Estocolmo. O encontro mudou a história do cinema, assim como a vida de Ullman e Bergman. Utilizando seu rosto luminoso, quase etéreo, onde lábios carnudos, sensuais contrastam com olhos azulíssimos, sugerindo asceticismo, e uma intensa entrega total às personagens, o cineasta que investigava a alma encontrou em Liv Ullman a melhor tradução para sua busca. Juntos fizeram *Persona, Vergonha, A hora do lobo, Gritos e sussurros, Cenas de um casamento* e vários outros filmes que marcaram nosso tempo, nosso século.

O rosto extraordinário de Liv Ullman hoje tem as marcas do tempo e de uma vida intensamente vivida. Mas a beleza continua lá. Ainda vívida, ainda envolvente, ainda perturbadora.

Edney Silvestre — **O filme *Persona* foi o** início de sua parceria com Ingmar Bergman. Qual foi sua primeira impressão dele?

Liv Ullman — **Achava ele um gênio. Eu havia** visto seus filmes. Fiquei sabendo mais sobre ele através de conversas com (a atriz) Bibi Andersson. Fizemos um filme quando eu tinha vinte anos e ela vinte e dois, e dividimos um quarto durante as filmagens, no extremo norte da Noruega. A noite falávamos do futuro, de quanto estávamos nos tornando amigas próximas, dos nossos sonhos, sobre o amor e tudo o mais. Ela me falou de Ingmar e eu pensei: "Conheço uma mulher que conhece Ingmar Bergman!". Foi assim que comecei a conhecê-lo. Eu havia visto alguns de seus filmes; depois desse episódio, vi mais outros. Fui para a Suécia aos vinte e quatro anos e o encontrei na rua. Eu estava andando com Bibi quando demos de cara com Ingmar. Ele parou, me olhou e disse: "Gostaria que você participasse de um dos meus filmes". Eu já era atriz havia sete anos, mas aquele foi um momento de magia. Eu disse que sim, como sempre costumo dizer a ele, sem saber por que havia dito sim. *Persona* nasceu desse encontro e o realizamos naquele verão. Ele o escreveu muito rápido e foi uma produção bastante curta de certa forma. O filme mudou nossas vidas e se tornou bastante famoso, mas enquanto o fazíamos todos diziam: "Ninguém vai ver este filme. Sobre o que ele é?". Nós rimos, nos divertimos muito, e daí surgiu esse filme muito estranho que eu, então, não entendia.

E.S. – A senhora já dirigiu quatro filmes e vai começar um quinto, com roteiro de Ingmar Bergman. Seu trabalho como diretora é elogiado, mas não se entende por que, tendo sido sempre considerada uma grande atriz, a senhora parou de interpretar. Por que parou?

L.U. – Porque a alegria de interpretar também está em se sentir criativo e eu não me sentia criativa com muitos diretores. Trabalhei com diretores incríveis no teatro e no cinema, mas também trabalhei com outros muito ruins. Quanto mais velha eu ficava, mais eles interferiam em minha fantasia ou na minha visão de um personagem. E cada vez menos eu queria ser uma atriz. Eu não sabia o que fazer e então pensei: "Talvez escreva o meu terceiro livro". Eu já havia escrito dois livros então. Aí uma produtora dinamarquesa me procurou e disse: "Gostaríamos que escrevesse o roteiro de um filme". Enquanto eu escrevia, eles disseram: "Por que não o dirige?". Aconteceu realmente por acaso e eu aceitei de novo.

E.S. – Foi *Sofie*?

L.U. – Sim. Eu não sabia que aquilo ia acontecer comigo. Mas, no primeiro dia de produção, eu percebi que tudo devia ter sido uma escola para que eu fizesse aquilo, pois ali eu me sentia em casa. Eu adoro atuar, mas também adoro estar atrás das câmeras, ser como uma mãe e permitir que outras pessoas floresçam.

E.S. – Você não sente falta do palco e de personagens como Nora, de *A casa de bonecas*? Você amava Nora e a mencionou no seu livro.

L.U. – Eu a amei, mas não a amava mais. Eu parei antes de saber que tinha uma carreira como diretora. Eu parei porque não sabia se tinha mais algo a dar, mas, do outro lado da câmera, quando vejo outra pessoa que transmite beleza, dor ou qualquer outra experiência, sinto-me como antes. É incrível. Quando interpretava, eu pensava: "Estou corando! Estou excitada porque posso fazer isto!". Mas quando os outros interpretam, não sinto ciúme, não penso que eu é que deveria estar lá atuando. Pelo contrário. Fico tão animada que, às vezes, me esqueço de dizer "corta!". Sou uma ótima espectadora. Acho que um bom diretor é um bom espectador. Adoro ser uma espectadora. Gosto mais de ser espectadora do que de participar, do que criar.

E.S. – Em *Sonata de outono*, você contracenou com uma das maiores atrizes da história do cinema, Ingrid Bergman. Do que você se lembra dela?

L.U. – Nós nos tornamos amigas muito íntimas. Eu costumava admirá-la como mulher, mais como mulher do que como atriz. Orgulhava-me de ser mulher quando via como ela lidava com a equipe, com Ingmar. Ela foi a única pessoa que eu vi confrontar Ingmar. Ela já estava doente na época. O seu câncer já estava bastante avançado e ela nunca reclamava ou falava a respeito. Era sempre a primeira a chegar ao set de filmagem e a última a ir embora. Se pediam que ela fizesse algo que não sabiam que não podia fazer por causa da mastectomia, ela fazia e não dizia nada. Eu a achava fantástica. Houve uma cena incrível. Eu interpretava a filha dela, de quarenta anos, que reclamava o tempo todo por ela não ter sido boa mãe. Ainda reclamava aos quarenta anos! Há um limite para tudo. Houve uma longa cena de umas trinta páginas em que eu reclamava da mãe terrível que ela havia sido. Ela ficava simplesmente sentada, ouvindo. Quando minhas trinta páginas terminavam, a câmera deveria fechar nela e o seu texto era: "Por favor, me ame. Por favor, me abrace". Quando li a cena pensei: "Poderia fazer isso muito bem se fosse ela". Eu fiz todo o meu longo discurso, a câmera virou e ela tinha que dizer sua fala. Mas ela disse: "Não vou dizer isso! Quero dar um tapa nela e sair do quarto". E aquilo era realmente o que ela sentia. Ela disse: "Nenhuma mulher deveria ser alvo de tanta raiva de um filho". Ingmar ficou furioso e exigiu: "Você tem que dizer". E ela: "Não vou dizer isso". Os dois foram para o corredor e nós podíamos ouvi-los. O gênio estava gritando, Ingrid também. Finalmente nos olhamos e pensamos: "O filme acabou". No final eles voltaram, o gênio e a atriz, e o gênio venceu. Eles sempre vencem. Ela disse aquela fala diante da câmera, mas não falou de uma forma comovente. Falou com toda a raiva que todas as mulheres já sentiram em situação semelhante. Por trás de sua fala havia uma mulher irada. Ela não disse, simplesmente, "Por favor, me abrace, por favor, me ame". A cena ficou com este texto: "Eva, querida, me perdoe por tudo que fiz de errado. Tentarei corrigir meu jeito de ser. Precisa me ensinar, vamos conversar. Mas me ajude, não posso continuar. Seu ódio é terrível. Eu não tinha percebido, mas fui egoísta e infantil. Pode me abraçar? Pelo menos me toque. Ajude-me!". Para mim, aquilo fez a história. Ingmar teve o que queria, mas ela também.

E.S. – É sabido que a senhora é contra o casamento. Uma vez escreveu: "Um marido é um álibi para uma mulher". O que queria dizer com isso?

L.U. – A mulher só é aceita em certos lugares porque carrega um marido pelo braço. Casamento é um álibi porque, se você tem marido, pode se concentrar e fazer o que quer, sem que as pessoas olhem e pensem: "Por que ela não é casada? Onde está o marido dela? Por que está sozinha? Por que é divorciada?". Quem tem um marido pode se concentrar no seu trabalho etc., se o marido aceitar. Embora eu, quando era mais jovem, esperasse me casar um dia, esperava que tudo fosse lindo e que vivêssemos juntos para sempre. Eternamente de mãos dadas. Mas isso não aconteceu.

E.S. – Mas a senhora se casou.

L.U. – Eu me casei uma vez. Depois conheci Ingmar, me divorciei, Ingmar se divorciou, mas nunca nos casamos. Mais tarde, vivi com outros homens e me casei outra vez. Na verdade foi há catorze anos. Há três anos, nos divorciamos. Depois de divorciados, nós nos tornamos ótimos amigos. Agora, dizemos que somos parceiros. Tivemos um divórcio horrível e nos tornamos grandes amigos. Nós nos divorciamos, assinamos os papéis em Boston, e eu pensei que nunca mais o veria. Eu estava furiosa, de certa maneira, porque ele achava que eu o tinha abandonado um tanto, pois estava trabalhando o tempo todo. Como diretora, eu nunca estava em casa. Ele quis o divórcio. Peguei o avião em Boston e, quando a porta fechou, eu estava chorando e pensando: "Chega de homens na minha vida. Quero apenas trabalhar".

Aí ele apareceu na poltrona do meu lado. Eu estava indo para a Suíça e, dali, à Noruega. Ele disse: "Não quero que outro homem se sente aqui". Foi o suficiente para mim: eu o aceitei de novo. Depois ele desceu do avião em Zurique e pegou o mesmo avião de volta para Boston. Agora vivemos juntos, mas somos divorciados. É estranho, mas é melhor para mim, pois, de certa forma... sinto-me melhor comigo mesma. Não posso ser um álibi para um homem. Talvez eu não possa ser o que ele quer. Não sei. Talvez eu me case amanhã. Não sei. Tudo é muito diferente do que acredito.

E.S. – Como lida com a idade? Há uma opinião geral de que, ao envelhecerem, as mulheres perdem o seu valor.

L.U. – Se eu não me vejo em espelhos, me acho igual e as pessoas me acham igual. Depois, passo por um espelho e penso: "Meu Deus!". Mas ainda me vejo com bons olhos e acho que estou igual. Mas, depois, vejo fotos e fico chocada. "Essa sou eu?". E ainda por cima se eu vir o que seu câmera está filmando... É um grande choque porque, quando estou falando, sou Liv, a mesma Liv de quando eu tinha vinte anos ou até menos. Sou aquela Liv. Tenho mais experiência, acho que sou mais sábia, tenho mais esperanças para o futuro, mas sou a mesma Liv daquela época. Aí, vejo o que seu câmera filmou e não posso nem mais dizer que sou uma mulher de meia-idade. Vejo uma senhora e não é o que eu pensei que seria. Por outro lado, quero cuidar de mim como Deus me fez. Quero gostar do novo rosto que, cada vez mais rápido, invade meu outro rosto e pensar: "Isso é interessante, é o que Deus fez". Sou totalmente contrária a plásticas faciais porque acho que perdemos a noção do que acontece conosco. Por outro lado, entendo porque as pessoas fazem plástica. Já vi pessoas lindas que fizeram ótimas plásticas. Não sou contra o que os outros fazem, mas quero ver o que acontece comigo. Sou muito curiosa. Estou cada vez mais curiosa. Se eu eliminasse algo que está acontecendo comigo, perderia essa chance. Por outro lado, ao envelhecer, há menos futuro. Havia muito futuro e, agora, há muito menos futuro do que havia antes. Isso é um pouco assustador. Mas acho que, de alguma maneira, haverá algo depois. Não sei o que é porque não faz parte da minha imaginação, mas acredito que há uma razão para estarmos aqui e para a nossa "casa", que é o nosso corpo, envelhecer e não poder mais nos aguentar. Mas acho que nós, o espírito, ou seja lá o que for... Quando a "casa" estiver velha, o espírito continuará.

E.S. – A senhora trabalhou muito tempo com refugiados na África, na Ásia e na América Latina. Viu miséria, acontecimentos terríveis e o que eles fizeram às pessoas. Em momentos assim, achava que Deus fechava os olhos para essas pessoas? Como o trabalho com os refugiados mudou sua visão de mundo e seu modo de ser?

L.U. – Não acho que aquilo seja uma injustiça de Deus. Não acho que Deus tenha criado aquela fome. Essas coisas são criadas por nós, por pessoas boas que permitem que isso aconteça, e por pessoas ruins que as fazem acontecer. Deus não criou aquilo. Ainda tenho um problema para entender onde está Deus, por que aquilo está acontecendo. Não posso responder a isso. Mas sei que conheci, entre os mais pobres e entre pessoas nas piores circunstâncias da Terra, pessoas muito generosas, pessoas que talvez tivessem apenas um copo d'água e o dividiriam com você. Os países mais pobres eram os que recebiam o maior número de refugiados. Conheci uma menina, uma órfã, na Índia. Ela estava num asilo, tinha sido tirada da rua e tinha oito ou nove anos. Não conseguíamos conversar e nos sentamos na cama. Ela havia passado talvez a maior parte da vida na rua, havia sido prostituta e tudo o mais. Ficamos lá sentadas e ela acariciava meu cabelo, gostava do meu cabelo. Eu acariciava a mão dela para mostrar como a mão dela era bonita. Ela tinha um anel com uma pedra vermelha. Eu passei a mão para mostrar como eu o achava bonito. Então ela o tirou e me deu. Aquela menina não tinha nada. O que ela tinha de melhor dentro dela não foi destruído por Deus.

E.S. – Agora a senhora tem um neto. Como se sente como avó?

L.U. – Tenho um neto de oito anos. Ele esteve aqui comigo e acabou de voltar para a Noruega com a mãe. Irei para a Suécia em alguns dias começar meu próximo filme. Foi ótimo tê-lo aqui. É ótimo ser chamada de vovó.

E.S. – Como se diz "avó" em norueguês?

L.U. – É uma palavra que quer dizer "mãe-mãe". É gostoso quando alguém a chama de vovó. É uma posição pela qual você não fez nada e você não tem responsabilidade alguma, exceto pelo que eles desejam de você. É bom.

E.S. – Como você se vê como mãe?

L.U. – É difícil dizer porque minha filha é tudo para mim. E ela... (cala-se, fica um longo tempo em silêncio) De certa forma, ela quer construir sua própria vida. Reconheço na nossa relação alguns dos mesmos conflitos que eu tinha com minha mãe. Mas talvez seja mais... (*novo longo silêncio*) Acho que minha filha nem gostaria que eu falasse de mim mesma como mãe. Quer dizer, eu sou mãe, mas, agora, ela é uma mulher e talvez seja mais importante não estar ligada a um pai e a uma mãe famosos... Para ela... Posso muito bem entender isso. Mas, quando digo que sou mãe, não sou uma mãe famosa, sou uma mãe que... (*cala-se novamente; os olhos estão marejados; engole em seco*) Eu só gostaria que não houvesse conflitos. Mas, talvez, quando se é tão próxima, os conflitos sejam inevitáveis. Para mim é difícil dizer. Acho que as filhas sempre têm dificuldades com as mães. E as mães não entendem isso. Sei que, se minha mãe não tivesse morrido, diria: "Não sei por que tivemos tantos conflitos; eu só queria ser sua mãe". Agora estou na situação que ela viveu comigo e digo à minha filha: "Só quero ser sua mãe. Não quero que tenhamos conflitos". Um dia minha filha estará na minha posição e não entenderá por que está tendo conflitos com os filhos dela. Acho que é assim que funciona. Um dia, talvez, eu queira escrever um livro sobre isso.

E.S. – Ser mãe?

L.U. – Ser mãe e ser filha. Conheço os dois lados e todos os papéis são difíceis: ser avó, ser mãe, ser filha. Minha mãe passou por isso;

agora, eu estou passando e um dia Linn também passará. É difícil, mas talvez não tão difícil quanto para eles, para os filhos. Não sei, não consigo explicar.

E.S. – Nos seus textos e em várias entrevistas que deu, a senhora se refere a nós, homens, como crianças. É assim que nos vê?

L.U. – Adoro crianças. Na verdade, vejo a maioria das pessoas como crianças, inclusive eu mesma. Acho que somos comoventes e meigos, queremos muito da vida, temos muitas expectativas. Quando estamos felizes, olhamos uns para os outros e reconhecemos algo, são nossas porções infantis que estão envolvidas. Não é uma porção infantil tola, mas uma porção infantil realmente aberta e maravilhosa. Os homens não são como eu os imaginava, pessoas grandes, crescidas, maravilhosas, que sabiam, podiam e entendiam tudo. Nem as mulheres. Mas as mulheres são mais predestinadas, são mais protetoras. Elas usam seus corpos, seus braços, de uma maneira muito diferente dos homens. Talvez nisso haja algo que as faça parecer mais adultas. Na verdade, quando estamos felizes juntos, somos abertos como crianças.

E.S. – E o que a *Liv Ulmann* garotinha que vive dentro de você espera do futuro? Como ela vê o futuro?

L.U. – Espero que minha filha veja o quanto a amo e que estou aqui apenas para admirar tudo o que ela fez, porque ela fez coisas incríveis. E espero que... Espero não sentir tanta raiva por dentro e não sorrir tanto por fora.

E.S. – Como agora?

L.U. – Não, não como agora. E que o amor prevaleça na minha vida até que eu morra. Que eu possa sentir amor e dar amor até eu morrer, de alguma maneira.

JAMES TAYLOR

"A música é uma fuga da insanidade e das 'poluições' com as quais vivemos.
É uma ligação com outra realidade, mais básica,
da qual fazemos parte, mas da qual nos perdemos."

Todo inferno tem uma porta de saída. Nem sempre, porém, é encontrada a tempo. Essa parecia ser a situação de James Taylor, após quase duas décadas de dependência de drogas, especialmente heroína. Vítima de depressão desde o início da adolescência, ele tinha encontrado na música, após uma crise que culminara no internamento em um sanatório, o escape para uma sensibilidade extremada e a dificuldade em se situar no mundo das pessoas ditas "normais".

Filho de uma família de classe média do interior norte-americano, num belo dia, o jovem caipira magro e desengonçado empacotou o violão e embarcou para Londres, nos anos de 1960. Ali na *swinging London*, em meio à revolução cultural que produziu – entre tantas surpresas – os Beatles, a minissaia e o psicodelismo, descobriu um universo novo, inclusive dentro de si mesmo. E foi descoberto pelos Beatles, tornando-se o primeiro contratado da então recém-criada gravadora Apple, tendo na "cozinha" de seu primeiro disco a colaboração de Paul McCartney e George Harrison. O sucesso foi imediato.

No palco, acabou por se tornar famoso como o *Sweet baby James*, o cantor meigo das baladas intimistas. O tempo passava, e ele mantinha o sucesso, vendia milhões de discos, era adorado pelo público. No casamento, era a imagem da felicidade, ao lado da mulher Carly Simon e dos filhos Sally e Benjamin.

Era tudo pura aparência.

James Taylor, o menestrel da amizade, capaz de atravessar fogo e tempestades sem perder a doçura nem a esperança, na verdade era um homem atormentado, cada vez mais atacado pela depressão. Da mistura de maconha e antidepressivos, chegou à heroína. A droga destruiu primeiro o casamento com Carly Simon, depois a carreira. Desacreditado, ele quis reassumir o controle da própria vida. O longo caminho de volta começou, conforme ele conta nesta entrevista, num certo país da América do Sul.

Edney Silvestre — Nós, brasileiros, gostamos de acreditar que fazemos parte da sua carreira de alguma forma. Não só porque sempre apreciamos o seu trabalho, mas também porque foi no Rio que sua carreira renasceu. Estamos enganados?

James Taylor — Sempre achei isso também. Olhando para os quase trinta anos de minha carreira, vejo um momento de transição para esta fase da minha vida que estou vivendo agora, que é uma fase muito boa. Eu identifico este momento de transição como aquela viagem, em 1985, para o Rock in Rio, e como aquela experiência aconteceu.

E.S. – Como foi? Como se sentiu? Já deve ter falado tanto disso...

J.T. – Não é segredo nenhum que fui viciado por vinte anos e nem que durante um certo tempo sofri com a dependência que tinha das drogas, de um jeito ou de outro. Uns dois anos antes de ir para o Rio, eu parei de me drogar. Finalmente resolvi largar o vício. Em geral, você toma uma decisão dessas quando as coisas vão mal, e as coisas realmente estavam complicadas. Eu estava em péssimo estado em 1984, 1985. Muito ruim, mesmo. Na verdade, acho que parei de usar drogas apenas um ano antes de ir ao Rock in Rio. Tinha começado a gravar um álbum, mas não estava em condições de fazê-lo e tive de parar. A minha banda tinha se desfeito e as coisas iam mal para mim nos Estados Unidos. Ouvir 30 mil pessoas cantando minhas músicas... Eu não sabia que aquilo existia, foi uma surpresa e tanto, fiquei impressionado. Aquela viagem foi maravilhosa. Depois disso, voltei para Nova York, acabei de gravar o disco *That's Why I'm Here*, do qual gosto muito, e as coisas começaram a melhorar para mim. Aquele foi o momento de voltar a pôr os pés no chão. O aplauso e a consagração junto aos brasileiros me ajudaram muito. Aquele período no Brasil foi muito musical, muito comovente, surpreendente, esperançoso. Nunca vou esquecer. Incrível!

E.S. – (*acendendo um isqueiro, como fizeram para James Taylor durante o show em 85*) Lembra disto?

J.T. – Isto também foi ótimo. A segunda vez que toquei, não lembro se foi no Rio ou em São Paulo... Foi no Rio. As pessoas acendiam os isqueiros no tempo da música, o som viajava por aquele público imenso, 50 mil pessoas. Era uma onda de luzes.

E.S. – Você sente essa energia do público? A maioria dos cantores diz isso. É verdade?

J.T. – Sem dúvida, e isso muda completamente um show. Acabo de tocar na Europa. Normalmente pode-se dizer que as plateias do hemisfério norte são menos emotivas e lhe dão menos, enquanto as do sul são mais emotivas e mais emocionalmente "alcançáveis". Mas há algumas exceções. Para mim as melhores plateias são as irlandesas e as brasileiras. Isto porque têm uma cultura musical.

E.S. – Já falamos do seu vício em heroína, isto é sabido, e também como se livrou dele. Mas parte disso não foi o mesmo que aconteceu com a sua geração, a dos nascidos após a Segunda Guerra Mundial? Sei que você teve depressão e tudo o mais, devido às drogas. Mas o início: não era parte de uma busca? Na época, as drogas não eram vistas só como uma diversão, havia um sentido de busca interior, não é mesmo?

J.T. – Acho que é verdade, tenho muitas opiniões sobre drogas, sobre o vício, sobre como e qual é a função delas. Sei que não é positivo dizer isso, mas acho que as pessoas sempre usaram drogas e sempre vão usar. E acho que é uma conexão entre a necessidade espiritual e a vontade de "viajar". Acho que estão relacionadas. É verdade que na minha geração experimentamos muito, mas isso se deu, principalmente, com as drogas psicodélicas. Mas, com o tempo, passei a tomar drogas como medicamento. Elas me acalmavam e me deixavam tranquilo. Isto funcionou por um tempo, apesar de ser perigoso e ilegal. Em última instância, o que acontece é que você não chega a lugar algum, não faz nada, acaba se fechando para o mundo. De certo modo, você pode decidir não viver a sua vida, tentar se livrar da sua vida, tentar não sentir coisas. Foi maravilhoso para mim parar de me drogar. Foi difícil, mas eu ganhei um impulso com isto, e o impulso ainda permanece.

E.S. – Você falou em busca espiritual. Há muito disso em sua música. Suas letras sempre tocam nos extremos: luz e trevas.

J.T. – É verdade. Para mim, e acho que para todos, a música é uma fuga da insanidade e das "poluições" com as quais vivemos. É uma ligação com outra realidade, mais básica, da qual fazemos parte, mas da qual nos perdemos. Somos afastados dela por seres humanos, conscientes, individualizados. Nos separamos e podemos nos perder. Estamos sempre querendo voltar. A música faz isso comigo. Fazer música já é uma experiência espiritual. Não é de se espantar que a música tenha sido relacionada com a igreja e que sempre seja usada para atingir os mais altos estágios de instintos espirituais.

E.S. – Quando você era jovem, tinha uns dezessete anos, teve a primeira depressão e acabou internado. Achou que a música era uma forma de sair daquilo, de entender todo o caos?

J.T. – Sim, com certeza. Para mim foi... Para mim foi crucial, vital. Não penso na minha... Naquela época da minha vida, o tipo de esgotamento emocional que tive não foi algo incomum.

E.S. – Mas você tinha apenas dezessete anos!

J.T. – Acho que todo mundo que tem entre catorze e vinte anos vive uma viagem paralisante. Algumas culturas são mais eficientes em ajudá-lo e outras o abandonam. Eu tive uma crise que me assustou muito. Algumas pessoas achavam que eu não ia conseguir sair dela. Mas eu, realmente, não acho que seja algo muito diferente. É a mesma coisa que aconteceu com todo mundo naquela época. Me assustou.

E.S. – Foi em busca de uma sociedade que lhe desse mais apoio que você se mudou para Londres nos anos de 1960?

J.T. – É interessante. É como a viagem para o Brasil. Ir para algum lugar longe, deixar a sua casa e o contexto onde vive para ir a outro lugar fazer algo… No caso de Londres, fui para tentar gravar a minha música. Quando você parte para uma terra estrangeira, tudo vai abaixo e você pode ver quem realmente é. Se estivesse ainda na Carolina do Norte, com toda a família em volta e todo o resto, a gente se espalha de tal forma que não sabe onde começa e onde termina. Mas quando se sai, levando a guitarra, a mala e o passaporte, e chega-se a um lugar sendo um desconhecido, isso dá um alívio e permite que você se situe. Depois, tentar entrar nesse lugar e fazer alguma coisa é excitante, é uma boa coisa. Sim, aquele tempo em que cheguei em Londres foi legal.

E.S. – E, imediatamente, conseguiu ser contratado pela Apple, a gravadora dos Beatles.

J.T. – Bem rápido, em dois meses.

E.S. – Paul McCartney tocou guitarra para você. George Harrison cantou no seu primeiro disco, *J.T.*, não foi?

J.T. – É verdade. Estavam começando a Apple Records e eu fui o primeiro artista de fora contratado. Peter Asher, que se tornaria meu empresário e produtor por muitos anos, estava começando a trabalhar lá. Foi um grande momento.

E.S. – Como foi? Você estava com os Beatles no auge deles. Estavam gravando o álbum branco naquela época.

J.T. – É verdade. Eu era um grande fã dos Beatles e eles me influenciavam muito. Para mim aquilo foi uma sorte inacreditável. Assim que cheguei na Inglaterra, fiz uma fita demo e comecei a tocar para as pessoas. Quando vi, já estava com os Beatles. Fui ver o estúdio e eles estavam tocando. Fiquei ouvindo e eles tocavam *Hey Jude* ou algo assim. Depois, quando entrei, McCartney disse: "Quer que eu toque baixo nesta?". Incrível.

E.S. – Você dizia: "Paul, não é exatamente isto que quero".
J.T. – "Quantas vezes vou ter de lhe dizer?"

E.S. – Mas o seu maior sucesso foi nos Estados Unidos, alguns anos depois disso.
J.T. – É interessante começar com a guitarra e... Você me perguntou o que a música significou para mim quando eu tinha dezessete, dezoito anos, e como ela tinha me salvado, de certo modo. Era uma coisa muito pessoal, como pegar algo interior e mostrar ao mundo. E conseguir me comunicar com os outros do meu jeito. É sempre uma transição surpreendente passar desta coisa interna e chegar ao ponto em que três milhões de pessoas sabem quem você é e escutam suas músicas, enquanto, ao mesmo tempo, você está fazendo uma empresa ganhar muito dinheiro, está na capa da revista *Time*, esse tipo de coisa. Vira um marketing, um produto. E essa transição do pessoal para o público é sempre algo confuso para as pessoas. Alguns o fazem bem.

E.S. – Você estava com vinte e poucos anos na época. Como foi essa fase?
J.T. – Foi ótima. Foi uma afirmação e foi gratificante receber toda aquela atenção. Ao mesmo tempo, muda o que você sente em relação à música e em relação a si mesmo. Foi confuso. A fama e essa ideia de ser famoso é muito estranha. Leva as pessoas à loucura, não vivem mais uma vida normal. As pessoas que são famosas controlam muito o que sai sobre elas, controlam tanto tudo o que ouvem, que acabam com uma noção distorcida do que acontece.

E.S. – Como escapou disso?

J.T. – Acho que não escapei. Digo, escapar das armadilhas. Não sou uma grande celebridade. Sou conhecido, mas não sou perturbado. Posso ir a qualquer lugar. Se quiser, posso sair do palco e ir até a plateia. O meu público é bom para mim. Acho que uma das razões para isto é que a minha pessoa pública e como sou visto pelo meu público – que não é enorme, é grande e... É maravilhoso, mas não são milhares e milhares de pessoas – é muito próximo de quem sou realmente. É normal as pessoas virem falar que gostam da minha música. Ou alguém me dá um bilhete dizendo que, quando se separou ou quando o pai morreu, a minha música ajudou muito. As pessoas me dizem coisas porque sentem vontade. Não esperam que eu responda. Acho que não prometo nada que não possa cumprir. Não sei, mas, de alguma forma, a minha experiência com a fama é bastante confortável. Não é desconfortável.

E.S. – E quanto ao sucesso de *Carolina in My Mind*? É uma canção de cunho extremamente pessoal.

J.T. – Todas as minhas canções são intensamente pessoais. Sinto o sucesso da música quando a escuto. A melhor coisa do mundo é sentir uma dessas músicas "sair". Não é como se eu tivesse feito ou pensado naquilo. Eu sento e a música vem.

E.S. – Tudo de uma vez?

J.T. – Às vezes sim, mas normalmente há um primeiro momento em que vem a música, normalmente quando estou tocando. A música vem em forma de acordes e alguns versos. Depois, eu tenho que trabalhar naquilo um pouco mais. Mas quando as partes se formam, é como se eu estivesse ouvindo a música pela primeira vez. É mais parecido com escutar do que com escrever.

E.S. – Como se você fosse um canal de recepção.

J.T. – Exatamente: como um canal. É um sentimento muito bom e isso é o sucesso da música. Conhece *Dick and Blue* de Donald Fagan?

"Chorei quando escrevi aquela música. Me processe se toquei demais ou errado." É isto. Você está lá sentado, a música vem e você se vê aos prantos. É a sensação mais forte que existe. É muito forte.

E.S. – Como são seus filhos, Sally e Ben?

J.T. – Meus filhos têm 21 e 24 anos. Os dois têm muito boa forma física. Gostam de esquiar, andar de bicicleta e tal. Os dois gostam muito de estar ao ar livre. É uma coisa boa que fazemos juntos. Os dois estão escrevendo músicas. Parece que estão perto de começar uma carreira musical.

E.S. – Eles têm herança musical dos dois lados.

J.T. – É verdade, eu e a Carly (Simon) os envolvemos com música. Meus filhos são ótimos. Mas devo dizer que não sei como se tornaram pessoas tão legais.

E.S. – Você e Carly Simon devem ter algo de muito certo.

J.T. – Ou pode ser uma sorte tremenda. Mas os dois são muito legais.

E.S. – Você e Carly Simon têm uma relação muito afetuosa. Mesmo depois do divórcio e ao longo dos anos, quando se referem um ao outro sempre são muito carinhosos.

J.T. – Fico feliz por ela ser assim, pois eu também sou. Acho que o nosso maior objetivo, por muito tempo, foi sermos pais destas crianças e nos entender pelo bem delas, tentar ajudá-las, pois merecem. Sally e Ben são muito legais. Gosto muito de ficar com eles, são meus amigos e me dá prazer passarmos tempo juntos. Eles têm muito a dizer, são inteligentes e me dão bons conselhos. Sinto que cresceram.

E.S. – Não é engraçado receber conselho dos filhos?

J.T. – Sim, mas acho que acaba acontecendo, na vida de todo mundo.

CONTESTADORES

E.S. – Você é sempre associado a uma música que não escreveu, mas que parece dizer muito sobre você: *You've Got a Friend*, de Carole King. Vocês foram casados?

J.T. – Não. Trabalhamos juntos por muito tempo. Estávamos dividindo o mesmo palco. Ela tocava e depois era minha vez. Toda noite, ficava perto do camarim ouvindo-a tocar. Ela escreveu essa música naquela época. Eu amei a música e falei para ela que era muito boa. "Acertou na mosca", eu disse. Ela ficou contente. Trabalhei um pouco na música, toquei algumas vezes e depois toquei para ela. E ela disse que eu devia gravar. Eu estava começando a gravar *Mud Slide Slim*. Carole me disse que devia gravar *You've Got a Friend*, mas eu sabia que ela também ia gravar um disco e perguntei: "Tem certeza? É sua música, não quer gravar primeiro?". Talvez por ser tão generosa, talvez porque tenha gostado da minha versão, ou talvez porque estava acostumada a escrever e a colocar músicas no disco dos outros, o fato é que ela foi muito generosa e falou: "Você grava". Foi muito bom. Acho que foi a minha música de maior sucesso até agora.

E.S. – Até agora. Li em algum lugar que *Carolina in My Mind* era a sua música preferida, é verdade?

J.T. – É difícil escolher uma. Acho que *Sweet Baby James* é uma música boa, bem escrita, mas tenho orgulho de *Carolina...*

E.S. – Olhando para estes cinquenta anos, esta jornada com tanto sofrimento e tantas conquistas... Quais você acha que foram os auges?

J.T. – Talvez por você ter me lembrado, mas entrar no palco no Rio de Janeiro, em 1985, foi incrível, incrível. Entrar no escritório do Paul McCartney na Apple Record e ouvi-lo dizer que gostaram do disco e que queriam me contratar, também foi um grande momento. Devo dizer que ganhar o Grammy de melhor disco *pop* pelo disco deste ano foi... Eu ganhei um Grammy em 1971 e achava que era uma coisa de *show business* e é verdade, tem um lado de promoção nessa indústria; mas também me fez sentir muito bem. Fez com que me sentisse de pé novamente. Foi uma emoção ter essa recompensa. Ninguém esperava,

194

eu não esperava, e saber que as pessoas gostaram do disco foi bom. Os nascimentos dos meus dois filhos foram emocionantes.

E.S. – E o futuro? E quanto aos próximos cinquenta anos? Ou sessenta, ou setenta?

J.T. – Tenho cinquenta e aos vinte não achava que estaria fazendo música aos cinquenta. Achava que pararia aos quarenta e cinco. Na verdade, nunca achei que passaria dos trinta. Na época não parecia possível. Talvez eu possa continuar por mais uns cinco ou dez anos. Mas depois dos sessenta, acho que vou ter que mudar. Mas não sei: Tony Bennett ainda canta, Ray Charles também... Não sei, vamos ver. Acho que o principal é continuar. Espero voltar ao Brasil, para tocar lá de novo. Você me lembrou! Eu tinha esquecido e você me lembrou. Quero voltar e tocar no Brasil, de novo.

LAUREN BACALL

"Bogart morreu há mais de quarenta anos. É um bocado de tempo.
Eu detestaria pensar que nestas quatro décadas
também fui vista como morta."

Hollywood sempre soube produzir estrelas. Mas poucas, muito poucas, tiveram estreia tão espetacular e marcante quanto Lauren Bacall, em 1945: o filme *Uma aventura na Martinica*. O astro era Humphrey Bogart, mais uma vez fazendo o papel de um daqueles mocinhos cínicos, que até hoje perpetuam o mito dele. Bacall tinha apenas dezenove anos. Mas dominava a cena como uma veterana. O mundo se apaixonou por ela. Bogart, então com 46 anos, também. Eles ficaram juntos até a morte do ator, em 1957.

Aquele primeiro filme da nova-iorquina Betty Joan Perske — nome verdadeiro de Bacall — marcou a personalidade com que ficaria conhecida no cinema: bonita, vivida, cética, com um toque de humor irônico. Não muito diferente do que é na vida real, como ficou claro nesta entrevista, realizada na suíte de um hotel de luxo, durante a campanha de promoção internacional de um filme que ela fizera um ano antes, dirigido por Barbra Streisand. Tomando uma xícara de chá, Bacall se expôs, sem amarras ou estrelismo, a respeito da carreira repleta de altos (alguns) e baixos, Bogart, Broadway & Hollywood, os filhos, a solidão, a fragilidade e, particularmente, seu descrédito no mito da própria beleza.

Edney Silvestre — **Por diversas vezes a** senhora disse que, em Hollywood, ninguém a levava a sério. Entretanto, há rumores de um Oscar a caminho[1] e tem trabalhado muito. Aqui e no cinema europeu.

Lauren Bacall — **Um Oscar? É muito imprová**vel. Não conto com isso, só espero conseguir mais trabalho. Sempre trabalhei. Nunca fiquei parada. Preciso trabalhar para me manter; ninguém paga as minhas contas. Além disso, adoro trabalhar. Terminei dois filmes, recentemente: *My Fellow Americans*, com James Garner, e uma produção francesa rodada no México, *Le Jour et la Nuit*, com Alain Delon. Foi escrita e dirigida pelo filósofo Bernard- -Henri Lévy. Surpreendentemente, para um homem tão bonito, Delon não é vaidoso.

E.S. – Aliás, a lista de galãs e astros com quem trabalhou é um *who's who* de Hollywood: Charles Boyer, Kirk Douglas, John Wayne, Robert Stack, Gary Cooper, Paul Newman, Rock Hudson, claro, Humphrey Bogart.

L.B. – E Albert Finney. E Marcello Mastroianni. E Sean Connery. Tantos... Tenho tido muita sorte em relação aos atores com quem

---

[1] Bacall realmente foi indicada para o prêmio de melhor atriz coadjuvante daquele ano, 1997, por sua atuação em *O espelho tem duas faces*; perdeu a estatueta para Juliette Binoche, de *O paciente inglês*.

atuei. Um deles, excelente, nunca teve seu talento reconhecido: Fred MacMurray. Rock Hudson era muito bonito, um homem de beleza realmente impressionante. E uma pessoa muito boa.

E.S. – Bogart não era bonito, mas tinha presença na tela.

L.B. – Bogart era surpreendentemente atraente. Porque você não... Quando eu era uma garota ainda, e o vi em *Casablanca*, não me senti nem um pouco atraída. Mas quando o conheci em pessoa, bem, então fiquei muitíssimo atraída! (RISOS). Ele era realmente atraente. Mas devo dizer que gosto daquele jeito em homens, não me toco com rostinhos bonitos. E hoje, quando vez por outra vejo fotos dele... Bogart não era diferente do que fotografava. E, claro, era totalmente desprovido de vaidade. Não ligava a mínima de ter aquele rosto que parecia pisado e vivido.

E.S. – Ele tinha mesmo o senso de humor que tanto citam nas biografias?

L.B. – Oh, sim. E como! Nós ríamos muito. Isso é tão importante num relacionamento! Quero dizer: como algumas pessoas conseguem conviver com quem não tem senso de humor? Eu não consigo sequer ter amigos sem senso de humor, quanto mais um marido. Porque não consigo conversar com gente assim, me deixa nervosa. Para não dizer entediada.

E.S. – Neste filme dirigido por Streisand, seu papel é de uma mãe durona, cheia de arestas. Na vida real, com seus filhos, sente alguma identificação com ela?

L.B. – Não acho que ela era durona. O que tinha era um relacionamento difícil. Não me considero uma mãe durona, mas minha filha me achava difícil, às vezes. Nunca me comportei como ela achava que eu devia me comportar, ela tampouco. Com meus filhos foi a mesma coisa. Assim são as coisas, cada um procura encontrar seu lugar na vida. Todos nós devemos aprender a conviver bem. Os pais não querem magoar seus filhos, mas devo tê-lo feito. Sou humana e cometo erros. Não sou perfeita. Quem é perfeito? A personagem do filme é uma mulher que luta contra a ideia de passar o resto da vida sozinha e também de perder a beleza. A beleza lhe dera uma certa confiança. A sensação de acordar de manhã e poder se vestir para sair e ir trabalhar. Se perdesse aquilo, perderia tudo. Deixava todas as outras coisas de lado, só queria lidar com o que lhe dava prazer. Ela criou uma *persona* para enfrentar o mundo, e isso temos em comum.

E.S. – Fico imaginando: até que ponto a beleza influenciou em sua carreira? Dizem que foi descoberta devido a uma capa da revista *Harper's Bazaar*. Mas você nunca usou isso, nunca explorou a beleza na sua carreira, sempre tentou ir além dela.

L.B. – Nunca fui considerada uma beldade de fato. Honestamente. Na época em que fui modelo e posei para a *Harper's Bazaar*, o que não durou muito, me viam como um *look* diferente. Era o que a revista queria na época. Mas nunca estive na categoria de beldade. Sério. Não é modéstia. Não sou vaidosa, embora ache que devia ter sido. Uma pessoa deve cuidar bem de sua beleza, se isso faz parte de sua profissão. Não era o meu caso. Sou uma atriz. Se você procurar livros que apresentam as mulheres mais belas do cinema ou do mundo, nunca me verá na lista. Nunca fiz parte de nenhuma. Minhas qualidades são outras. Um *look* interessante ou incomum, sim, mas nunca fui uma beldade. Eu não rejeitaria o adjetivo. Seria excitante e eu ficaria gratificada, mas...

E.S. – Sua imagem é de uma mulher forte, que enfrenta desde os chefões dos estúdios até comitês anticomunistas... Uma imagem de durona.

L.B. – Ser durona é diferente. Esta palavra é muito feia. Ser durona é algo muito negativo. É ser muito dura no trato, e eu nunca o fui. Eu sou forte. Tenho caráter e força de vontade marcantes, mas não é a mesma coisa. Nunca tive alguém me protegendo, tomando conta de mim. Eu me magoo e me chateio muito facilmente. Sou muito sensível para ser chamada de durona. As pessoas se atêm a uma ideia e não a deixam de lado. A mulher que tem de enfrentar o mundo sozinha acaba construindo um verniz, uma camada protetora. Porque as mulheres não são tratadas com o mesmo respeito que os homens. Um comportamento independente não é bem-visto numa mulher. Quando entro em um ambiente cheio de gente, fico nervosa. Então ponho essa máscara, essa *persona*, e atuo meu papel. Socialmente, parece que eu sei tudo, que estou absolutamente confiante. A verdade é que não sei nada, que me sinto uma pilha de nervos.

E.S. – Vamos, então, usar a palavra "forte". Na época em que os estúdios tinham total poder sobre os atores, você se rebelou e recusou papéis que a Warner Brothers lhe destinava. Foi multada por isso.

L.B. – Fui suspensa.

E.S. – Teve a ousadia de fazer isso.

L.B. – Homens o faziam, como Bogie e outros atores, às vezes. Eu tive a ousadia porque deixei Jack Warner escolher meu segundo filme, e foi tão desastroso que nunca mais permiti que tomasse decisões por mim. Ele passou a me oferecer papéis ruins em filmes horríveis. Eu os recusei e fui suspensa. Acabei tendo que comprar meu contrato com a Warner Brothers. Tive de pagar, o que me enfureceu. Tive de pagar para sair da Warner Brothers! Imagine! Jack tirou o meu dinheiro sem necessidade. Mas o tirou mesmo assim. Bem, a experiência na Warner até que foi boa. Mas era difícil trabalhar sob contrato. Jack não me emprestava para filmes em outros estúdios. Tive a chance de trabalhar com Spencer Tracy, que me queria em um filme seu, mas não me deixaram. Fiquei arrasada. Eu teria adorado.

E.S. – Algo quase nunca mencionado sobre sua carreira é que foi uma das primeiras mulheres a fazer televisão de qualidade. Eu citaria *The Petrified Forest*, em que atuou com Bogart e Henry Fonda.

L.B. – Você o conhece? É um filme raro. Pode-se vê-lo no Museum of Broadcasting, em Nova York. Eles têm também outra raridade, *Blind Spirit*, em que atuei com Noel Coward e Claudette Colbert.

Quem deu a cópia para eles fui eu. Acredita que eu era a única pessoa que ainda tinha os roteiros? Foram dois eventos históricos que a (rede de televisão) CBS... Sabe a quantidade de coisas que jogaram fora? Jogaram tudo fora. Não têm cinescópio, filmes, nada.

E.S. – Era difícil trabalhar com diretores perfeccionistas, como Vincente Minnelli ou Jean Negulesco?

L.B. – Vincente Minnelli? Adorava Vincente. Ele sempre se preocupava muito com os cenários, com a decoração. Ele mexia em maços de cigarro, cinzeiros, abajures. Lidava muito com a parte visual. Jean Negulesco não era perfeccionista. Não no mesmo sentido. Eu também gosto de detalhes, também sou assim. Simpatizo muito com esse tipo de enfoque no trabalho.

E.S. – Quando faz teatro, que tipo de enfoque tem? No teatro é impossível controlar o que acontece no palco, ao vivo. Eu a vi em Londres, na peça *Applause*: estava magnífica.

L.B. – Foi um ótimo espetáculo. Mas, sabe? No teatro você tem controle. É o meio do ator. Quando a cortina sobe, só você pode fazer aquilo. Precisa estar totalmente entregue. Eu adoro teatro. Tive a oportunidade de interpretar papéis no palco que nunca receberia no cinema. Por isso sou muito grata. Eu me diverti bastante. *Applause* foi um grande momento em minha vida.

E.S. – Pouco depois disso, veio *Woman of the Year.*

L.B. – Isso mesmo. Tive uma vida de sorte no palco. De muita sorte.

E.S. – Voltaria ao palco?

L.B. – Claro! Eu faria qualquer coisa. Tudo o que fosse bom. Eu dou umas palestras de vez em quando, sobre mulheres que trabalham, mas só me importo em tentar participar do que seja de qualidade. E não é fácil encontrar. Mas é possível.

CONTESTADORES

E.S. – Como escolhe os papéis?
L.B. – Com as ofertas esparsas...

E.S. – Ora, vamos!
L.B. – Não recebo muitas ofertas. Digo, sim, tenho várias ofertas para papéis terríveis, mas isso não me interessa. Papéis incomumente bons? Ninguém escreve papéis para mulheres. Espero que comecem agora, mas não o têm feito. Bem, o que eu estava dizendo? Eu me esqueci.

E.S. – Falávamos sobre o teatro e você disse que faria tudo o que fosse bom.
L.B. – Sim, eu adoro coisas de qualidade. Gosto de fazer algo interessante. Não espero o melhor papel do mundo. Não vou consegui-lo, será dado a outra pessoa. Mas vamos esquecer isso. Eu só me importo em funcionar. Quero trabalhar, fazer coisas produtivas, que me permitam usar vários aspectos de mim mesma. Não desejo uma personagem superficial e previsível.

E.S. – Sente-se mais à vontade no palco ou em frente às câmeras?
L.B. – No palco me sinto em casa. Não relaxo, aliás, nunca relaxo quando estou trabalhando. No palco, fico à vontade. Acho que me encontrei como atriz fazendo teatro. Amo o teatro. Amo o cinema também, mas a vida é totalmente diferente fazendo um ou o outro. Você tem uma vida bem melhor fazendo filmes. Trabalha duro, mas são apenas dois ou três meses e, então, para. E ganha o suficiente para se dar ao luxo de parar. No teatro, isso não acontece. O teatro toma todos os espaços de sua vida. Você deixa de ter vida particular, porque passa o dia inteiro preparando-se para o que fará à noite, para o espetáculo. Você economiza energia, economiza a voz, economiza tudo. Exige uma enorme disciplina. Mas há uma recompensa para o ator de teatro, que é gigantesca: você tem uma reação imediata da plateia. E não há nada semelhante, no mundo. Com um filme a recompensa vem depois – quando vem. O filme é exibido meses, às vezes anos depois de ter sido feito. Você já está distanciada dele.

E.S. – O que acha dos críticos?

L.B. – Detesto quando tocam em coisas da vida particular. São tão frustrados, tão inconvenientes. Muito poucos sabem escrever. Se tentam escrever um roteiro de cinema não conseguem. Também não conseguem escrever peças. Ninguém liga para eles, ninguém sabe quem são, os nomes deles não são os nomes que estão nas marquises, não são eles que ganham os altos cachês. Críticos sentem um rancor especial por atores. Detestam até o fato de serem obrigados a falar com atores. Mas quando escrevem a crítica, este é o instante de poder que têm. Aí é que podem descarregar suas frustrações. E o fazem. Tenho certeza de que fariam outra coisa, se pudessem. Mas não têm o talento para isso.

E.S. – A crítica a elogiou toda vez que fez teatro. E, em sua estreia cinematográfica, foi incensada pelos críticos.

L.B. – Ah, foi mesmo. Me acharam fabulosa. Eu era o Sol e a Lua. Fui comparada a Marlene Dietrich, Bette Davis, Mae West, Katharine Hepburn... Eu era tudo. Disseram que eu era gloriosa. E então... nem tive tempo para saborear os comentários, porque no meu filme seguinte os críticos me nocautearam, me mataram. Eu estava fora, antes mesmo de estar dentro. Passei duas décadas tentando voltar, embora nunca se volte realmente. Mas, pelo menos, consegui alguma coisa. Não foi fácil. Enquanto no teatro... Quando comecei, com a peça *Goodbye Charlie*, eles disseram: "Sim, ela está bem"; mas me viam como uma atriz de cinema que apenas estava de passagem pelo palco, que não podia ser levada a sério como atriz de teatro. Então veio *Flor de cactus*, que ficou dois anos em cartaz, com um sucesso estrondoso. Mas a crítica ainda não tinha certeza de que o palco era o meu lugar. Não até *Applause*. Aí, finalmente... Lembro bem de uma frase de Walter Kerr[2]: "Ela é realmente uma estrela do palco". E eu pensei: até que enfim! Quanto sacrifício, quanto tempo é necessário até que reconheçam que você tem algum talento? Isso para não falar do peso de ser a viúva de Bogart.

---

[2] Temido e influente crítico do *New York Times*.

E.S. – Em que sentido?

L.B. – Odeio dizer isso, mas... "Bogie" morreu há mais de quarenta anos. É um bocado de tempo. Eu detestaria pensar que nestas quatro décadas também fui vista como morta. Vejam, eu fiz alguma coisa. Eu apenas... Eu não quero grandes prêmios. Só quero um pouco de reconhecimento pelo fato de ter dado, por menor que seja, uma contribuição. Escrevi três livros, estive em dois mega sucessos no teatro, viajei o mundo todo, e os Estados Unidos inteiros, fazendo *shows*, fiz filmes, continuo trabalhando: isso não tem valor? Essa é minha única frustração: a falta de reconhecimento.

E.S. – Há uns dois ou três anos, durante um lançamento no museu Metropolitan, eu a vi, certa hora, deixar a festa, descer a escadaria, sozinha, e entrar em um táxi. Eu esperava vê-la em uma enorme limusine...

L.B. – Não. Não sabia a que horas iria embora. Pensei: "Não é longe da minha casa. Vou de táxi". Quem está neste mundo deve viver como um ser humano. Vou ao supermercado e faço tudo. Se as pessoas reparam... Não quero viver em um casulo. Não quero me superproteger e dramatizar minha vida. Tento viver como fui criada, de maneira disciplinada, em ambiente de trabalho. Faço o que preciso fazer, vou aonde tenho de ir. Não penso: "Vão me reconhecer, não vou entrar". Não é muito difícil. Se eu tivesse de enfrentar fila de cinema, aí sim, seria muito difícil. E muito irritante.

E.S. – Você parece estar serena.

L.B. – Serenidade não tem nada a ver comigo (*risos*). Não sou serena. Só relaxo quando faço massagem.

FERNANDA MONTENEGRO

"Você acaba não tendo a tua cara real. Porque cada personagem requer...
Não precisa de prótese, não precisa de nariz torto, mas...
Tem ali um mergulho que você tem que achar dentro de você."

Um dia, no final dos anos 1950, um aparelho de televisão foi instalado na sala de visitas da casa de meus pais, em Valença, no interior do Estado do Rio. Fomos das primeiras famílias a ter um televisor em Valença. Com seus proventos modestos, imagino que meu pai, o dono de armazém Joaquim Silvestre, tenha recorrido a algum crediário a perder de vista para adquirir aquele trambolho. A imagem, em preto e branco, era granulada e fugidia. O som, metálico e ondulante, não era melhor do que o produzido em nossas brincadeiras de telefone com latas de massa de tomate, ligadas por barbantes.

Numa segunda-feira à noite, quando eu devia estar pelos 12/13 anos, desavisadamente liguei o aparelho e me deparei com um rosto diferente de todos que eu havia visto antes, uma face que parecia saída de uma imagem de igreja, um rosto milenar, nem feio nem belo, apenas... extraordinário. Único. Como única era sua voz, urgente e grave. Abrindo para mim o universo de Tennessee Williams, interpretando a personagem Alma, de "O anjo de pedra" (*Summer and smoke*, no original) no Grande Teatro Tupi.

Era Fernanda Montenegro.

Trinta e vários anos depois, em Nova York, estávamos, ela e o marido Fernando Torres, mais eu, correspondente da TV Globo, diante de um outro aparelho de televisão, em cores, enorme, onde um locutor americano anunciava o nome de Fernanda Montenegro como uma das indicadas ao Oscar de Melhor Atriz pelo filme "Central do Brasil". E semanas depois eu estava em Hollywood, quando ela atravessou o tapete vermelho, elegante e altiva.

Lá, como aqui, ao longo dos anos, tive o prazer de aplaudi-la nos palcos e telas, de me emocionar vendo-a ler para um teatro lotado minha peça *"Boa noite a todos"*, de conversar com ela em inúmeras ocasiões. A cada vez, minha admiração pela atriz que vi pela primeira vez no televisor em Valença, naquelas imagens em preto e branco, só aumenta.

Duas dessas nossas conversas, ambas realizadas graças à colaboração de Carmen Mello, reunidas e editadas por terem, cada uma delas, mais de duas horas de duração, estão nas próximas páginas. Uma realizada em seu apartamento, no bairro carioca da Lagoa, para o GloboNews Literatura, a respeito de seu livro *Roteiro Fotobiográfico*; a outra, gravada no palco do Theatro Municipal do Rio de Janeiro, para o Globo Repórter especial, exibido na noite em que Fernanda Montenegro completou 90 anos.

Edney Silvestre — **"Eu queria que você** falasse sobre a dor e o prazer de não morrer aos quarenta, nem aos cinquenta, nem aos sessenta, nem aos setenta, nem aos oitenta". Quem fez essa pergunta foi você mesma, para Ariano Suassuna, quando ele completou 80. Como você, chegando aos noventa anos, responde a essa pergunta?

Fernanda Montenegro – **Cada dia que eu** acordo, eu dou graças a Deus. Não sei como a gente consegue viver, trabalhando tanto e sobrevivendo. Não é sozinho, também, que se vive. Você tem pessoas, você encontra pessoas. Eu tenho muita fé na vida. A minha fé é tão grande na vida que eu tive filhos. E vi que meus filhos têm filhos. Eu acho que não há mais fé na vida do que isso. E além do mais sou desta profissão, em que você vive de fazer o outro. Não existe essa profissão minha, sem o outro. É fundamental o outro. E cada encontro desse é um momento absoluto de vida. O quê que a gente tem do outro lado? Então vamos dar graças a Deus de a gente ainda estar por aqui.

E.S. – Aos 15 anos você, filha de um marceneiro e uma dona de casa, estudava para ser secretária bilingue, quando deu uma guinada na vida, que acabaria por levá-la aos palcos. Como aconteceu? Sua família não se apôs a você se tornar atriz? Naquela época, atrizes e prostitutas tinham o mesmo registro na carteira profissional.

CONTESTADORES

F.M. – Atores, também. Era uma carteira fornecida pela secretaria de segurança pública, eram as carteiras da polícia dadas às prostitutas, aos cafetões, aos marginais... A qualquer momento você poderia ter que tirar e mostrar o documento como se fosse a carteira de identidade.

A atriz Dulcina de Moraes foi quem tirou essa classificação de nossa carteira profissional. Aliás, Dulcina é uma figura extraordinária. Para mim é a personalidade mais importante do teatro do século que passou, mas ninguém mais sabe quem é. Mas isso (o esquecimento) faz parte da vida do ator.

Para o secretariado eu estudava inglês, português, francês, datilografia, estenografia, correspondência comercial nas 3 línguas.

Em casa, no bairro de Campinho (subúrbio da Zona Norte) minha família, de origem italiana, gostava de ópera e as ouvia na Rádio Ministério da Educação. Um dia anunciaram um concurso para locutoras e locutores. Uma frente de jovens radialistas. Eu tomei o trem, fui à Rádio Mec, que era perto da Central do Brasil, e me candidatei.

E.S. – Fez os testes, foi aprovada, e ganhou muito mais do que apenas um emprego.

F.M. – Eu fiz teste. Nem esperava nada. Aí, me chamaram e ali dentro eu comecei a minha vida, dentro da Rádio MEC. Fiquei lá dez anos, trabalhando como locutora, como redatora, como radioatriz. E tive encontros com pessoas importantíssimas da cultura brasileira. Eles também davam cursos. Sempre que se falava de um autor, de um compositor ou de um material mais importante da história do Brasil – "a Devassa de Minas", esse tipo de coisa –, a gente tinha aulas, tinha palestras, recebia informações a respeito. Sempre vinha sempre um expoente do assunto preparar a gente.

E.S. – Na época, a menina de Campinho ainda se chamava Arlette.

F.M. – Arlette Pinheiro. Nome de uma atriz francesa que a mamãe gostava, mamãe a adorava. Eu troquei porque eu passei a redigir. Adaptações de novelas, e contos para rádio. É. *Passeio Literário* se

212

chamava, um programa na Rádio MEC. Isso depois de uns cinco anos já lá. Aí eu vi que tinha que criar um outro nome. Então eu pensei no século dezenove, sabe? Nas *Fernande*, nas *Raymonde* da literatura popular francesa. O sobrenome Montenegro veio de um médico do tempo da minha avó, um homeopata, curava tudo. E eu me lembro já pela infância afora, toda vez que tinha uma doença grave ou não grave, minha avó dizia: "se o doutor Montenegro estivesse aqui, já estava curado." (*Rindo*) Eu inventei um nome engraçado, eu acho o meu nome engraçado. Ninguém, se chama (*fazendo voz grave*) Fernanda Montenegro. Mas "*pegou*".

E.S. – Isso e muito mais está contado neste livro, "*Itinerário Fotobiográfico*"[1]. O título é tão singelo, tão simples, para uma vida tão rica. Boa parte da história do teatro brasileiro de 1950 até hoje também está contada nestas quinhentas páginas.

F.M. – Nessas páginas tem um itinerário, rapaz. no título... está em cima do que o livro é. E o meu itinerário vem contado através de fotos e textos curtos. Um livro que só aconteceu porque temos no Brasil alguém como o professor Danilo Miranda, que defende a cultura brasileira e está a frente do SESC de São Paulo já há muitos anos, e que tornou possível a publicação deste livro. Sou muito grata ao professor Danilo, uma pessoa de se tirar o chapéu

O que eu acho de mais comovente nesse livro é que ele é a respeito de uma atriz. Porque, sabe, há um escalonamento muito engraçado na vida do teatro. Tem o autor, tem o diretor, tem o cenógrafo, tem o figurinista, tem até o produtor. Mas o ator, ele está lá no último lugar na escala da importância real. Só que, na verdade, o ator tem uma importância vital e sem ele não acontece nada. Mas isso é uma herança.

Eu acho que se Shakespeare disse que o mundo é um palco e nós somos atores, eu imagino como na época era terrivelmente visto o atuar. Por que esse homem escreveu essa frase tão fantástica?

---

[1] *Itinerário Fotobiográfico*, Edições Sesc, 2018.

E.S. – Este livro, aliás, vai além no tempo. Fala de como se cruzam a história do teatro no Brasil e a sua própria, desde 1909. Naquele ano, uma certa pessoa participou da construção do Theatro Municipal. Cinquenta anos depois, era você quem estava no palco deste mesmo teatro. Quem era essa pessoa, que fez parte da brigada de operários que levantou o Theatro Municipal?

F.M. – Essa é a vida. O eterno retorno. Essa pessoa de que você fala era meu avô Pedro Nieddo, sardo, italiano. A família Nieddo imigrou para o Brasil vinda da Sardenha, como camponeses, mas na verdade meu avo, Pedro Nieddo, era estucador, uma pessoa que trabalhava com gesso, faz as volutas. A família foi levada para uma fazenda em Minas Gerais. E lá, na miséria em que viviam, quando ouviram que havia a necessidade de artesãos no Rio de Janeiro, já que estavam reconstruindo a cidade, modernizando a cidade, ele veio e entrou na leva de artesãos que por acaso – podia ser qualquer outro prédio, né? –, mas coube a ele o Theatro Municipal.

E.S. – Como você foi de locutora da Rádio MEC para os palcos?

F.M. – Eu vim para o palco em dezembro de 1950. Mas isso durou oito dias só. A peça foi um fracasso. Um fracasso imenso.

E.S. – Fernanda Montenegro começou com um fracasso! *(risos)*

F.M. – Mas valeu. Sabe por quê? Eu me aproximei do Fernando (Torres). Até então a gente apenas se cruzava.

E.S. – Seu grande companheiro.

F.M. – Definitivo companheiro. A gente se cruzava pela Cinelândia, pelos lugares, tínhamos amigos em comum, mas... Quando nos juntamos em dezembro de 1950, na peça "Alegres canções nas montanhas" ...Foi aí que nos olhamos e achamos que ia ser para o resto da vida.

E.S. – E aí vocês foram montar, decidiram montar um texto, fazerem uma peça?

F.M. – Não, não. Aí Fernando foi para a Panair.

E.S. – Panair do Brasil? Por que Fernando Torres se tornou funcionário de uma companhia aérea?

F.M. – Porque o pai dele era médico e disse a ele – porque Fernando tinha largado o terceiro ano de medicina – "ou você volta para a medicina ou você vai trabalhar". Aí o Fernando fez concurso para a Panair e entrou. E eu, logo me acharam lá no teatro e me chamaram para fazer um esquete na TV Tupi – que estava começando naquela época. Foi a programação primeira. E já no segundo esquete eu estava contratada. Por três anos.

Um dia o Jorge Dória – nosso grande amigo, querido amigo pro resto da vida –, ele era galã – imagina, da grande estrela da época, a Eva Todor – e ele liga para o Fernando... eram amigos da noite, de Copacabana e tal. Então, ele liga para Fernando e diz que a Eva Todos precisava de um jovem ator. Aí ele me telefona e diz: "Fernanda, olha, a Eva Todor está precisando de um jovem ator. Eu vou largar essa Panair." Eu respondi: "Você faz o que você achar melhor". Aí ele largou o emprego na Panair e... Nós não vivíamos juntos. Era namoro, ainda. Anos cinquenta e... é meu filho, tinha ... Tinham determinados... vamos dizer, estágios. Ele saiu da Panair e foi para a companhia teatral da Eva Todos. Então ele ficou numa companhia e eu fiquei na outra. Nós nos casamos, ele viajando...

E.S. – Tem foto do seu casamento aqui no "Itinerário Fotobiográfico".

F.M. – Pois é, tem foto. Eu casei, de véu e grinalda. O vestido... (*risos*) Já saiu que era tanta a minha pobreza que a Eva Todor me deu de presente o vestido. Não é verdade, mas tem que haver sempre um folhetim, tem que haver sempre um melodrama, não tem? A gente sabe. Não, esse vestido foi um presente amoroso de Eva Todor. Porque o Fernando era muito querido e eu também, a gente estava dentro da mesma época, da mesma estrutura, da mesma cidade. Vestido lindo, feito pela mãe da Eva Todor E aí nos casamos. E aí vivemos sessenta anos fechados.

E.S. – Sessenta *(sussurra)*. No livro você escreve: "Se não fosse a presença do Fernando, esse companheiro único e definitivo na minha vida, eu não seria eu".

F.M. – Sessenta. Fechados. É engraçado, essas uniões a gente não explica. Porque não é na facilidade, mas você não sabe por que é eterno. Não sabe. Eu não sei. Não... não vi nenhum outro homem melhor que ele perto de mim. Não vi. Muito igualitário, muito fora da sua época. Isso tudo que gritam hoje que o homem tem que ser, Fernando sempre foi.

E.S. – Há algum tempo eu estava apresentando um prêmio e você fazia leitura de textos de Drummond, Clarice Lispector e Fernando Pessoas. Fernando Torres tinha acabado de morrer. Você começou a fazer a leitura, você interrompeu muito discretamente.

F.M. – Pois é, mas era Fernando Pessoa. Está lembrado?

E.S. – Não, eu só me lembrava de como você teve de interromper, emocionada...

F.M. – Era aquele poema que começa: "Quando se festejava o tempo dos meus anos, eu era feliz e ninguém estava morto." Só essa frase...

E.S. – Você parou.

F.M. – "No tempo em que se festejava o dia dos meus anos, eu era feliz e ninguém estava morto." Esse poema sempre que eu... Assim, depois ele fala no segundo tempo do poema, agora que ele não é mais criança, aí vai... Não dá para a gente resistir.

E.S. – Vamos falar de sua relação com Nelson Rodrigues. É fato que você telefonava quase que diariamente, ou era semanalmente, para cobrar que ele escrevesse uma peça para você?

F.M. – Isso durou quase um ano. O Nelson dizia que foram oito meses. Porque nosso grupo, liderado pelo Gianni Ratto, desejava encenar autores brasileiros. Isso já havia resultado no "Eles não usam black-tie", do Gianfrancesco Guarnieri. E nós achávamos que Nelson Rodrigues era um excelente exemplo de dramaturgia nacional. Queríamos uma peça inédita dele. E eu fui incumbida de cobrar o texto. Eu telefonava toda semana, às vezes duas vezes por semana, cobrando. Ele atendia e dizia que não era ele, que era "o Nestor". Finalmente, um dia, ele entregou o texto. Era "O beijo no asfalto", que finalmente encenamos em 1961. Eu também fui encarregada de telefonar constantemente e cobrar ao Nelson o texto de "Toda nudez será castigada". Que seria para eu interpretar. Mas não fiz, porque engravidei da Nanda (Fernanda Torres). Tive uma gravidez muito complicada.

E.S. – Vamos lembrar do seu tempo morando e trabalhando em São Paulo, vamos falar de sua ida para o TBC (Teatro Brasileiro de Comédia).

F.M. – Em São Paulo, primeiro trabalhamos com a Maria Della Costa, na companhia que a ela tinha com o Sandro Polloni. Naquela época quem tinha chegado ao Brasil era o Gianni Ratto, que tinha vindo da Itália. Um extraordinário homem de teatro, né? Estava com o que? Trinta e oito anos, eu acho. Um dos fundadores do Piccolo Teatro de Milão.

Gianni Ratto era o maior cenógrafo que a Europa teve naquele período. E por um daqueles milagres que ninguém sabe por que, veio pro Brasil. Nunca se soube a razão e nem quero saber, não ligo. Nunca nos interessou saber. Ele estava aqui, trazido pela companhia do Sandro e da Maria Della Costa, e foram assistir a gente... acho que eles precisavam de uma segunda atriz na companhia, e vieram e nos propuseram passar pra companhia da Maria, o Ratto... e ficamos lá, a partir desse período ficamos lá cinco anos.

Ficamos um ano na companhia da Maria, um ano e pouco, aí passamos para o TBC porque o Ratto foi para o TBC.

Lá na companhia da Maria nos juntamos a Sérgio Britto, que eu já conhecia aqui do Rio, e Fernando também, e começamos a pensar um grupo, uma Companhia com o Ratto, mas precisávamos ganhar tempo, então fomos pro TBC num interregno ali.

E.S. – Como era a vida de vocês em São Paulo?

F.M. – Morávamos no Bixiga. Todos tínhamos pouquíssimo dinheiro. Com o grupo, nos reuníamos na Biblioteca Mario de Andrade. Eu era a única mulher, não sei porque. Ficamos tão íntimos e tão próximos que, quando saíamos ali, ou depois dos espetáculos, íamos todos para o nosso pequeno apartamento para comer o feijão com arroz que eu fazia, ou o macarrão que eu fazia, ou a carne que tinha e era tudo partilhado por todo mundo.

Depois o Ratto foi para a Bahia, para a Escola de Teatro da Bahia, da Universidade da Bahia. De lá voltou para a Itália com a Luciana Petrucelli, que era a mulher dele, uma extraordinária figurinista. E ficou essa conversa de que se eles, por acaso, se dessem bem lá depois desses anos fora, todos os nossos planos juntos terminariam aqui no Brasil. E aí ele sumiu uns seis meses. Um dia ele mandou uma carta dizendo que queria voltar. E fomos lá no aeroporto esperar por ele. Sem dinheiro, sem nada, sem saber o que fazer.

E.S. – Mas querendo fazer.

F.M. – Querendo fazer. Eu tinha lido *O Mambembe*, do Artur de Azevedo. E achei – meu Deus, mas esses somos nós, os mambembes. Eternamente somos nós. Um bando de atores que não tem onde cair morto. E que vai pelo Brasil afora, e aí é recebido nos lugares pelo prefeito, pelo fazendeiro. Aí o Ratto disse: "Olha vamos ao Theatro Municipal do Rio de Janeiro e vamos ver o que eles podem nos dar lá do depósito, em termos de cenário, de figurinos, que eles já não querem mais, está lá guardado. Aí chegamos no Theatro Municipal, o diretor – já não me lembro o nome dele – disse, como se fosse um absurdo anacrônico: "O quê? Vocês vão fazer Artur de Azevedo?" Era uma época que o teatro estava na esquerda, só autores…

E.S. – Engajados?

F.M. – Com caráter reivindicador, social, político. No Municipal nos disseram: "Nós temos que ter um Artur de Azevedo este ano, porque são cinquenta anos que este teatro está nessa cidade aqui." Um teatro de dois mil e poucos lugares, um dos maiores, é o maior teatro desse país e vocês pretendem..." "Vamos fazer uma peça do Arthur de Azevedo chamada "O mambembe", nós lhe dissemos. Para total surpresa nossa, ouvimos: "Ah, então faz o seguinte, o Theatro produz.", Compreende? São esses milagres. Como é que você explica isso? Seria o último espetáculo do Theatro Municipal, com o Rio de Janeiro como capital da República. Engraçado, né? Não se pensou nisso.

E.S. – E foi um final apoteótico.

F.M. – Da maneira como o Ratto criou O *Mambembe,* terminava o espetáculo e descia um telão imenso da frente do Theatro Municipal – um teatro de elite, onde se apresentavam astros internacionais como Nijinsky e Maria Callas – e o elenco todo d'O *Mambembe,* com suas malas e suas traineis, olhava, olhava – "não é pra nós, não é pra nós" – e saía pelo outro lado. Foi um sucesso tão grande que na noite da estreia – isso está na história do Theatro Municipal – ninguém ia embora. Já era madrugada, ninguém ia embora.

E.S. – Voltemos ao Teatro dos Sete.

F.M. – Saímos do Municipal, fomos para o Teatro Copacabana, com O *Mambembe.* Embora tenha lotado todas as noite, tivemos de tirar de cartaz porque a gente tinha que fazer o repertório da nossa companhia. . Por quê? Outro milagre da nossa vida. Nós já vínhamos fazendo na televisão alguns anos, uns dois ou três anos o *Grande Teatro Tupi* com um sucesso imenso. O que havia de aparelhos de televisão no Rio de Janeiro, na segunda-feira à noite era sagrado: estava ligado no Grande Teatro Tupi. Formamos plateias, temos certeza disso.

Solicitamos da direção da Tupi que nos deixasse convidar o público que nos assistia para entrar de assinantes de quatro espetáculos numa nova companhia que queríamos fazer, o Teatro dos Sete. Então, entre

219

um ato e outro, geralmente era Sérgio Britto quem convidava o telespectador (a se tornar assinante). Onde nós ensaiávamos, na rua Siqueira Campos, nós pusemos uma mesinha e fizemos não sei quantas mil assinaturas pelos quatro espetáculos. E cumprimos os quatro espetáculos, nós fizemos. Sérgio Britto, Ítalo Rossi, Fernando e eu, nós não tínhamos nem um tostão da bilheteria. Nós vivíamos do pouco que ganhávamos no nosso grupo de TV. É interessante ver que junto do Teatro dos Sete sempre teve o *Grande Teatro* – primeiro Tupi, depois na TV Rio.

E.S. – Como era esse programa de televisão chamado *Grande Teatro*? Vocês gravavam toda segunda-feira, justamente no dia de descanso da companhia?

F.M. – Não era gravado. Era ao vivo. Toda segunda-feira. Ensaiávamos de madrugada. Por quê? Não, parece loucura, é loucura.

Nós ensaiávamos a tarde inteira o próximo espetáculo teatral. À noite fazíamos o espetáculo que estivesse em cartaz. Não eram como os de hoje, de uma hora e dez, não. Eram espetáculos de três atos, no mínimo dois.

Depois, de madrugada, ensaiávamos a peça que apresentaríamos no Grande Teatro Tupi. Ensaiávamos até três e meia, quatro horas da manhã. No dia seguinte, dormíamos até umas onze e meia, meio-dia, comíamos alguma coisa e íamos para o teatro.

Na nossa geração, tínhamos isso: uma disposição mental, física, emocional, vocacional desmedida. Tudo isso é desmedido. Tudo desmedido.

E.S. – Paixão.

F.M. – É. É. Isso ainda veio pela vida afora. Até quando? Até a morte de Fernando. É, até a morte de Fernando, tem dez anos.

E.S. – Tem uma frase do *Viver sem tempos mortos* que é tão... sublinha tanto as vidas e a sua vida:: "O que me surpreende é a sensação de não ter envelhecido." Você ainda abraça isso?

F.M. – Eu acho que dez anos atrás, não. Mas hoje, sim. Caminho para noventa anos. Tenho sim noção de que estou envelhecendo. Eu poderia aqui fazer um número, dizer "não, não"...

E.S. – Assusta?
F.M. – É melhor. Está na hora

E.S. – Está na hora de..?
F.M. – De prestar atenção. Né? É engraçado. Quando você está no ato de representar, não. Mas quando você volta pra casa, sim.

E.S. – Eu me lembro de quando eu a entrevistei em Nova Iorque, quando você foi indicada ao Oscar, que eu perguntei: "Mas você não gritou?" Aí você disse: "Não! Fiz só *(demonstração de surpresa)*" E aí, quando indicaram *Central do Brasil* como melhor filme estrangeiro, aí sim, aí você gritou.
F.M. – Pois é. Porque é o seguinte, era impossível levar aquele prêmio (de melhor atriz).

E.S. – O Oscar?
F.M. – É! Imagina, Meryl Streep perdeu. A Blanchett, no auge da sua...

E.S. – Cate Blanchett, maravilhosa como Elizabeth.
F.M. – Nossa, fez duas Elizabeths extraordinárias, não é? Como é que eu ia pensar em ganhar alguma coisa? Fiquei lá. Foi interessante. Não é que a indicação ao Oscar não seja importante. Não estou jogando fora não. Não estou menosprezando, pelo amor de Deus. É uma experiência humana e, dentro da nossa área, algo muito assim espantosamente... Interessante de ver.

E.S. – Daquela época, eu também gosto de um trecho da entrevista que você deu no programa do David Letterman.
F.M. – Ah, sim. Eu não queria ir no Letterman. "Vocês estão loucos, esse homem não me conhece." Ninguém me conhecia. Compreendeu?

Latina, pode ser do México para baixo, tá entendendo? "Não, não vou." "Não, mas tem que ir." "Não, mas eu não quero ir, não vou, ele não me conhece." Eu tinha visto uma entrevista dele com a Sophia Loren. E é verdade que ela estava com um busto aqui, as coxonas ali. E ele tratou-a assim com muita malícia, compreendeu? Mas aí, então eu vou. "Vai, vai ter que ir."

E foi muito engraçado, porque ele me olhava muito, ele me olhava muito. E eu disse pra ele: "Você está me olhando muito e eu também estou te olhando muito." Fiz uma blague com "A garota de Ipanema". Eu disse a ele "I'm the old lady from Ipanema.", sou a velha senhora de Ipanema. O Oscar é um prêmio da indústria, eles dizem, um prêmio para a indústria do cinema. Ninguém tem problema de fazer lobby, sabe? Tem cartazes na rua, páginas nos jornais.

E.S. – Foi miraculoso você ter sido indicada, porque atrizes estrangeiras não são mesmo.

F.M. – Fui indicada também ao Globo de Ouro.

E.S. – Eu estava lá.

F.M. – Eu fui indicada ao Globo de Ouro. Foi um momento interessante. Bonito. Agradeço muito ao Walter Salles. "*Central do Brasil*" é um filme feito extremamente na sua essência também econômica. Uma equipe muito pequena.

E.S. – Você me disse na época uma coisa que eu jamais esqueci, sobre a personagem, a Dora, e que você disse sem arrogância, mas com orgulho: "Eu conheço a mulher brasileira. Eu sei o que é uma mulher brasileira." Falando da Dora, a personagem de "Central do Brasil".

F.M. – Mas eu acho que eu sou uma mulher brasileira. Eu nunca tive nenhuma ambição de me europeizar. Eu sou resultado do Rio de Janeiro. Eu tenho uma cultura teatral do Rio de Janeiro. Eu frequentei a Praça Tiradentes, eu frequentei a Cinelândia. Fã ardorosa de Dulcina, de Bibi Ferreira, de Alda Garrido. Já estou esquecendo gente. De Procópio, Jaime Costa, daqueles cômicos da Praça Tiradentes, do jogo de cintura do ator carioca. Está entendendo? Eu sou uma estigmatizada como carioca, no melhor e no pior sentido.

E.S. – Quando você chegou à Dora, você já tinha pelo menos dois personagens inesquecíveis no cinema brasileiro, em *A Falecida* e *Eles Não Usam Black-tie*.

F.M. – É, e são dois personagens imensos, de dois brasileiros imensos, tanto o Nelson Rodrigues quanto o Gianfrancesco Guarnieri. Dois amigos. Sendo que com o Guarnieri eu fiz novela, cinema, teatro, né?

E.S. – Tem uma colaboração entre você e o Nelson Rodrigues que muita gente desconhece. Uma novela na (extinta) TV Rio, que tem um momento absolutamente surrealista. Conte, por favor.

F.M. – O Nelson tem uma coisa do inesperado. Parece que tudo está dentro de uma ordem aburguesada, ou familiarizada – em que classe social se esteja, está tudo comum. Ele tem um negócio que, de repente, tem uma frase que você zera o comum. "Espera aí, vamos prestar atenção." Essa personagem não era interpretada por mim, mas por uma atriz chamada Isabel Teresa... Terminava o capítulo, Isabel Teresa dormindo, né? E o Ítalo Rossi fazia o marido que sabe que ela é adúltera, descobriu que ela era adúltera. E aí tem aquele negócio, ela está lá dormindo e chega o homem com o revólver na mão e diz: "Acorda.". "Acorda pra morrer." Aí acabava o capítulo. Só um gênio como Nelson Rodrigues faz um treco desses. "Acorda pra morrer."

E.S. – Cinema. Qual foi seu primeiro filme?

F.M. – *A Falecida.* Que veio num período engraçado e que nos juntamos ao Nelson por causa de *O Beijo no Asfalto*... acho que é bom lembrar que o Nelson, realmente, só chegou a essa glória toda da vida dele depois que morreu, porque em vida ele era execrado.

Antes de ser execrado por que passou para o lado dos militares (na época da ditadura), viveu a glória de *Vestido de Noiva*. O que ele fez depois foi um desafio à criatividade pura. Ele passou a fazer um teatro execrado de alto a baixo. Então ele teve um momento... Era um genial cronista esportivo e...E um criador de situações – que a gente não sabe onde ele ia buscar – de "A vida como ela é". Além dos romances folhetinescos. Mas no teatro mesmo, e como personalidade, ele era deteriorado na medida em que, como autor de teatro, era um maluco, e como, vamos dizer, opção político-social, era pró-militar.

E.S. – Apesar de que teve um filho preso e torturado.

F.M. – Sim, teve um filho preso, torturado, condenado a cinquenta anos, né? Mas nós nunca ligamos para isso, não. Sempre fomos atrás do homem extraordinário como autor de teatro.

Engraçado, ao comentar sobre o Nelson, o diretor de cinema Glauber Rocha, ele teria dito a um grupo de jovens cineastas – inclusive esse grupo tinha feito *Cinco Vezes Favela* – que pulasse essa parte política do Nelson e fossem para a obra do Nelson. Foi por isso que o Leon Hirszman, um dos diretores de "Cinco vezes favela", pegou *A Falecida* e fez *A Falecida* do ponto de vista social, de abandono social. E eu acho que isso é uma visão muito importante em cima da obra do Nelson. E foi o Leon que trouxe isso.

Não é que não tivesse o humor. Na época, a crítica disse: "A falecida" não tem o humor do Nelson." É mentira, tem o humor do Nelson. Só que não é um humor de cócegas debaixo do braço. Tem um humor trágico, sabe? Um humor dolorido. A mulher arruma um amante para ter um enterro, um bicheiro rico. O marido vai numa aposta com o time dele, perde o dinheiro, e ela tem um enterro vagabundo. Isso tem algo de um humor negro, né? Eu queria só dizer isso. E também, o Glauber tinha me convidado para fazer um papel que depois a Glauce Rocha fez. Em *Terra em Transe*. Mas eu também não faria melhor do que a Glauce.

E.S. – Em 1982 você teve um sucesso retumbante com o Teatro dos Quatro.

F.M. – Eu fui lá fazer *As Lágrimas Amargas de Petra von Kant*, com direção de Celso Nunes. Foi um sucesso extraordinário, sabe? Era uma peça em arena. E uma plateia integrada como poucas vezes você vê na vida. É comovente também depois as... mulheres principalmente iam no camarim...

E.S. – Quem era Petra von Kant? Como é a personagem? Ele é uma modista.

F.M. – Ela é uma grande designer, né? Tem um desencontro com o seu homem e conhece uma vagabundinha moderníssima, Karen. Feita pela Renata Sorrah, minha querida amiga.

E.S. – E depois pela Christiane Torloni.

F.M. – Depois pela Torloni. E nós tínhamos, já com Renata Sorrah, tínhamos feito *É...,* do Millôr Fernandes, durante um ano. Foram quatro anos de *É...,* do Millôr Fernandes, pelo Brasil. Mas aí, na peça da Petra von Kant, ela se envolve com essa moça e ela... a moça está liberta, tem uma ligação muito intensa de amor, de paixão e ela vai embora e ela (Petra) fica sozinha de novo.

E.S. – Esse percurso da Petra, se eu não estou enganado, é da dependência amorosa dos homens que ela tinha, depois da Karen e, em seguida, o encontro com ela mesma.

F.M. – É, a solidão. Que deve ser a vida do próprio (autor de "Petra", o alemão Rainer Werner) Fassbinder, porque ele se mata. Ele morre com... Não tinha nem quarenta, acho que trinta e sete ou trinta e oito anos, não é? Então ali já está ele, compreende? Petra é o Fassbinder.

E.S. – Você considera Petra uma virada na sua carreira? Um complemento à sua carreira?

F.M. – Não. Não tem virada. Eu vejo a minha vida assim: trabalhando, trabalhando, trabalhando, trabalhando. Textos alternativos. Uma hora é comédia, outra hora é um drama mais emocional, outra hora é um drama político, outra hora é só o social. Compreende?

E.S. – Tem critério para essa escolha?

F.M. – Destino. Eu acho que todo o meu repertório tem a condição do social. Não digo ideológico, não-partidário, porque político, tudo na vida é político.

E.S. – Simone de Beauvoir. A escolha de Simone de Beauvoir para o espetáculo *Viver Sem Tempos Mortos* foi uma escolha política?
F.M. – É política, é social, é existencial.

E.S. – Você se sente só?
F.M. – Não. Não me sinto só, não. Eu gosto da solidão, mas não tenho tempo nem de pensar nisso, trabalho muito ainda. Eu te falei, a gente tem compromissos que, por um mistério qualquer, não se faz naquela época, mas adiante se faz. E geralmente choca ou está entre outros trabalhos que você também se propôs, né? A que você se propôs. Agora, por exemplo, engavetou uma série de coisas. Tudo bem. Não vamos pensar. Vamos executar.

E.S. – Setenta anos de carreira. Uma longa vida como atriz. Dá para definir?
F.M. – Você acaba não tendo a tua cara real. Porque cada personagem requer... Não precisa de prótese, não precisa de nariz torno, mas... Tem ali um mergulho que você tem que achar dentro de você. Nem sempre se acha. Ou se acha e depois perde e tem de procurar de novo. As esquinas que eu dobrei, quando deram errado, depois eu agradeci ter dado errado. Porque adiante deu tudo certo. Também aprendi isso na vida. Às vezes você se queixa de algo que não foi. Calma. Daqui a pouco a vida reverte aquilo.

E.S. – Qual é a sua esperança, Fernanda Montenegro?
F.M. – É acordar, estar viva. Tem uma oração do João XXIII que diz: "Acorda de manhã – se acordou, agradece a Deus que acordou; chegou na hora de dormir, agradece, porque atravessou um dia; aí você vai dormir uma outra noite – de manhã acordou, agradece porque você atravessou uma noite." Então eu acho que se tem vida,

tem pulsação, tem corações batendo. Não tem? Tem um organismo mental que está latente, então tudo bem, vamos tentar acordar de manhã. Não sei, acho que tem muita gente que tem uma "esperança". Compreende? Até por sobrevivência. Não tenho uma "esperança", mas eu tenho uma fé de que se você acorda, você não vai ficar deitado como se estivesse morto.

MILITANTES

HARRY BELAFONTE

"Luto contra o racismo, não acredito em fascismo, em opressão,
em supressão da opinião diferente. Também acredito que as mulheres
têm os mesmos direitos dos homens, que as crianças não deveriam ser
exploradas, que os gays têm o direito à orientação sexual que queiram fazer.
Tudo o que é melhor para o coração humano: é disso que sou a favor."

Na época em que Martin Luther King Jr. ainda era pouco mais do que um pastor do sul dos Estados Unidos com excelente retórica, desconhecido da maioria dos americanos do resto do país, apenas começando a ter alguma penetração na mídia, mas ainda ignorado por Washington e sem contato com os intelectuais e artistas liberais do norte do país, ele fez uma viagem a Nova York. Buscava ajuda. O sonho dele, de um futuro melhor para a comunidade negra, de leis mais justas, de acabar com linchamentos e humilhações, o esforço em busca de igualdade e dignidade, tudo estava em risco. Conforme parte da população negra ousava desafiar proibições, como entrar em locais "só para brancos" ou se recusar a viajar nos fundos dos ônibus, a maior parte dos governadores sulistas – racistas ou que temiam desagradar o eleitorado segregacionista – reagia ao iniciante movimento de direitos civis com repressão violenta, mais intolerância e busca de legislação ainda mais dura. A Ku Klux Klan agia abertamente. E muitos negros temiam confrontar seus opressores.

Ele precisava de fundos para a campanha de direitos civis, mas especialmente conseguir o apoio de gente famosa que pudesse ajudar a mudar a opinião da maioria dos americanos, e políticos liberais dispostos a abraçar a causa. O reverendo sabia que havia uma pessoa certa para isso. O único ator e cantor negro que tinha penetração tanto no meio artístico quanto junto a políticos. Um filho de mãe imigrante jamaicana e pai de origem haitiana, nascido no Harlem. Um rapaz do gueto que – entre as muitas tentativas de ganhar a vida e pagar os estudos – tinha sido marinheiro e faxineiro. E que, naquela metade dos anos de 1950, tinha um círculo de amizades que ia desde o jovem senador de Massachusetts, John Kennedy, e seu irmão, Robert Kennedy, até astros de todos os campos da arte, como Miles Davis, Charlie Parker e Marlon Brando.

O encontro de Martin Luther King com Harry Belafonte aconteceu no porão de uma igreja do Harlem. E mudou os rumos da luta pelos direitos civis.

Edney Silvestre — Cantor, ator, produtor, ativista político: o que o define melhor, se é que apenas um deles o definiria?

Harry Belafonte — Nenhum. Tem de ser todos. Porque tudo o que faço é muito interligado. Muito da minha arte é política, muito da minha política é arte. Meus interesses sociais são muito políticos. Todas as pessoas que amo e em torno das quais gravito têm consciência política e interesses sociais. Todo dia, ao acordar, tudo isso está na minha agenda.

E.S. – Seu interesse por política começou cedo, aos dezessete anos, quando ainda servia na Marinha. O que o deflagrou?

H.B. – Ter nascido na América. Ter nascido na cidade de Nova York. Ter nascido no Harlem. Ter nascido no gueto. Ter nascido na pobreza. Ter nascido num meio onde não havia oportunidades. Ter nascido num meio racista. Ter nascido num ambiente economicamente difícil. Todas essas coisas me formaram, pessoal e socialmente. Não me recordo de um único momento em que minha família e todos à volta não estivessem tentando arduamente escapar da pobreza, tentando muito duramente viver com dignidade, e sempre enfrentando obstáculos e dificuldades. Minha mãe era jamaicana, uma imigrante nos Estados Unidos, e sempre lutou contra o sistema. Aprendi com ela. E passei a entender melhor, amadureci, durante a Segunda Guerra

Mundial. Eu estava na Marinha e lutei contra o fascismo, lutei contra o racismo, e nos diziam que assim estaríamos criando um mundo melhor. Lutamos, nós, os soldados negros, com afinco, e voltamos esperando que a América estaria repleta de generosidade, que nos abraçaria, que começaríamos uma nova era. Mas ao voltarmos, os Estados Unidos continuavam tão cruéis quanto sempre tinham sido. Aliás, a preocupação do sistema para conosco é que tínhamos sido livres demais durante a guerra, que tínhamos demasiadas ideias novas. E o país tentou nos colocar de volta onde estávamos antes, antes dos dias de guerra. A segregação se reafirmou. A Ku Klux Klan voltou a fazer suas marchas e a espancar negros, a linchá-los. Um soldado, de nome Isaac Wood, que era o soldado mais condecorado do Exército americano, que tinha sobrevivido às batalhas na Europa, ao voltar para sua pátria, quando se dirigia para sua casa, dentro de um ônibus, no sul, teve os olhos arrancados. Todos nós, negros, ficamos muito revoltados. Houve muitos incidentes como esse. Para mim nunca existiu nenhuma outra maneira de viver, senão sendo um ativista político e social, lutando contra a injustiça. É algo enraizado dentro de mim.

E.S. – Quando começou a trabalhar como ator, no Teatro Negro Americano (*American Negro Teather*), lhe ocorreu que teatro podia ser uma forma de fazer política? Foi isso que o levou aos palcos?

H.B. – Eu nunca tinha ido a um teatro, até ganhar dois ingressos para ver uma peça, no Harlem. Assim que entrei no teatro, fiquei impressionado com o clima reverencial, com o silêncio, a maneira como as pessoas se portavam – como se estivessem em um santuário. Quando as luzes se apagaram e as cortinas se abriram, e vi os atores no palco, foi um momento mágico. Eles diziam coisas. Soltavam ideias. E o faziam muito bem. Gostei do que faziam. Vi um sentido, um propósito, naquela comunidade. Quis saber mais. E quanto mais eu me envolvia, mais compreendia que era um meio em que eu queria estar. Mas não foi até que me deram uma peça de um dramaturgo irlandês, Sean O'Casey, um grande contestador do poder inglês em seu país,

MILITANTES – *HARRY BELAFONTE*

que escrevia pela liberdade do povo irlandês contra os britânicos, e essa peça tinha muita riqueza de construção, a linguagem dela era gloriosa... Foi então que compreendi o poder que havia naquele lugar, no teatro. Aquelas palavras, dizê-las, libertar ideias, ser influenciado por elas, para mim era uma experiência memorável. E eu queria fazer parte daquilo. Quanto mais peças eu lia, de autoria de grandes dramaturgos americanos, como *Ratos e homens*, de John Steinbeck, peças de Clifford Odets e outros, eu... Entendi que o teatro tinha um enorme poder de influência, de disseminar ideias, capazes de abrir o coração e a mente humana, tocar-nos emocionalmente. Aquele era o lugar que eu amava.

E.S. – E decidiu que era o seu lugar.
H.B. – Decidi fazer dele minha vida, fazer minha vida ali.

E.S. – Uma das lendas a seu respeito conta que trabalhava como zelador e que ficou retido até tarde, tirando lixo do prédio, o que o impediu de fazer a peça naquela noite. Seu substituto e amigo – um jovem chamado Sidney Poitier – teria subido ao palco, foi visto por um agente e assim chegou aos palcos da Broadway antes do senhor. É verdade?
H.B. – Exatamente, perfeito, foi exatamente assim. Sempre digo ao Sidney que toda a carreira dele é baseada em lixo (*risos*). Minha tarefa toda noite era pôr os latões de lixo na calçada, para os caminhões pegarem. Era assim que eu pagava minhas contas. E ia para o teatro em seguida. Naquela noite não deu. Sidney entrou em cena. E foi justamente na noite em que dois agentes da Broadway tinham vindo em busca de um jovem ator negro para uma versão só com atores negros da peça *Lisístrata*. A montagem foi tão ruim que só ficou em cartaz dois dias. Mas naqueles dois dias foi vista por dois caçadores de talentos de Hollywood, que tinham vindo a Nova York à procura de um ator negro jovem para atuar ao lado de um jovem ator louro, chamado Richard Widmark, num filme denominado *No way out*. Viram Sidney Poitier e foi assim que a carreira dele começou. Tudo por causa do lixo. (*risos*)

237

CONTESTADORES

E.S. – Como foi sua passagem do teatro para a música?

H.B. – Nos meus primeiros tempos de estudante de teatro eu estava tão envolvido, tão entusiasmado com o meio, que nem percebi que também ali, como em todos os outros aspectos da vida americana, havia racismo. Quando eu procurava trabalho, não havia nada. Não havia trabalho para atores negros. Foi um muito, muito grande despertar para a realidade. Um empresário amigo meu, dono de uma boate, veio ver uma peça que encenamos na escola. No elenco também estavam Rod Steiger e Tony Curtis... Na escola em que eu estudava, a New School of Social Research, meus colegas, além desses dois, eram Marlon Brando, Walter Matthau, Bea Arthur, um bando de atores maravilhosos, jovens. Ninguém nos conhecia e nós nem desconfiávamos que...

E.S. – Todos se tornariam legendários.

H.B. – Que teríamos uma vida melhor, maior. Bem, nessa peça meu personagem tinha de cantar. Meu amigo me ouviu e disse: "Sabe, se você aprender algumas canções, acho que consigo lhe dar um empreguinho lá na boate, para cantar nos intervalos entre as atrações principais". E logo na primeira noite em que cantei lá, fui acompanhado pela banda da casa: Max Roach na bateria; Charlie Parker no saxofone; meu trompetista era Miles Davis; meu pianista, Al Haig, um grande pianista; e, no baixo, Tommy Potter; todos eles os melhores daquela época. Com aquele grande, grande grupo tive um começo realmente significativo. E nunca mais parei.

E.S. – Acho que foi em 1959 que o senhor se tornou o primeiro artista a vender mais de um milhão de discos.

H.B. – Sim, o primeiro a vender essa quantidade, ao longo de um ano.

E.S. – Naquele ano o senhor vendeu mais do que dois caras chamados Frank Sinatra e Elvis Presley.

H.B. – É, eles eram dois novatos esforçados. (*risos*) Foi um acontecimento muito significativo. Não pela venda do milhão de discos, de ter ganhado o primeiro Disco de Ouro, de ter dado início aos prêmios Grammy e coisas assim. É que aqui, neste país, muito poucos artistas não americanos fazem sucesso. Fazem, sim, em bolsões, áreas específicas, mas não conseguem chegar ao americano comum. Independentemente de serem caribenhos, sul-americanos, europeus, negros ou brancos. Uns poucos ingleses fazem, mas só porque soam como americanos, como Elton John. Essa realidade foi virada de cabeça para baixo com meu álbum de calipso. Eram canções dançantes, com um ritmo suave, cantadas num doce patoá jamaicano. Ninguém acreditava que faria sucesso aqui. Ninguém queria gravá--lo, ninguém estava interessado no meu repertório. Mas eu sabia que conhecia o público melhor do que eles. Quando finalmente o chefe da gravadora acedeu e o disco foi lançado, o sucesso foi maior do que o de qualquer outro disco já lançado até então. Isso me comprovou que sempre há pessoas querendo mais do que aquilo que lhes é oferecido por quem controla a indústria fonográfica.

E.S. – E sua carreira no cinema, como começou?

H.B. – Meu sucesso na música foi a origem de tudo. Da boate fui convidado para a Broadway, onde fiz o musical *John Marion Anderson Almanac*. Ganhei o prêmio Tony de melhor ator naquele ano. Isso chamou a atenção de Hollywood. Foi então que a MGM me chamou para fazer um filme pequeno com uma atriz jovem chamada Dorothy Dandridge. Era *Bright road*. Meu papel era o de diretor de uma escola, em uma cidade do sul. Um filme suave, com uma história de amor entre o diretor e a professora, vivida por Dorothy Dandridge. Nossa dupla tinha tanta força na tela que nos contrataram para fazer *Carmen Jones*. Que teve um sucesso estrondoso. Dali fiz *Island in the Sun*, que teve sucesso mundial também.

E.S. – Há uma história assustadora sobre *Island in the Sun* que, creio, aconteceu na Carolina do Norte: os deputados tentaram proibir o filme e, quando não conseguiram, tentaram multar os cinemas que exibiam o filme, por causa do amor interracial entre seu personagem e o de Joan Fontaine.

H.B. – É verdade, mas não aconteceu apenas na Carolina do Norte. Aconteceu em vários Estados. O que houve na Carolina do Norte é que a Ku Klux Klan ameaçou queimar os cinemas que exibissem o filme. Fizeram a ameaça, aliás, em vários Estados sulistas. Muitos exibidores se amedrontaram e cederam. A Ku Klux Klan só não fez ameaças nos Estados em que valia a lei em que a miscigenação, a relação entre raças diferentes, era ilegal. E não permitiam que um filme mostrasse o contrário. Como achavam que o filme violava a lei, quem fosse vê-lo seria preso. A 20th Century Fox, produtora do filme, decidiu processar os Estados e os indivíduos. O que os racistas não queriam é ter a lei testada nas cortes, pois se os tribunais a considerassem anticonstitucional, isso teria um efeito profundo na modificação de leis racistas pelo país todo. Eles decidiram, então, deixar passar. Daí que o filme foi distribuído no sul, nenhum confronto aconteceu, nenhuma contestação legal tampouco, a Ku Klux Klan não queimou nenhum cinema e o filme fez um grande sucesso.

E.S. – Sei que foi o senhor quem apresentou Martin Luther King a John e Robert Kennedy – e isso teve profundos efeitos no movimento de direitos civis. Como se tornou amigo do reverendo King?

H.B. – Um dia o telefone de minha casa tocou. Era um jovem pastor, chamado Martin Luther King Jr. Não nos conhecíamos, mas eu sabia quem ele era. Pouco antes, tinha havido um acontecimento importantíssimo na cidade de Montgomery, no Estado do Alabama, uma grande resistência às leis segregacionistas. Uma mulher negra sentara-se na parte reservada aos brancos em um ônibus e se recusara a sair de lá. Foi presa. Houve revolta. O reverendo King foi chamado para resolver o conflito. Mas o problema se agravou. Quando ele entendeu a enormidade daquilo em que estava envolvido, começou a procurar alianças e pessoas que entendessem o que tentava alcançar, e que o ajudassem. Ele me disse ao telefone que estava vindo a Nova York e que gostaria de conversar comigo. Aqui, nós nos encontramos no subsolo de uma igreja do Harlem. Conversamos por mais de três horas. Ao fim daquelas horas, eu lhe disse que trabalharia com ele

MILITANTES – *HARRY BELAFONTE*

e que faria tudo que me fosse pedido para ajudar a causa da liberdade e da libertação de nosso povo. Ficamos muito, muito amigos. Viramos confidentes, planejamos estratégias de luta juntos, confrontamos o governo americano juntos, juntos procuramos o presidente John Kennedy e o irmão dele, Robert Kennedy, que era o Secretário de Justiça. Fomos juntos à Europa. Fizemos campanha juntos. Nos tornamos, realmente, amigos.

E.S. – A possibilidade de que Martin Luther King viesse a ter uma morte violenta lhe ocorria?

H.B. – Sim. Falávamos muito disso. A primeira vez em que ele discutiu essa possibilidade publicamente foi no *talk show* que eu apresentava em cadeia nacional, quando me tornei o primeiro artista negro a apresentar o Johnny Carson Show. Era o *talk show* de maior audiência no país. Substituí Carson por uma semana. Aceitei com a condição de que pudesse receber convidados que tivessem atividade política. A emissora concordou. Martin Luther King foi um deles. Robert Kennedy também. Na noite em que o reverendo foi, falamos sobre morte. E do sentimento dele sobre a morte. Ele falou longamente sobre a preocupação que tinha, de que suas decisões levassem outras pessoas à morte, e que isso era uma responsabilidade enorme. Ele achava que não poderia suportar o peso daquela responsabilidade. Isso o afligia. Mas quanto a perder a própria vida, ele estava em paz com a possibilidade de que poderia facilmente ser assassinado. Sabia que, se se quer acabar com a injustiça, é preciso aceitar pagar o preço. Ainda que seja a própria vida. E é preciso colocar esse pensamento fora de nossos caminhos, para que não os fechem, para que possamos ir para a frente e fazer o que é necessário fazer.

E.S. – Passados esses anos todos, hoje, dentro da comunidade negra, há aqueles que o acusam de ser muito brando. Isso o fere?

H.B. – Quando as acusações começaram, senti-me, sim, desconfortável. Devido aos que me acusavam. Eu achara que eles eram mais esclarecidos, mais sofisticados. A verdade é que eu sou um "assimilacionista", acredito que brancos e negros podem e devem viver juntos, que devemos ser uma única família, lutando junto e partilhando nossas experiências, nossa arte, nossa cultura, tudo. Acredito na integração racial. Luto contra o racismo, não acredito em fascismo, em opressão, em supressão da opinião diferente. Também acredito que as mulheres têm os mesmos direitos dos homens, que as crianças não deveriam ser exploradas, que os gays têm o direito à orientação sexual que queiram fazer. Tudo o que é melhor para o coração humano: disso é que sou a favor. Mas há aqueles que gostariam de isolar cada grupo. Ou que acham que o grupo deles é o único com direito a se expressar e existir. Para os que acham que eu sou aberto demais, pacífico demais, que não ataco o suficiente, não mato o suficiente, para mim eles é que têm um problema, não eu. Estou satisfeito com minha posição moral, com minha ética, sinto-me premiado pelos homens e mulheres que venho conhecendo ao longo da vida, que partilham essas ideias comigo. Ter Nelson Mandela como amigo é muito gratificante. Poder sentar-me e conversar com Jorge Amado, com Carybé, usufruir de seu humor e sua inteligência, isso é partilhar um sentido global de família. Não trocaria isso por nada no mundo. Mas tenho uma obrigação para com os que me criticam: não se deve matar o inimigo; deve-se trazê-lo para nosso ponto de vista.

E.S. – Apesar dos cachês altíssimos que lhe ofereciam, o senhor recusou papéis em filmes como *Porgy and Bess*, *To Sir with Love*, *Lilies of the Field*. Por quê? Esses filmes que, aliás, acabaram sendo feitos por seu amigo Sidney Poitier.

H.B. – Quando eu era criança – nunca me esquecerei o ano, foi em 1935 – e o cinema era a coisa mais revolucionária que já tinha acontecido à cultura, vi um filme chamado Tarzan. Foi quando vi africanos, pela primeira vez. E eles eram estúpidos, ignorantes, supersticiosos, pouco inteligentes e não sabiam o que fazer na selva em que viviam. O povo mais idiota que eu já tinha visto. Até que o homem branco apareceu, pendurado num cipó, com sua tanguinha de pano. (*imita o grito*) Ah-iááááá! De um instante para o outro os africanos ficaram inteligentes, porque puderam contar com a liderança dele, o herói. Depois disso, por anos seguidos, para mim os africanos eram menos do que pó. Eu não queria conhecer nenhum, eu não queria ser um. Conforme cresci e comecei a entender e aprender mais, percebi como aquele filme era absurdo. Mas muitos meninos – negros e brancos – que viram aquele filme jamais mudaram de ideia sobre os africanos. Eu vi, desde muito jovem, que filmes eram instrumentos de enorme influência. Enorme. Eu me lembrava de ter visto *O nascimento de uma nação*, de D. W. Griffith, onde os negros americanos, mostrados como escravos, são seres desprezíveis. E sabia que tinha de ser extremamente conscencioso sobre o que eu faria em filmes, que imagem eu passaria do homem negro.

E.S. – Mas *Porgy and Bess*, ao menos, é um clássico americano.

H.B. – Sim, é uma grande história do folclore americano, a música de George Gershwin é uma das mais belas da história, com melodias fenomenais, as letras de seu irmão Ira Gershwin são belas e inteligentes. Se as ouvimos abstratamente. Porque o libreto é profundamente racista. O homem branco que o escreveu deixou ali, escancarado, seu desprezo por negros: a heroína é uma prostituta, o principal personagem masculino, Porgy, é tão emasculado que está sempre de joelho, além de não ser muito brilhante; os outros personagens masculinos importantes são um traficante de cocaína e um estuprador racista. E o filme ia ser feito exatamente numa era em que a população negra lutava para recuperar a autoestima, assim como para mudar as leis de segregação racial, dar a maneira como éramos vistos. Eu senti que não devia, não podia fazer aquele tipo de filme. Em *Lilies of the Field* o papel era, mais uma vez, o do negro bonzinho, não ameaçador, sempre oferecendo a outra face. Não contestávamos ninguém, não tínhamos namorada, não tínhamos genitália. Éramos neutros. Não quero fazer filmes assim tampouco, pensei. Muito menos ao lado de sete freiras nazistas querendo construir uma igreja – e igrejas estão longe de serem meus lugares favoritos. Meu amigo aceitou fazê-lo. E acabou ganhando um Oscar por isso.

E.S. – Por causa do lixo.

H.B. – Por causa do lixo! (*risos*). Que o filme também era. Mas a academia de Hollywood discordou. Veja os filmes que preferi fazer. Nem todos são bons, alguns deixam mesmo muito a desejar. Mas fica claro, em todos eles, que houve uma tentativa de contar uma história que poderia ajudar as pessoas a ir adiante. Gostei especialmente de trabalhar com Otto Preminger, em *Carmen Jones*, que ainda por cima tinha a música de Bizet, que eu adoro, e Robert Altman, em *Kansas City*. O papel, você sabe, é o de um gângster, e comecei a argumentar, insistindo com Altman que deveríamos buscar lados positivos do personagem, afinal a imagem do negro não devia ser negativa etc. Ele ouviu, pacientemente, até finalmente dizer: "Harry, quem foi que disse que você é um ator?!?" (*risos*). Às vezes minha consciência social exagera. Só gostaria que, no final de minha vida, as pessoas se lembrassem que fiz o melhor que pude, com as cartas de baralho que vieram para mim. Que nunca abandonei a luta contra a injustiça, que tudo o que fiz foi motivado por ela. E que, se acham que cometi erros, não os cometi para agradar ninguém. Fiz porque era a única coisa que eu sabia fazer, porque era o que achei honrado. Que fiz o melhor que pude com o que tinha. E que minha esperança ajude as novas gerações.

ALICE WALKER

"Os descendentes das pessoas que colonizaram este continente continuam tentando roubar a riqueza espiritual dos povos nativos. Esse sentimento é inveja e a base do racismo."

O apartamento de cobertura, no hotel quase secreto da Rua 63, no lado mais esnobe de Manhattan, era decorado no falso estilo simples, de móveis caros (mas nenhum com ar de novo), que os ricos-brancos-quatrocentões da costa leste americana, os *wasps*, tanto apreciam. Mas quem o ocupava, naquela manhã fria de fim de outubro, era uma mulher de pele escura, que tinha atravessado décadas de humilhação, pobreza, medo, raiva – e redenção. Pela biografia, pelo sofrimento, pelos critérios étnicos adotados nos Estados Unidos, uma negra.

Na verdade, descendente de indígenas, negros e europeus, Alice Walker usou sua experiência e a de seus ancestrais para criar um livro de linguagem simples, comovente, que se tornou um dos mais premiados no final do século 20: *A cor púrpura*. Levado ao cinema por Steven Spielberg em 1985, estrelado pela então desconhecida Woopy Goldberg, o drama daquela mulher comum, vítima da ignorância e da violência de brancos e negros, comoveu o mundo.

Ela nos recebe na porta da suíte, ainda comendo uma torrada. Veste calça e blusa de malha, com ar de pijama; nos pés, apenas meias brancas. A bandeja com o café da manhã para duas pessoas ainda está na mesa da sala: são oito e meia, o único horário de que dispunha para a entrevista que iria durar mais de duas horas. Na porta entreaberta da suíte, uma mulher de cabelos pretos, vestida de roupão branco, nos cumprimenta com um suave gesto de cabeça, antes de fechá-la. Conferencista, produtora de documentários, humanista, autora de cinco romances, dois livros de contos, duas coleções de ensaios, cinco livros de poesia e quase dez livros para crianças, Walker mostrou – com uma surpreendente combinação de indignação e serenidade – como alguém nascido em meio à pobreza, segregação racial, preconceito e total falta de oportunidades, se transforma em uma das vozes mais respeitadas da cultura americana.

Edney Silvestre — **Em 1983, o seu livro**
A cor púrpura ganhou o Prêmio Pulitzer de Literatura, trazendo-lhe fama, dinheiro, e mudando a vida de muita gente. Quanto à sua própria vida, ela mudou com isso?

Alice Walker — **Mudou bastante, pois eu sou** uma pessoa reservada por natureza. Prefiro morar no campo, levar uma vida contemplativa. De repente me tornei o centro das atenções e isso teve um lado negativo. Houve críticas muito duras. Aos personagens masculinos, em especial, e à forma como eu retratei o povo negro, em geral. Muitos negros detestaram a forma como se viram retratados. E a produção do filme pareceu acirrar ainda mais as críticas que já haviam sido feitas ao livro. Com o tempo isso mudou, mas essa foi a reação inicial. As críticas severas perduraram por um bom tempo.

E.S. – Soube que não gostou muito do filme.

A.W. – Tive dor de cabeça na primeira vez em que assisti, porque incluíram muitas coisas no filme que não estavam no livro e achei que diversas passagens do livro foram mal interpretadas pela equipe. E eu vi todas as falhas... Levou um tempo até que eu conseguisse ver o filme como o que realmente é: uma outra produção, separada do livro. Hoje eu gosto bastante.

E.S. – A senhora não sabia, na época, que o filme preferido de Spielberg era *E o vento levou...*

A.W. – Ele o considera um grande filme, o que para mim é lamentável. Eu acho que é uma obra extremamente reacionária, que ajudou a manter vários estereótipos racistas por gerações a fio. O filme teve um efeito forte e prejudicial sobre diversas gerações de americanos. Mas Steven, na condição de cineasta, deve ter avaliado aspectos mais técnicos. Ele jamais analisaria o filme da mesma forma que eu, seu conteúdo jamais pareceria tão ofensivo a ele.

E.S. – *A cor púrpura* se baseia em passagens que aconteceram com a sua família. Mas uma parte dele é ficção, não?

A.W. – Foi uma adaptação muito livre. Se meus ancestrais lessem o livro e achassem que era sobre eles, ficariam escandalizados. Mas, ao mesmo tempo, o livro foi uma tentativa de preservar certos elementos, como a sua maneira de falar. Meus avós e mesmo meus pais usavam uma forma muito peculiar do inglês, que costumo chamar de "língua popular negra". É um modo de falar muito rico, expressivo e direto e me entristecia pensar que ele estava desaparecendo. Não fui movida por nostalgia, mas pela vontade de poder mostrar às gerações seguintes como eram as coisas. Eu queria que, lendo o linguajar que usei no livro, as pessoas pudessem visualizar os personagens. Meus dois avós foram muito violentos na juventude, na época em que se casaram e tiveram seus muitos filhos. Na época em que nasci, já haviam amansado para se tornar os avós amáveis com quem convivi. Por causa deles, passei a amar os homens idosos. Até hoje, vejo neles um quê de ternura. O maior enigma da minha infância e juventude era descobrir o que havia acontecido com eles. Como podiam ter sido tão terríveis na época em que foram pais da minha mãe e do meu pai? Como podiam ter sido tão cruéis e insensíveis e, na época em que nasci, terem se transformado naquelas pessoas tão doces e amáveis? Foi desse ponto que partiu a minha exploração.

E.S. – Você é de uma família com oito filhos, e cresceu em meio ao racismo do Sul dos Estados Unidos. Como foi isso?

A.W. – Foi uma experiência interessante. O que você mais sente na pele é a pobreza. Nossos livros escolares eram aqueles que os brancos tinham jogado no lixo. Tudo o que era destinado aos negros era de qualidade inferior ou muito inferior, enquanto as crianças brancas tinham tudo do bom e do melhor. Isso era muito difícil, e me levou a uma condição terrível, que é comum aos negros. Não conseguimos considerar os brancos como pessoas de verdade até bem tarde na vida, simplesmente por nunca termos tido contato com eles como seres humanos, apenas como agentes de opressão, que sempre estavam tentando castrar e reprimir. Foi só na faculdade que vim a conhecer, pela primeira vez, uma pessoa branca que me pareceu verdadeira. Somos ótimos amigos até hoje.

E.S. – Você se casou com essa pessoa.
A.W. – Exato.

E.S. – E era um judeu.
A.W. – Ele me pareceu tão verdadeiro... Foi surpreendente para mim e ainda mais para a minha mãe, porque na nossa cidade jamais havíamos visto homens brancos segurarem crianças negras no colo, por exemplo. Você simplesmente não via isso acontecer. Você quase não via pessoas brancas tocarem pessoas negras, de forma alguma, e jamais com carinho, certamente. Então, quando levei meu marido para conhecer minha família, minha mãe ficou só olhando para ele, esperando que se tornasse...

E.S. – Um "homem branco".
A.W. – Exato. E isso não aconteceu.

E.S. – Você diz ver o racismo como uma forma de inveja.
A.W. – O episódio da chegada dos colonos ao nosso país, por exemplo, é retratado nos livros de História como se os índios fossem selvagens, não tivessem recurso algum, nem roupas, nem casas e receberiam tudo dos colonos. Isso é mentira. Creio que o que aconteceu foi que, quando os colonos mandados dos presídios da Inglaterra e do resto da Europa chegaram aqui, encontraram um povo cheio de nobreza, que muitas vezes se vestia de farrapos, mas que olhava

diretamente nos olhos. Quando os delinquentes europeus, que muitas vezes eram até dejetos sociais, se depararam com um povo tão nobre, tão cheio de beleza e de bondade, eles cobiçaram tudo isso. Mas sempre lhes haviam dito que quem não era branco era mau, que os selvagens não conheciam o Cristo e que por isso deviam ser mortos. Então eles aniquilaram os nativos, basicamente porque cobiçavam esse sentimento de "paz na Terra" que eles tinham, cobiçavam as suas terras, claro, e seu ouro. Cobiçavam tudo o que eles tinham. E o que vemos hoje é que os descendentes das pessoas que colonizaram este continente continuam tentando roubar a riqueza espiritual dos povos nativos. Esse sentimento é inveja e a base do racismo. É a inveja que os move a aniquilar outros povos através da segregação, *apartheid* ou seja lá o que for. É sempre uma forma de roubar, e é o que fizeram.

E.S. – O que mudou nos Estados Unidos depois do movimento pelos Direitos Civis?

A.W. – Muita coisa. Quando saí de Eatonton para ir à universidade, por exemplo, ainda havia a lei e as placas nos ônibus, dizendo que os negros deviam se sentar na parte de trás. Ainda havia bebedouros separados para brancos e negros, e o dos negros era sempre mais baixo. Você precisava se inclinar para beber a água. Não podíamos ir a restaurantes ou experimentar um vestido numa loja de departamentos. Havia coisas assim...

E.S. – Banheiros separados.

A.W. – Exato. E essas coisas não existem mais. Quando vou dar palestras nas universidades do Sul, sinto o clima de liberdade entre os estudantes. Todos se sentem livres para me abordar, fazer perguntas ou tecer comentários. Nós todos compartilhamos da mesma condição de americanos. Isso era totalmente impossível quando eu fiz faculdade.

E.S. – Você teve problemas quando era estudante?

A.W. – Muitos. Precisávamos passar boa parte do tempo provando nossa capacidade, porque Atlanta (no Estado da Geórgia) era uma cidade totalmente racista. Hoje de manhã eu estava pensando na palestra que devo dar à noite sobre o primeiro obstáculo abertamente racista com que me deparei. E isso aconteceu numa vez em que eu tentei entrar numa igreja de brancos. As igrejas americanas estão entre os maiores focos da segregação racial. E isso era ainda pior nos anos de 1960. Eu e um amigo africano decidimos entrar numa igreja de brancos. Fomos recebidos na entrada por um grupo de homens brandindo cabos de machado, porque na época, o símbolo usado pelo prefeito da cidade para demonstrar seu poder contra os negros e contra a integração eram os machados, os cabos de machados. E foi uma demonstração muito concreta da loucura de certas pessoas ao achar que podem adorar um Deus que as manda excluir as pessoas do Seu templo, ameaçando-as com cabos de machados.

E.S. – Você é uma pessoa religiosa?

A.W. – Eu escrevo muito sobre teologia, mas me considero pagã acima de tudo, definindo esse paganismo como um culto à Natureza, uma espécie de animismo, ou crença na Vida e na Natureza. A meu ver, o Ser supremo está em toda a parte. Todos nós fazemos parte Dele.

E.S. – Você diz sempre que a esfera pessoal é política. Pode explicar melhor?

A.W. – A frase não é minha, é um lema feminista. Significa que, quando você analisa a sua vida, vê que mesmo num âmbito muito particular, todos os seus atos têm implicações políticas. A maneira como vivemos é um dado político. Talvez dependa de uma escolha pessoal, mas estará ligada à quantidade de dinheiro de que você dispõe, e isso dependerá do trabalho que você fez, do seu salário e, em última instância, das lideranças políticas. Tudo está interligado, como sempre.

E.S. – Você coloca o Cristianismo como uma ideologia extremamente injusta para com as mulheres. Como assim?

A.W. – Como o Islamismo, o Judaísmo e todas as religiões institucionalizadas, o Cristianismo é monoteísta e sexista. Deus é sempre homem. Um dado comum à figura de Deus, em todas essas crenças, é o fato de Ele ser do gênero masculino. Ninguém se refere a Deus como "Isso", mas como "Ele". Sempre que se fala em deusas, ou na mãe de Deus, no caso do Cristianismo, a figura feminina é rebaixada. Todos os sacerdotes são homens. É um sistema marcado pela dominância masculina.

E.S. – E isso seria um empecilho para o progresso da mulher.

A.W. – Exato. Acho que as mulheres deviam montar suas próprias igrejas.

E.S. – Você já viajou muito, e esteve até mesmo em Cuba, com Angela Davis. Vocês foram até lá com uma missão especial.

A.W. – Estive três vezes em Cuba. Minha primeira viagem foi motivada por razões que dizem respeito às artes. Nas outras duas vezes, eu fui levar remédios. Nessa vez em que você citou, em que eu estava com Angela e um grupo de mulheres, nós levamos cinco milhões de dólares em antibióticos. Eu tenho uma afeição especial por Cuba e creio que, com o embargo imposto pelos Estados Unidos, o país tem sofrido mais do que deveria, mais do que eu posso suportar, porque tenho laços fortes com o povo cubano. Eles são pessoas boas, decentes e trabalhadoras, que me lembram meus pais. Acho que o governo deste país se chateou por não ter conseguido assassinar Fidel Castro, como fez com tantas outras pessoas, e transformou isso numa briga muito triste e prejudicial para Cuba. Mas o povo cubano cresceu muito com essa batalha. Quando vou até lá, não vejo pessoas de joelhos, mas um povo seriamente empenhado em alimentar o seu país, em conseguir educação para o seu país e manter o povo saudável.

E.S. – Você se refere a "este país". Sente-se de algum modo excluída dos Estados Unidos por causa da sua cor, da sua educação ou das experiências por que passou? Afinal, você diz que foi criada num regime fascista.

A.W. – O sentimento de exclusão tem diminuído cada vez mais. Isso é muito interessante. À medida que fui amadurecendo, travei

MILITANTES – *ALICE WALKER*

maior contato com minhas raízes. Minha bisavó era uma índia cherokee, um dos meus ancestrais africanos emigrou para cá no século 18. Meu ancestral escocês veio há muito tempo, também, só não sei a data exata. Minhas raízes estão aqui há mais tempo do que as de muita gente. Eu me sinto profundamente ligada à terra em si. Até mesmo quando estive na África, constatei que não sinto uma ligação tão forte como a que me conecta às terras deste país. Eu pertenço a elas.

E.S. – Você produziu um documentário, *Warrior Marks*. O que a levou a isso?

A.W. – Eu já havia escrito um romance tratando da mutilação genital feminina, um problema sério em diversas partes da África e da Ásia, que acabou tornando-se também um problema em Londres, Nova York, São Francisco e outras cidades para onde imigraram pessoas vindas de países com essa tradição. Mas quando você escreve um romance sobre um tema tão envolvido em tabu, não pode esperar que isso atinja as pessoas a ponto de provocar mudanças nas leis que determinam esse tipo de comportamento. Vi também que muitas pessoas que precisavam ler o romance não sabiam ler, ou não sabiam inglês, francês ou as línguas em que foi publicado.

E.S. – Não tinham acesso ao livro.

A.W. – Exato. Então decidi que era melhor produzir um filme para mais gente ter acesso. E foi o que aconteceu. Nós o exibimos no país todo, em Paris, em Londres e na África, e ele provocou um tremendo impacto.

E.S. – De que tipo de mutilações estamos falando?

A.W. – Em muitas culturas da Malásia, África, de diversos países árabes e muçulmanos, costuma-se extirpar o clitóris das meninas e, em muitos locais, faz-se também uma sutura nos lábios vaginais, tornando a relação sexual extremamente dolorosa para a mulher e fazendo de cada parto uma tortura. Conseguimos fazer passar uma lei aqui nos Estados Unidos que torna essa prática criminosa, mas é uma batalha árdua. A Anistia Internacional afirma que, a despeito de qualquer esforço, levaremos pelo menos trinta anos para erradicá-la.

E.S. – Antes de iniciarmos a entrevista, a senhora falou sobre o hábito de cantar presente na cultura negra americana, e eu gostaria que partilhasse isso conosco, agora.

A.W. – Quando eu era criança, via as pessoas cantarem espontane-amente. Cantavam durante o trabalho. Hoje isso não acontece mais. As pessoas ouvem rádio e assistem a clipes na TV. Isso me preocupa, porque acho bom as pessoas cantarem. A música deveria brotar natu-ralmente, como a fala.

E.S. – Mesmo se a pessoa for cantar muito mal?

A.W. – Isso não tem importância. Cantar não tem a ver com ser afinado ou não. O importante é o ato de cantar. Foi isso que a cultura negra me ensinou. Na minha comunidade, as pessoas esperavam que todos cantassem. Por que não cantar, se temos voz? Cantar bem ou mal não importa!

E.S. – Você falou também em riqueza espiritual e creio que o espí-rito do povo negro sobrevive através da música.

A.W. – A ideologia que nos foi oferecida e imposta por tanto tempo é muito estranha. Em primeiro lugar, tínhamos de acreditar num gigantesco Deus branco, que morava no Céu. Ele nos mandou um filho igual a Ele, só que mais novo, e o povo passou a adorar esse filho, depois de matá-lo. E nenhuma dessas histórias dizia respeito a nós. Elas sempre aconteciam em outros lugares, envolvendo pessoas que falavam línguas diferentes e nenhuma delas era negra. Quem ousasse retratar o Cristo negro, podia até ser espancado por isso. Era uma ideologia confusa, mas o povo negro conseguiu contornar isso com seu canto. Eles incorporaram, assim, as partes que sentiam ser mais humanas nessa história toda, partes que reconheciam quali-dades que também eram suas, e usaram música para conservar esse sentimento. Esse é um dos talentos do povo negro. Eles conseguem aproveitar partes de culturas que lhes são impostas, para criar bases fortes de apoio para a sua própria identidade. Acho que estão precisando resgatar esse talento, já que estamos atravessando uma época de tanto desespero e de tantas dificuldades. Chegou a hora em que esse trabalho para transformar sofrimento em tábuas de salvação será novamente requisitado.

E.S. – Como você vê o futuro da cultura negra nos Estados Unidos?

A.W. – Não seria o caso de perguntar como vejo o futuro dos Estados Unidos? Para mim, a questão racial é muito simples. Você não sai perguntando às flores do jardim: "Por que você é rosa e como vê o futuro?". A raça faz parte da sua natureza. Você é o que é. Outra coisa que aprendi trabalhando com a terra foi que, se colocar todo o fertilizante no canteiro do milho e deixar o feijão sem nenhum, em pouco tempo terei milho demais e nenhum feijão. As pessoas reagem de acordo com o que recebem, mas o grande problema para a sobrevivência do planeta como um todo é a forma como os cientistas e, sobretudo, os militares, os responsáveis por projetos espaciais, estão colocando a Humanidade em perigo.

E.S. – Você sempre optou por caminhos corajosos como o casamento inter-racial, a bissexualidade, o paganismo. O que a levou a ter esse tipo de postura liberal?

A.W. – Meu desejo de ser feliz. Como os budistas, eu penso que todos nós buscamos a felicidade, apesar de às vezes acharmos que não deveríamos almejar a felicidade. Isso é ridículo. Todos devemos buscá-la. Por que não? E, se você assume isso, começa a examinar suas opções para descobrir o que o fará feliz de verdade. Você será feliz num casamento desajustado? Será feliz ao lado de alguém que foi imposto pela sociedade? E se isso não vai fazer você feliz, por que manter esse tipo de relação? Se você sente que a sua igreja está cheia de hipócritas, por que continuar a frequentá-la? Por que não buscar algo que realmente lhe fale ao coração? Ter essa compreensão é essencial. Isso pode parecer simplório, mas diz-se que o mais incrível no ser humano é que ele tem consciência da morte, mas acha que nunca vai morrer. Mas nós vamos morrer. Todas as evidências afirmam isso. Tudo indica que nosso tempo por aqui é muito breve. Acho que a Terra é um lugar maravilhoso e vale o esforço de tentarmos expressar ao máximo todas as potencialidades da nossa essência. É o que acontece com qualquer árvore ou planta. Elas revelam o que são. Aí está a base do amor verdadeiro: uma pessoa poder se expressar exatamente de acordo com a sua essência.

NAN GOLDIN

"A câmera se tornou a minha memória."

O rosto da mulher jovem e atraente está machu-
cado. Ela tem os dois olhos roxos. Há hematomas e outras
marcas de espancamento nas partes do corpo desnudadas para a
câmera. É a mão dela que aparece segurando o pênis de um homem nu,
peludo, também jovem, em outra foto. As manchas de sêmen no len-
çol amarrotado aparecem na próxima. O plano muito perto de um
ventre feminino, marcado por uma longa cicatriz a alguns centímetros
da vagina, vem em seguida. Logo adiante há um homem musculoso, de
cabeça raspada, ombros e bíceps amplos, beijando outro, mais magro.
O fortão tem os olhos maquiados, a sobrancelha desenhada a lápis, os lábios
brilham do batom vermelho com que estão pintados. A foto seguinte mostra
um leito de hospital e um rosto encovado, perplexo, de um homem magrís-
simo. É o mesmo fortão da foto anterior, três anos depois, morrendo de Aids.

Bem-vindo ao universo autobiográfico de Nan Goldin.

Espanto, escândalo e choque são as reações inevitáveis às fotos dela.
O que Goldin faz não é reportagem. Tampouco é aquilo que se convencionou
chamar de arte – mesmo nesses tempos em que até bolos de excremento
humano dentro de museus assim têm sido qualificados. É o diário de uma
geração. Um diário que a fotógrafa abre a todos que queiram ver. É uma
cronologia ampla, dolorosa, vulgar, escancarada, por vezes patética, frequentemente comovente, que inclui o redemoinho de drogas e todo o tipo
de sexualidade que marcaram os anos de 1970, os efeitos mortais desse
hedonismo e a devastação da Aids, principalmente, nos anos de 1980. A reviravolta e a natureza ambígua da sobrevivência na década de 1990.

Ver a obra de Nan Goldin é como assistir a um desastre.

O olhar dela captura o espanto, a estupefação, a tragédia, a fragilidade humana, em rostos de pessoas enlouquecidas em festas, de amantes violentos, de prostitutas, de *drag queens* – todos amigos diletos. Nós a acompanhamos na noite em que, no Whitney Museum, apresentava esta exposição a um grupo de conselheiros e patrocinadores daquele museu de Nova York. Era claro, entre aqueles senhores e senhoras respeitáveis e abonados, muitos deles moradores dos luxuosíssimos apartamentos da Park Avenue, ali perto, o desconforto com as grandes ampliações coloridas de cenas de masturbação, consumo de drogas, de vaginas e pênis, de corredores de hospitais, de caixões abertos, de quartos e leitos sujos. Ainda mais porque Goldin não tem o menor pudor em se mostrar dentro desse mundo, inchada pela bebida ou machucada por algum amante violento.

Bissexual assumida, fez questão de colocar, lado a lado, as fotos do peludo Brian, com quem viveu muitos anos, e as da loura Shioban, que namorou até pouco tempo antes dessa entrevista. Depois do circuito, nos sentamos na antessala da mostra, diante das câmeras dos cinegrafistas Orlando Moreira e Helio Alvarez.

Edney Silvestre — **Seu trabalho tornou-se** a assinatura da revolução sexual e cultural das duas últimas décadas, até mesmo por estar sempre repleto de revelações pessoais. Qual a medida, qual o limite?

Nan Goldin — **Sim, é totalmente pessoal. É um** diário. Tenho um outro, um diário em que escrevo desde criança, desde os oito anos. Quando descobri a fotografia, usei-a da mesma forma: para manter um registro da minha vida, para fazer uma homenagem às coisas que eu amo. É totalmente pessoal. No início tive um tema principal, que eram as *drag queens*. Eu nunca as vi como homens vestidos de mulher, sempre as vi como um terceiro sexo. Desde o início, minha noção de gênero sexual era radical. Eu via muitas possibilidades.

E.S. – Como você descobriu a fotografia?

N.G. – Ganhei uma câmera numa escola que frequentei, onde não havia aulas tradicionais. Era um esquema bastante comum nos Estados Unidos, no fim dos anos de 1960, uma escola experimental. Recebemos uma doação da Polaroid. E eu comecei a fotografar.

E.S. – Há algo surpreendente no seu trabalho; ao contrário de outros mestres da fotografia, você faz parte dele. É, como você disse, um diário. Por que faz isso? Em que medida esse diário tem a ver com,

CONTESTADORES

ou em que medida a morte da sua irmã causou um tal impacto que a levou a tirar fotos de todas as coisas pelas quais você passa para torná--las eternas ou permanentes?[1]

N.G. – Quando minha irmã[1] se suicidou, ela era adolescente e eu tinha cerca de onze anos. Depois disso passei a viver com uma sensação de transitoriedade que não me abandonava. Eu queria me agarrar às coisas e nunca mais perder nada. Foi uma motivação. Eu também cresci num meio muito mais revisionista, em que as pessoas frequentemente negavam a ocorrência do que não tinham gostado, em que as pessoas sempre diziam: aquilo não aconteceu, você não viu aquilo, ela não fez aquilo. Quando vi isso acontecer com relação ao suicídio de minha irmã, percebi que eu só sobreviveria criando meu próprio registro da minha vida. Uma reação, um antirrevisionismo que foi uma grande motivação para que distorcesse ou negasse os fatos de certa forma.

E.S. – Você disse várias vezes que não é uma boa fotógrafa, mas está expondo no Whitney Museum, um dos centros de vanguarda mais respeitados do mundo, e é elogiada em toda parte.

N.G. – Está brincando? Tive muitas críticas desfavoráveis em relação à mostra. As pessoas comuns, as crianças e outros artistas gostam, e é isso que conta para mim. Acho que a fotografia talvez seja a única arte que perpetuou o distanciamento. Quando você pensa em Vermeer... Ele retratou a própria esposa, Egon Schiele retratou a si mesmo, Munch fez seu autorretrato várias vezes e retratou suas amantes. Caravaggio retratou as prostitutas com quem dormia. Apenas na fotografia continuou-se a respeitar um certo tipo de afastamento, de distanciamento. Isso é visto como algo objetivo. Na literatura, os maiores escritores são os mais subjetivos, como Faulkner e Tolstoi. Qualquer escritor que possamos citar, escreve a partir de experiência individual. Não há muita diferença entre o que eu faço e o que eles fizeram. Ou o que (John) Cassavetes fez usando sempre os mesmos

---

[1] Barbara Holly Goldin.

atores. Ou Warhol, que transformou seus amigos em *superstars* usando sempre as mesmas pessoas e sempre partindo da própria experiência pessoal.

E.S. – Você citou Cassavetes e Andy Warhol, duas pessoas com uma visão muito particular do cinema. O cinema influenciou o seu trabalho?

N.G. – Sim, mais do que qualquer outra coisa e continua a influenciar.

E.S. – Mais do que a fotografia?

N.G. – Muito mais. Também fui influenciada... Minha maior influência são meus amigos e meus amantes. A segunda maior influência é o cinema. Em muitos períodos da minha vida, vou ao cinema diariamente. Vi um grande número de filmes. Qualquer coisa desde o seu diretor... Qual é o nome dele? Ele é muito radical, muito mais radical do que qualquer um dos nossos.

E.S. – Americano?

N.G. – Não, brasileiro. Glauber Rocha. Ele é incrível.

E.S. – Você realmente me surpreende. Poucas pessoas aqui conhecem o trabalho de Glauber Rocha.

N.G. – Ele é incrível. É cinema muito radical. Também gosto de Theo Angelopoulos, Eustache, Oshima. E quando me interesso por um escritor ou cineasta, vejo todo o trabalho dele. Torno-me obcecada. Vi todos os filmes de Cassavetes.

E.S. – As imagens que você produz podem ser muito duras, mas há um certo afeto em relação às pessoas, à sua tribo, como você diz. Por que você as chama de sua "tribo"?

N.G. – Acho que é porque a família se tornou... Costumava chamá-los de "amigos/família". Mas tudo o que faço parece que acaba sendo copiado nos anúncios da Benetton ou da Calvin Klein. E torna-se

CONTESTADORES

banal. Os termos "família por escolha" ou "amigos/família" tornaram-se comuns na publicidade nos últimos anos, ficando sem significado. "Tribo" vai se tornar nome de perfume semana que vem ou provavelmente já o é. Mas acho que as pessoas que nos põem no mundo nem sempre são as pessoas mais próximas. Muitos de nós migramos para Nova York vindos de Boston, Ohio, de todo o país, em busca de um lugar onde pudéssemos nos expressar totalmente. Nos unimos e todos nós precisávamos de uma família, da intimidade proporcionada por uma família. Eu falo com as pessoas que estão nas minhas fotos quase todo dia. Não são amizades tradicionais. São muito mais do que as amizades tradicionais que as pessoas mantêm. Somos muito importantes uns para os outros. A razão pela qual não posso tirar uma foto que não agrade a meus amigos e exibi-la é porque eles são minha ligação emocional com o mundo. Não vou me arriscar a mostrar uma foto feita de um amigo ou uma foto que o faça se sentir traído e perder a amizade. Quando as pessoas falam que meu trabalho é voyeurístico, ou que ele usa as pessoas, elas não entendem até que ponto os amigos participam da feitura e da edição do trabalho.

E.S. – Seu trabalho também é acusado de narcisismo. Como reage a isso?

N.G. – Sou provavelmente uma pessoa muito autocentrada. Minha maior motivação na vida, o que me move, é a compaixão, me sentir tocada e comovida pelas pessoas. Acho que meu trabalho tem mais a ver com empatia do que narcisismo. São autorretratos que não pretendem revelar uma aparência bonita, nem mostrar de forma atraente.

E.S. – Há uma foto sua em que você está espancada, com hematomas. Isso não é uma forma de narcisismo?

N.G. – Preparei uma apresentação de slides de cinco minutos chamada *By Myself* porque todas as vezes que falava da dependência sexual que todo mundo sente, alguém na plateia me perguntava: "Conhece as pessoas da foto?". E estava claro que as fotos não podiam

264

MILITANTES — *NAN GOLDIN*

existir sem intimidade e proximidade comigo. Achei que só se poderia fazer as pessoas entenderem minha postura e meu trabalho fazendo um vídeo sobre mim mesma, e num profundo envolvimento com o trabalho. Não sou tão fascinada assim por mim mesma, queria mostrar minha relação de artista com o trabalho que realizei. Se eu não tivesse articulado o trabalho autobiograficamente, e sob forma de diário, diriam que é voyeurístico e aproveitador, porque as pessoas parecem não querer entender que, entre narcisismo e voyeurístico, há a empatia, que há algo mais.

E.S. – Você usou a palavra compaixão e estávamos falando de tribos. Até que ponto a Aids devastou sua tribo? Qual foi o impacto dela sobre o seu círculo?

N.G. – Muito grande. Não apenas perdi sete ou oito dos meus amigos mais íntimos, com quem tomava café da manhã e com quem fazia de tudo, saía, planejava o futuro; não apenas nossa história foi interrompida, mas também mudou muito o nosso estilo de vida. Nós tomamos consciência da necessidade de ajudar uns aos outros a sobreviver. Muitos pararam de usar drogas, então percebemos que a autodestruição na qual estávamos envolvidos não era glamourosa e que o fato de morrer jovem não tinha a emoção e o glamour que lhe havíamos atribuído quando nossos amigos começaram a morrer. Toda a comunidade mudou e tornou-se mais política e começou a se preocupar mais com a sobrevivência.

E.S. – Quanto impacto o seu vício em drogas teve sobre seu trabalho?

N.G. – Depende de que drogas estamos falando. Acho que algumas drogas expandiram minha consciência. Eu achava que drogas eram para isso. No final, elas me restringiram a uma abordagem sempre mais sombria. Mas acho que no período em que as drogas ainda funcionavam comigo, elas me desinibiram de uma forma mais espontânea. Como tenho essa necessidade de registrar, pude ser ousada e enlouquecer, sabendo que estava fazendo um registro ao mesmo tempo. A câmera se tornou a minha memória. Eu podia ir tão fundo quanto quisesse e sempre saberia o que fizera na noite anterior.

E.S. – Você se preocupa com o choque que suas fotos causam? Ou procura mesmo chocar? Quer que as pessoas se sintam chocadas, emocionadas, tocadas? Em relação à sala (da exposição) dedicada a seus amigos vítimas da Aids, é impossível não ficar profundamente comovido, e cheguei mesmo a ver pessoas que não conseguem atravessá-la porque estão chorando, estão muito emocionadas.

N.G. – Não penso em chocar. Não há nada de chocante no meu trabalho. Os pés das pessoas estão sujos mesmo quando elas fazem sexo, seus corpos têm pelos quando se masturbam, não há nada de chocante nisso. Não consigo compreender esse puritanismo e esse medo do corpo e da sexualidade. Não entendo, está além da minha compreensão. Portanto, não considero meu trabalho chocante. O fato de as pessoas se sentirem chocadas é meio triste. Quanto a fazer um trabalho que emociona, eu quero fazer as pessoas chorar. Quando uma obra de arte me faz chorar, fico muito grata. A menos que seja um anúncio na TV que se aproveita de sentimentos baratos. Mas gosto de filmes que me façam chorar e me agrada ver o mundo de outra forma quando saio do cinema.

E.S. – Gostaria que descrevesse o seu trabalho atual. Ele mudou muito. Como você o vê agora? Como o descreveria?

N.G. – Acho que está muito mais tranquilo e profundo. É mais sobre a relação interna das pessoas consigo mesmas. Eu gostaria de fotografar pessoas olhando para si mesmas, pessoas se tocando. Quero abordar isso. Quero entender qual é a relação das pessoas consigo mesmas. Comecei fotografando relacionamentos porque eu não sabia como eram. Ao fotografá-los, aprendi muito. Acho que isso também se aplica ao lado espiritual da vida. Quero fazer fotos sobre esse tipo de conexão mais do que sobre comportamentos externos. Não estou interessada em festas. De vez em quando fotografo uma *stripper* se vou a uma festa fabulosa. Mas não costumo levar mais minha câmera nessas ocasiões. Também tive uma relação com uma pessoa nos últimos onze meses e usei a câmera como uma forma de me tornar íntima para aprender sobre ele e para que ele aprendesse sobre si mesmo. A mostra se chama *I'll be my mirror* (*Serei o meu espelho*), porque um amigo meu, que está na última sala, me escreveu dizendo que ele não podia acreditar na foto dele, que ele nunca tinha se visto antes, e que eu tinha lhe dado um espelho da sua alma. Por isso dei esse nome, é isso que os amigos falam do trabalho.

E.S. – E qual foi a motivação de *Ballad of Sexual Dependency* (*Balada da dependência sexual*)?

N.G. – Entender os relacionamentos e o que fazia com que fosse difícil viver como casal, como era possível ficar junto e ter algum tipo de intimidade, assim como a questão da violência contra mulheres. Essas eram as coisas que eu estava vivendo; vício em sexo, drogas e como isso afeta a vida. Tudo isso.

E.S. – Você chamou seu próprio trabalho de "instantâneos".

N.G. – Ele vem dessa estética. Instantâneos são feitos com amor, são feitos para registrar e relembrar pessoas, lugares e épocas. Minhas fotos vêm dessa estética. Elas não se originam de uma estética conceitual ou pós-moderna.

E.S. – Poderíamos chamá-las de instantâneos do fim do milênio?

N.G. – Sim. Se quiser, sim.

VISIONÁRIOS

GLORIA STEINEM

"A diferença nos papéis masculino e feminino ou a preferência
por filhos homens formam a base da noção de discriminação,
da nossa ideia de que alguns indivíduos nascem 'mais iguais'
do que outros. Isso fundamenta a segregação racial ou de classe."

Loura, bonita, ex-coelhinha da Playboy: que perfil de feminista é esse? O de uma das mais combativas. E com uma das mais inusitadas trajetórias. Aos oito anos, quando a maior parte das meninas estava brincando de boneca e sonhando com um futuro cor-de-rosa, Gloria Steinem cuidava, sozinha, da mãe que tinha enlouquecido. Só aos doze foi para uma escola regular, com outras garotas da idade dela. Mais tarde, na faculdade, parecia ter se ajustado ao comportamento geral. Como outras mulheres da geração dela, tinha um namorado bem posto na vida, de quem ficou noiva e com quem esteve prestes a se casar. Sem que nem ela soubesse bem por que, largou tudo, deixou o noivado para trás e foi para a Índia. Ficou um ano. Ali, a americana saída de um país próspero e farto descobriu que miséria e fome eram o padrão de vida da maior parte do mundo.

Voltou para os Estados Unidos transformada. Fez uns "frilas" como jornalista, se sustentou trabalhando como modelo de fotos de moda, sonhou com a carreira de comentarista política, mas acabou conseguindo emprego nas chamadas revistas femininas, escrevendo artigos sobre beleza, maquiagem, corte de cabelo, altura da bainha da saia, como combinar bijuteria-bolsa-sapato-lenço. Daí pulou para a vida provisória como coelhinha da Playboy.

As circunstâncias dessa metamorfose, definida por ela mesma como patética, e as muitas outras transformações por que passou, formam um espelho de uma geração de mulheres – americanas e de todo o mundo – que empurrou as novas gerações para uma vida mais livre. Ou mais à mercê das forças que movem o mundo? Ao falar sobre essas e outras encruzilhadas, ela senta-se com as pernas para cima em uma grande e confortável poltrona, na sala de seu elegante apartamento duplex no East Side, decorado nos mesmos tons de branco e amarelo que, através de janelas altas, via-se no jardim que há nos fundos, nas folhas e cores daquele outono nova-iorquino.

Edney Silvestre — **Sempre que se fala em** Gloria Steinem, vem junto o aposto "a feminista" ou "a ativista". Como a mulher Steinem e a ativista Steinem se fundiram numa só pessoa?

Gloria Steinem — **Eu gostaria de poder dizer** que foi por ter nascido mulher, mas durante muito tempo não tive esperteza para perceber que havia algo errado que podia ser consertado. Eu fui criada nos anos de 1950 para acreditar que o papel da mulher era definido natural e biologicamente. Mas acho que as sementes do ativismo político também foram plantadas muito cedo. Sempre que minha mãe ouvia o nome de Franklin Roosevelt, ela ficava com lágrimas nos olhos, e contava como ele havia nos tirado da Depressão e da pobreza. Acho que cresci acreditando que o dever do governo era ajudar as pessoas. E, graças aos meus pais, recebi um forte sentido de justiça. Aprendi que segregação racial e de classe eram erradas e, por fim, acrescentei a segregação sexual à lista.

E.S. – Sua mãe foi uma mulher incomum para a sua época. Também foi jornalista, mas teve de abandonar a carreira. Quer falar sobre o assunto?

G.S. – Lamento não tê-la conhecido na época em que se dedicou ao trabalho que amava. Acho que teria tido uma figura materna bem mais forte se tivesse continuado. Mas, quando nasci, ela foi ou se sentiu obrigada a parar e ir com o meu pai para uma cidadezinha isolada, no Meio-Oeste, onde ele abriu um hotel de veraneio. Ela acabou perdendo contato com tudo o que lhe interessava e se tornando a personalidade arrasada que conheci, embora sempre tenha

CONTESTADORES

havido lampejos, quando ela voltava a se interessar por muitas coisas como Ciências, Física e Teologia, com uma tenacidade impressionante diante de sua solidão. Eu levei muitos anos para ter consciência de quem ela era. Acho que esperei até ser forte o bastante para ver como ela era triste. Para poder imaginar quem ela poderia ter sido, o que o mundo havia perdido e o que ela mesma perdeu.

E.S. – Você teve uma educação diferente. Só começou a frequentar a escola aos doze anos. Isso colaborou para que tivesse uma mente original, uma visão de um mundo original?

G.S. – Hoje eu penso que sim. Acho que escapei do processo de "socialização" dos primeiros anos de escola. Na época, eu daria tudo para ser como as outras crianças. Queria ter uma casa normal, pais normais e ir à escola. Só mais tarde fui perceber que, considerando a lavagem cerebral feita pela escola, não ter estudado talvez não tenha sido tão ruim.

E.S. – Em que momento, se é que houve um momento específico, você se tornou uma feminista, por assim dizer? Como isso aconteceu?

G.S. – Como uma garota legal como eu foi...

E.S. – Como uma garota legal como você foi se meter nisso?

G.S. – O mais incrível é não ter acontecido bem antes, já que eu sofri todo tipo de discriminação como qualquer mulher. Não conseguia alugar apartamento porque achavam que eu não teria como pagar ou, se tivesse, devia ser uma prostituta. Eu tinha dificuldades no trabalho e principalmente para ser levada a sério. Passei por muitas coisas que qualquer mulher passa.

E.S. – Principalmente porque você é bonita.

G.S. – Eu não era considerada tão bonita assim, antes de me tornar feminista. Era uma "garota bonitinha". Me tornei bonita em comparação com a imagem que as pessoas têm das feministas. Mas...

E.S. – É modéstia sua.

G.S. – Como eu estou nesse caminho há muito tempo, posso lhe dizer que a reação das pessoas mudou radicalmente de uma fase para a outra. Mas eu fiz o que acho que é comum no caso das minorias, que foi me solidarizar com os demais grupos de excluídos. Eu estava sempre tentando me integrar em grupos de apoio aos imigrantes, ou na militância por direitos civis. Eu me sentia atraída por esse trabalho, mas eu era branca, de uma família de classe média, e fiz faculdade. Não fazia muito sentido, mas eu sentia uma identificação irresistível. Foi só no fim dos anos de 1960 que o movimento feminista nasceu, vindo em parte da luta pelos direitos civis e do movimento pacifista, pois mesmo nessas duas frentes, as mulheres sentiam que eram tratadas da mesma maneira que na sociedade conservadora.

E.S. – Mesmo nesses movimentos?

G.S. – Sim, claro. Nossa tarefa era sempre fazer a datilografia, o café. Isso ajudou a motivar o surgimento do feminismo como movimento autônomo e eu fui beneficiada com isso, sobretudo em meu trabalho de repórter. A situação que melhor ilustra isso foi a vez em que fui cobrir uma assembleia sobre aborto ilegal, organizada por um grupo feminista aqui em Nova York, paralelamente à sessão oficial da Câmara, para legalizar ou não o aborto no Estado, que ouviu o depoimento de catorze homens e uma freira. Esse grupo feminista resolveu dar voz a mulheres que houvessem passado pela experiência. Eu estava nessa assembleia e ouvi mulheres darem depoimentos francos sobre suas vidas. Eu jamais havia ouvido algo semelhante. Nunca tinha visto a franqueza feminina em público. Eu não aprendera que questões exclusivamente femininas, como o aborto, pudessem ter relevância social. Nenhuma questão feminina era levada muito a sério. Eu fiquei muito impressionada com isso e esse episódio deu sentido às coisas que eu vinha presenciando e experimentando ao longo da minha vida. O problema atingia a todas, membros do movimento de operárias, imigrantes, que eram pobres e também não tinham acesso a bons métodos contraceptivos, por conta de um preconceito revestido de patriotismo, embora fossem sindicalizadas. Tudo fez sentido e, a partir daí, começou uma nova fase em minha vida. Comecei a falar com todo mundo que pude encontrar, a ler tudo sobre o tema. Foi como uma explosão de fogos.

E.S. – Qual era a sua opinião sobre o aborto na época e o que você pensa hoje?

G.S. – Bem, na época...

E.S. – Você passou pela experiência?

G.S. – Passei. Fiz um aborto aos 22 anos e não contei a ninguém. Na época, eu achava que era algo que você precisava encarar sozinha, arriscando a vida e a saúde para isso. Depois dessa assembleia, eu pensei que se uma a cada três ou quatro americanas já havia passado por isso, por que tinha de ser ilegal?

E.S. – Já faz três décadas que o feminismo existe como movimento independente. Você nota algum progresso no próprio movimento ou na situação das mulheres no mundo?

G.S. – Sim, está incrivelmente melhor. Aqui nos Estados Unidos, por exemplo, você vê bem mais mulheres participando do mercado de trabalho em carreiras que vão da Medicina a atendentes de oficina mecânica ou pedreiras. Hoje em dia isso é bem mais viável. Ainda existe uma diferença nos salários, mas ela é menor do que era há 25 anos.

E.S. – Uma das figuras políticas mais conhecidas dos Estados Unidos é Madeleine Albright.

G.S. – Fico feliz com isso. Eu questiono e discuto o governo Clinton, como todo mundo faz, e as pessoas me perguntam como me sinto por ter feito campanha para ele. Eu passei dois meses viajando com a campanha, mas isso valeu a pena por causa de Madeleine Albright, por vê-la no lugar que foi de Henry Kissinger, e pelo trabalho dela. No Afeganistão, as mulheres são literalmente aniquiladas pela falta de cuidados médicos e restrições de todo tipo. Quando o Departamento de Estado pensou em reconhecer o atual governo fundamentalista, comenta-se que Madeleine Albright teria dito: "Vocês só podem estar brincando!" E é isso.

E.S. – "Só podem estar brincando!"
G.S. – Isso vale tudo que eu fiz.

E.S. – Você esteve no Brasil recentemente. O que achou?
G.S. – É um povo cheio de vivacidade, simpático e acolhedor. Para simplificar muito, pode-se dizer que, se o símbolo da Argentina é o tango, com sua rigidez e complexidade...

E.S. – Sua formalidade...
G.S. – A cara do Brasil é o samba, com essa disposição mais relaxada, quente e alegre. Mas, claro, isso não pode nem deveria servir para encobrir enormes disparidades entre ricos e pobres, e a grande questão racial, que são problemas com que os brasileiros têm se deparado.

E.S. – Há uma questão que gostaria que você esclarecesse para nós: como você, uma feminista, foi ser coelhinha da Playboy?
G.S. – Bem, eu não era feminista na época, mas acho que foi uma atitude "pré-feminista". Na reunião de pauta da revista para a qual trabalhava, eu disse que devíamos mandar uma repórter para viver a experiência e escrever um depoimento sobre a vida das coelhinhas. Depois de um silêncio, disseram que eu devia ir. Eu me achava velha para isso, mas acabaram me convencendo e eu fui, achando que nem iam me contratar por causa da idade e por não ter o perfil para aquilo. Mas acabei ficando lá um mês e fazendo a matéria.

E.S. – Como foi a experiência?
G.S. – Patética, realmente patética. As mulheres não recebiam nem uma fração do prometido e o trabalho era muito difícil. Você

não apenas precisava ser garçonete com sapatos de salto alto, o que já é difícil, mas também havia o uniforme, tão apertado que até você ficaria "gostosa" se usasse.

E.S. – Esse uniforme não machucava?

G.S. – Machucava. Apertando as costelas, havia fechos que quebravam se você espirrasse, e você ainda teria que pagar. As condições de trabalho eram péssimas. Fico feliz por não haver mais clubes da Playboy nos Estados Unidos. O mais estranho, já que o feminismo estava despontando... Acho que os editores queriam uma matéria engraçada e eu descobri que me identificava muito mais com aquelas mulheres do que com os editores. A vida delas era uma metáfora da vida das mulheres em geral. Fiquei feliz quando, mais tarde, essa história foi transformada num filme para a TV, com Kirstie Alley.

E.S. – Você gostou do filme?

G.S. – Gostei. Acho que fizeram um bom trabalho por mostrarem que havia uma ligação, uma espécie de "senso comunitário", entre as garotas.

E.S. – Em 1972, você fundou uma revista feminina, mas que não era dedicada a temas como conselhos de beleza ou como conquistar um marido. Era a revista *Ms.* Como foi essa experiência?

G.S. – Foi tão difícil! Foi muito difícil. Muito divertido, também. Interessante, enriquecedor e gratificante, mas difícil. Nosso mercado de revistas, como o de vocês, funciona dependendo de anunciantes, e anunciantes de revistas femininas querem controlar as pautas das revistas. Assim, você consegue anúncio de cosméticos se publicar um calhamaço de dicas de beleza, recomendando-os, e o mesmo vale para anúncios de confecções e alimentos. Nós não fazíamos isso e virava um pesadelo conseguir anunciantes. Eu dou graças a Deus por nunca mais ter tido de fazer isso. Mas a proposta da revista era ótima. Eu viajava o país todo e constatei que ela era o primeiro contato com o feminismo para muitas mulheres e uma espécie de amiga confiável, pois estaria esperando nas bancas todo mês. As pessoas diziam que era como uma amiga que vinha lhes dizer: "Está tudo bem. É o Sistema que está louco e não você. Você é um ser humano completo. Tem direito de trabalhar..." Foi muito gratificante.

E.S. – Alguns críticos do feminismo se apoiam na questão das condições de trabalho. Dizem que, diante do crescimento da força dos sindicatos, o capitalismo foi buscar nas mulheres mão de obra mais barata e menos confrontadora, e que as mulheres viviam melhor antes, sem a pressão de ter de batalhar no mercado de trabalho, que podiam ficar em casa e ter uma vida mais confortável, ter filhos etc. O que acha disso?

G.S. – Mesmo nos raros casos em que isso é verdade, ou seja, em que as mulheres tinham melhores condições econômicas quando eram dependentes, esse rótulo ainda marca uma condição infantil. Você não pode fazer nada exceto estar atada a outro ser humano e viver em função da vida e do trabalho dele. Se você optar por isso, ótimo. Mas como saber se optou mesmo, se você não tivesse escolha? O poder da escolha é necessário. Você precisa ter condições de se manter de algum outro modo. Os homens não iam querer casar, sabendo que essa ia ser a única opção de vida da mulher. Ninguém ia querer isso. As mulheres ainda podem optar por isso, embora poucas o façam, mas a questão é que precisa haver o direito de escolha. Os homens também deveriam poder fazer essa opção: ficar em casa, cuidando das crianças, se suas mulheres concordassem. Mas estamos caminhando para algo bem diferente. Não há troca de papéis. Ambos os parceiros estão assumindo todos os papéis, por assim dizer. Ambos trabalham fora, obtendo a satisfação e as vantagens econômicas disso. Mas também devem tentar ser pais e mães afáveis em casa, na mesma medida.

E.S. – Qual sua opinião sobre o casamento?

G.S. – A expectativa de vida nos Estados Unidos, na época da independência, era de trinta anos. Na virada do século 19 para o 20, era de cinquenta; e hoje é setenta e quatro anos. É como se tivéssemos virado seres de uma espécie diferente. A antropóloga Margaret Mee dizia que o casamento funcionava bem no século 19 porque as pessoas só viviam até os cinquenta anos. Acho que o mais provável é que não encontremos apenas um modelo de vida, mas vários. As pessoas poderão se casar mais novas, ter filhos, criá-los e depois, por uma separação amigável, partir para outro estágio, poderão ter filhos mais tarde ou não tê-los, poderão viver com um parceiro do mesmo sexo ou ficar solteiras. Precisamos respeitar essa variedade. E até haverá pessoas que farão tudo isso, em série.

E.S. – Você acha que suas opções de vida foram se definindo por acaso, ou você escolheu conscientemente não ter filhos, por exemplo? Afinal você foi noiva e decidiu não se casar e seguir um outro caminho. Essas escolhas foram feitas conscientemente?

G.S. – Acho que não havia uma consciência, mas o caminho estava traçado, de algum modo. Olhando para trás, hoje, vejo que tudo seguiu uma lógica e que talvez, na época, eu não tivesse coragem de assumi-la. Na minha geração, todo mundo se casava e tinha filhos. Eu ficava dizendo para mim mesma que ia fazer isso, mas não naquele momento. Assim, através do adiamento, fui definindo minha opção. Mas não defini o plano de uma vez.

E.S. – Você estava noiva quando viajou para a Índia e decidiu não voltar ou...

G.S. – Na verdade, eu já havia decidido terminar o noivado quando viajei. Fui para a Índia por causa disso. Meu noivo era um sujeito fascinante e, se eu ficasse no país, sabia que poderia acabar casando com ele e isso teria sido um erro terrível. Ele se casou duas vezes, foi feliz nos dois casamentos, tem três filhas maravilhosas, de quem eu sou amiga. Durante certos períodos, continuamos o relacionamento. Nós brincamos com isso, dizendo: "Então nos vemos à mesma hora, daqui a dez anos". Nada pode ser isolado em modelos prontos. A vida é bem mais complicada e interessante que isso.

VISIONÁRIOS – *GLORIA STEINEM*

E.S. – Ser uma mulher de personalidade forte, bem-sucedida profissionalmente, torna mais difícil namorar, manter um relacionamento?

G.S. – Com certeza, não. É bem mais fácil, porque quanto mais verdadeira você for, mais chance terá de atrair pessoas que gostem de você como uma pessoa completa, e daí surgem os relacionamentos. Minhas relações com os homens melhoraram, em vez de piorar. Antigamente éramos encorajadas a mentir, a ficar bajulando os homens por qualquer coisa e a fazer papel de "mulherzinhas". Assim, claro, as pessoas não se conheciam de verdade.

E.S. – O movimento feminista, hoje, é parte de algo maior e mais abrangente ou está centrado exclusivamente nas questões da mulher e na necessidade feminina de poder, colocando-as como algo totalmente separado do resto da dinâmica política?

G.S. – O movimento feminista não apenas faz parte de algo maior, como originou algo maior. Quase sempre, formamos nossas primeiras referências na família. A diferença nos papéis masculino e feminino ou a preferência por filhos homens formam a base da noção de discriminação, da nossa ideia de que alguns indivíduos nascem "mais iguais" do que outros. Isso fundamenta a segregação racial ou de classe. Todas essas coisas estão ligadas e, se você não tiver uma democracia verdadeira, não terá democracia. Esse princípio democrático deve ser plantado no seio da família. Além disso, se você... As questões racial e sexual estão especialmente ligadas.

E.S. – Como sexo e raça estão ligados à questão social?

G.S. – As mulheres não sofrem restrição em seu papel de reprodutoras apenas para determinar os números da força de trabalho ou de soldados que precisam gerar, mas também para manter divisões visíveis, em termos de raça e cor. Caso contrário, haverá uniões inter--raciais em profusão e a segregação se tornará impossível, porque a divisão entre raças tenderá a desaparecer. Mulheres do grupo dominante, a "classe branca", sofrem mais restrições, pois não devem ter filhos com homens negros etc. E as mulheres de cor devem estar sempre disponíveis para o sexo com qualquer um, para ter muitos filhos e produzir mão de obra barata. Eu estou simplificando muito as coisas, mas as questões raciais e sexuais estão tão interligadas que não é possível mexer em uma sem levantar a outra. E, claro, para ser feminista, você deve ser necessariamente antirracista, já que as mulheres do mundo nascem de todos os tamanhos, raças e cores. Temos de esquecer a ideia de dominar a Natureza, que é o que está matando o planeta Terra. E, creio eu, precisamos compreender que qualquer ato nosso é significativo, que ter um comportamento ético significa agir segundo essa compreensão. Se fizermos isso, teremos um futuro melhor. O grande erro do pensamento marxista foi dizer que os fins justificam os meios. Os fins são os meios e vice-versa. É nossa escolha dos meios que determina os fins que atingiremos.

MICHIO KAKU

"Eu vi napalm, vi a gasolina gelatinosa sendo usada em aldeias
que não tinham defesas contra uma força aérea
que as bombardeava até serem destruídas."

Muito do que parecia ficção científica até metade do século 20 foi ganhando forma real, numa progressão impensável para as gerações pré-internet. Nas últimas décadas do século que viu nascer o avião, a tevê, a bomba atômica. Do transplante de órgãos à clonagem humana, dos satélites em órbita da Terra aos mini telefones portáteis que falam de e para qualquer parte do mundo, o impensável tornou-se banal, cotidiano, inócuo, comum como esparadrapos, lentes de contato, radares, luz elétrica. Os frutos da ciência, à mão de quem puder pagar por eles, em módicas prestações sem juros.

E eles serão mais espantosos ainda, segundo o astrônomo e físico americano Michio Kaku, um ferrenho inimigo do poder nuclear cujos pais – imigrantes japoneses, agricultores semianalfabetos – foram "internados" em um campo de prisioneiros, na Califórnia, durante toda a Segunda Guerra Mundial.

Num futuro não muito distante, acredita Michio Kaku, vamos viver mais de duzentos anos. Com saúde: quando um órgão dentro da gente falhar, em vez de se fazer um transplante, vamos desenvolver dentro de nós mesmos órgãos novos e saudáveis. Vamos poder voltar ao passado ou visitar o futuro em máquinas do tempo. Ou ser visitados por nossos tataranetos. Não haverá limites para o futuro humano. Vamos gerar crianças perfeitas, nos reproduzir com melhorias, exterminar doenças, criar uma sociedade próspera, pacífica, saciada e... Indiferente. Fria. Egoísta. Com o poder de decidir vida e morte – especialmente a morte – desde os primeiros estágios de gestação.

Ou, talvez, não.

A ética da ciência e a nossa própria, a existência ou ausência de Deus, de universos paralelos ou de hiperespaços, foram assuntos sobre os quais Michio Kaku discorreu longamente, na talvez mais estranha locação em que uma entrevista do *Milênio* foi realizada: um subsolo – quase um *bunker* – do City College, no extremo norte da ilha de Manhattan, onde este professor de Teoria da Física, em Nova York, encontra o total silêncio e isolamento que prefere para seus estudos e pesquisas.

Edney Silvestre — **O senhor é um astrofísico** que já escreveu oito livros que foram parar na lista dos mais vendidos. Como pode um livro científico tornar-se um best seller? Por que escreve livros?

Michio Kaku — **Eu sou um cientista que, embora** trabalhe no limite da Ciência, tentando ampliar a teoria de Einstein, tentando entender por que o tempo é o que é, e de onde veio o Universo, também quero me comunicar com as pessoas comuns, porque elas fazem as mesmas perguntas. À noite, elas querem saber de onde veio o Universo. Existe um deus? Existem alienígenas no espaço interplanetário? Pode-se construir uma máquina do tempo? Podemos fazer um espelho como o de Alice e ir para outra dimensão? E o futuro? Que vida meus netos terão daqui a cinquenta, cem anos? Estas são as perguntas que faço para mim mesmo, porque sou cientista. Mas, como quero transmitir essa mensagem para as pessoas comuns, quero que saibam que estamos trabalhando essas questões. Queremos saber de onde veio o *Big Bang*. Queremos saber sobre o tempo, sobre os buracos negros, sobre os possíveis outros buracos que existiriam no espaço. Estamos inventando o futuro. Queremos transmitir essa emoção às pessoas comuns.

E.S. – O senhor tem sido comparado a Carl Sagan e Isaac Asimov, igualmente popularizadores de teorias científicas. De onde vem seu interesse pela Ciência, pelo que a Ciência pode trazer, como tudo isso começou?

M.K. – Começou quando eu era muito jovem. Quando eu era criança, vivendo não muito longe de São Francisco, eu ia ao lago de um jardim de uma casa de chá japonesa. Havia um lago raso, com carpas nadando bem perto da superfície. Eu me fiz uma pergunta que só uma criança faria: "Como seria ser um peixe, viver em um mundo de duas dimensões?". Eu poderia me deslocar da esquerda para a direita, para frente e para trás. Mas para cima, para a terceira dimensão, estaria além da minha compreensão. Eu disse a mim mesmo que, se fosse um peixe, meu universo seria muito estranho, eu não teria consciência de que acima dos lírios d'água poderia haver um universo fantástico chamado Terra, poderia haver pessoas, movendo-se em três dimensões e não apenas em duas. Pensei que, quando crescesse, gostaria de saber se há mundos não vistos.

E.S. – Hoje, cinco décadas depois...

M.K. – Agora sou um físico. Hoje percebemos que nós, humanos, somos esses peixes. Passamos nossas vidas andando de um lado para o outro, para frente e para trás, para cima e para baixo, sem perceber que existem mundos não vistos para além do nosso Universo. Chamamos a isso de hiperespaço. Quando criança, eu achava que deveria haver esses universos. Agora sou um físico, sou um dos pioneiros nesse assunto. Meus artigos são citados em todo o mundo porque, agora, acreditamos que nós existimos em dez dimensões. Não em três dimensões, mas em dez dimensões. Com dez dimensões podemos completar o sonho de Einstein: uma equação que descreva todas as forças físicas do Universo. O segredo do Universo pode estar no hiperespaço.

E.S. – No seu livro *Hyperspace* há uma citação de Einstein: "Gente como nós, que acredita na Física, sabe que a distinção entre passado, presente e futuro é apenas uma ilusão teimosa e persistente". E o título do capítulo é "Para construir uma máquina do tempo". Acredita que é possível construir uma máquina do tempo?

M.K. – É muito possível. Há vinte anos, se você falasse em máquina do tempo, todos ririam na sua cara... Diriam que era impossível. Agora já não se tem tanta certeza. Agora, alguns dos maiores físicos do mundo estão dizendo: "Sim, é possível, ainda que não prático, construir uma máquina do tempo". O tempo é como um rio. Pense no rio do tempo. Newton pensava que o rio do tempo era uniforme, seguindo apenas em uma direção. Um segundo na Terra era igual a um segundo na Lua, que era igual a um segundo em Marte. Então veio Einstein, dizendo: "Não é bem assim...". Um segundo na Terra não é igual a um segundo na Lua. Um segundo na Lua não é igual a um segundo em Júpiter. Einstein estava certo. Esse rio do tempo se curva, segue meandros, obedece a todos os tipos de padrões estranhos. Ele se acelera e desacelera pelos meandros do Universo. Hoje acreditamos que esse rio do tempo pode ter vórtices. Ele pode dividir-se em dois rios. Isso quer dizer que viajar no tempo pode ser possível. Eu disse "possível", não "prático". A energia necessária para torcer o tempo, dar um nó no tempo, é aproximadamente 10 a 19 bilhões de elétrons volts, um quadrilhão de vezes mais potente do que a máquina mais potente da Terra. Essa tecnologia não é para nós. Essa tecnologia talvez seja para nossos tataranetos ou talvez para alienígenas no espaço interplanetário. Se um dia alguém bater à sua porta e disser: "Oi, eu sou a sua tataraneta", não ria. Pode ser verdade.

E.S. – Seu livro mais recente, *Visions*, tem um subtítulo que eu gostaria que explicasse: "Como a Ciência vai revolucionar o século 21".

M.K. – Muita gente está falando sobre o século 21. A maior parte do que dizem não faz sentido algum, é puro lixo. Eu sou um cientista. Queria apresentar em meu livro o melhor do pensamento científico sobre o que os cientistas estão fazendo, porque nós estamos inventando o futuro.

E.S. – Por exemplo?

M.K. – Pense no ano 2020. Você acorda de manhã, liga o seu relógio de pulso, seu relógio de pulso se conecta à Internet. A Internet vai estar no seu relógio. Você vai falar com ele em inglês, alemão, português... E ele vai falar com você. Então você coloca os seus óculos, que têm uma tela de TV, mostrando o que está acontecendo no seu escritório. Se você estiver na praia e tiver uma reunião de emergência no escritório, poderá ver o que está acontecendo por lá nos seus óculos, sem precisar sair da praia. E você usará brincos que se comunicarão com satélites GPS, que estão em órbita da Terra, e você poderá localizar sua posição num raio de sete metros. Todos os pais e mães do mundo darão estes brincos para seus filhos adolescentes, para saber onde estão em um sábado à noite. O prendedor de gravata terá as mesmas funções de um computador, de um laptop, e o alcance de um telefone celular: tudo em um prendedor de gravata. Suas roupas serão inteligentes. Elas irão fazer o controle de sua saúde. Elas lhe dirão como está o seu batimento cardíaco, a sua circulação... E se você tiver um infarto elas avisarão à polícia, chamarão a ambulância e levarão você até o hospital. Você pode dizer: "Isso é fantástico! Quer dizer que haverá inteligência em todo lugar? Mas isto é caro! Estamos falando de jóias inteligentes, roupas inteligentes, móveis inteligentes". Mas em 2020, chips de computador custarão um centavo. Isso quer dizer que eles estarão por toda a parte. O Universo será inteligente e todos nós seremos beneficiados por essa tecnologia.

E.S. – E a influência que a Ciência terá na assistência médica?

M.K. – Todo mundo quer saber: e meus filhos? E a minha saúde? E o câncer? E a Aids? Eu entrevistei alguns dos maiores cientistas do mundo sobre a Medicina. No ano de 2020 você irá a um consultório médico. O médico não será humano, será apenas uma máquina holográfica. Você conversará com esta imagem e ela lhe fará perguntas sobre a sua saúde. Uma enfermeira retirará um pedaço da sua pele e colocará em uma caixa chamada "genealizador". A máquina vai expelir um cartão, do tamanho de um cartão de crédito, que conterá todas as informações sobre o seu corpo. Então a enfermeira lhe dará uma injeção no braço. E a injeção curará doenças genéticas.

E.S. – Como o câncer?

M.K. – Ainda não, mas haverá progressos fantásticos. Para os afro-
-americanos, neste país, a glicogenoses é uma doença genética horrível
que mata crianças. Fibrose cística, se você for branco. Curaremos a
fibrose cística e a glicogenoses. Até muitas formas de câncer serão
curáveis. Sabemos que o câncer é basicamente uma doença dos genes.
É uma doença do DNA. Conseguiremos fazer uma enciclopédia com
todas as quebras no DNA que causam câncer. E também aumentare-
mos o tempo de vida dos seres humanos.

E.S. – Aumentar? A que ponto?

M.K. – Nós poderemos cultivar órgãos do corpo. Muitas pessoas
morrem porque seus órgãos se esgotam. Quando elas bebem demais,
o fígado se esgota, os rins se esgotam, o coração se esgota. Podemos
pegar um pedaço da sua pele e cultivar metros e metros de pele, a
partir deste pedacinho. Isso significa que pacientes com queimaduras
já podem ser curados. Válvulas do coração já podem ser cultivadas.
Cultivamos válvula de coração em laboratório. Daqui a cinco, dez
anos, cultivaremos fígados. Depois do fígado, cultivaremos rins e,
talvez daqui a vinte, cinquenta anos, todos os órgãos do corpo, com
exceção do cérebro humano. Então diminuiremos a velocidade do
processo de envelhecimento. Isso é fantástico. Existe uma nova enzima
chamada telomerase, que interrompe o processo de envelhecimento.
Podem-se pegar células da pele e colocá-las em uma lâmina. Isso foi
feito em janeiro, pela Geron Corporation. Colocaram células da pele
em uma lâmina e as bombardearam com telomerase. Normalmente,
estas células se dividem 50 vezes e morrem. Isso é a morte, é por isso
que morremos. Nossas células se dividem 50 vezes e nós morremos.
Essas células bombardeadas com telomerase se dividiram 90 vezes.
Nós duplicamos o tempo de vida das células da pele, células humanas
da pele. Isto significa que, no futuro, poderemos ter um coquetel com
diferentes tipos de enzimas, como a telomerase. Células diferentes
envelhecem em ritmos diferentes. Vamos simplesmente diminuir a
velocidade do envelhecimento. O limite da vida humana é de 120 anos.

E.S. – Se tiver muita sorte.

M.K. – Se tiver muita sorte, você viverá 120 anos, mas não existe qualquer razão para não duplicarmos esse tempo e talvez cheguemos a viver 250 anos. Se conseguirmos reduzir a velocidade do envelhecimento e consertar os órgãos que se esgotaram, como os rins, o fígado, até mesmo braços e pernas, podemos consertá-los e cultivá-los em laboratório. No futuro, talvez não a nossa geração, mas a geração de nossos filhos poderá ver o tempo de vida dos seres humanos aumentado, talvez duplicado.

E.S. – Mas se vivermos 250 anos, não haverá uma superpopulação no mundo?

M.K. – Sim e não. Muitas pessoas não percebem que o maior contraceptivo do mundo é a prosperidade. Quando os camponeses enriquecem não querem mais doze filhos, dos quais dez podem morrer ao nascer e dois viverão do seguro social na velhice. Hoje temos seguro social, temos assistência médica. As crianças quase não morrem mais de parto. Portanto, os camponeses não querem doze filhos: quando atingem a classe média, eles querem dois. É por isso que a população da Europa está diminuindo. É preciso 2,1 crianças por família para se manter uma população estável. A Alemanha, a Suíça, a Itália, também Singapura e o Japão estão tendo crescimento negativo, estão diminuindo de tamanho. Até os Estados Unidos, se não fosse a imigração, também estariam diminuindo. A imigração é a única razão pela qual a população dos Estados Unidos não diminui. No futuro, a população vai dobrar: segundo as Nações Unidas, no ano 2100, a população da Terra será de onze bilhões. Mas então ela vai estabilizar e provavelmente parará em doze bilhões. Teremos mais pessoas, viveremos mais tempo. Viveremos vidas mais saudáveis por causa desta nova tecnologia dada a nós pelo DNA.

E.S. – Sim, mas se nós... O senhor está pintando o quadro de um mundo muito amistoso. Mas agora, no final do século 20, estamos vivendo em um mundo muito hostil. Há guerras, terrorismo, epidemias... Como será o futuro?

VISIONÁRIOS – *MICHIO KAKU*

M.K. – O futuro será muito diferente no que concerne às guerras. Conforme o mundo fica mais próspero, mais classe média, as pessoas vão querer o conforto egoísta da classe média, em vez de guerra. Até as ditaduras têm dificuldade em evitar a entrada da Internet, televisão, comunicação, estamos todos ligados no mundo de hoje. Os ditadores não podem controlar suas populações porque elas sabem que existe uma vida melhor do lado de fora. Por isso, acho que no futuro o mundo será mais democrático. Acho que esta é a chave para o futuro. A tecnologia de que estou falando nos dará o poder de um deus grego. Pense nos gregos. Eles podiam criar animais e torná-los semi-humanos, centauros, esfinges, minotauros, harpias, Pégaso, nós teremos esse poder, o poder de manipular a vida. Os gregos falavam de deuses que podiam pegar estátuas e dar vida a elas, como Pigmaleão e Galateia. No futuro, teremos esse poder. Mas precisamos de sabedoria para lidar com este enorme poder, o poder sobre a vida. É isso que está reservado para nós no século 21. Vou lhe dar um exemplo: poderemos escolher os genes de nossos filhos daqui a vinte, trinta anos.

E.S. – Poderemos?

M.K. – Já podemos fazer algumas dessas escolhas hoje. Daqui a vinte, trinta anos, poderemos decidir que altura nossos filhos terão, a cor do cabelo, dos olhos, as características físicas e a personalidade deles, até um certo ponto. Mas pense no prejuízo que também pode ser criado. Camponeses querem meninos, não querem meninas. Atualmente, na Índia, acontece uma catástrofe: quatro milhões de meninas indianas não nasceram por causa da ultrassonografia. A ultrassonografia permite que os camponeses saibam de antemão se o bebê é menino ou menina. Por isso, quatro milhões de meninas não nasceram na Índia.

E.S. – Pelo mau uso da Ciência...

M.K. – O mau uso da Ciência. Por isso digo que a tecnologia do DNA não deveria ser utilizada por razões éticas. Pela saúde sim. Vamos acabar com o câncer, a Aids, vamos acabar com todas as doenças que pudermos. Vamos tornar nossos filhos mais saudáveis. Mas não vamos brincar com a cor dos olhos, do cabelo, o tamanho das orelhas, do nariz. Não vamos brincar com isso, porque a consequência disso pode ser a destruição da Humanidade. Se toda a próxima geração for de meninos, de onde virão nossos netos? Não teremos netos.

E.S. – Como isso pode ser evitado?

M.K. – Será difícil evitar. Veja a clonagem, por exemplo. Uma pessoa rica só precisa de cinquenta mil dólares, um laboratório subterrâneo e um biólogo desempregado para ter sua própria fábrica de clones. Em sua maior parte a clonagem será proibida. Mas será impossível impedir os ricos de fazer clonagens, porque eles terão o poder de escolher seus herdeiros. Uma pessoa rica pode ter herdeiros naturais, mas pode não gostar deles. Ela pode dizer: "Trabalhei duro para juntar este dinheiro, vou dá-lo a mim mesmo como criança; vou clonar a mim mesmo e me dar meu próprio dinheiro". Vamos ter de conviver com isso. Talvez um por cento da população mundial seja de clones.

E.S. – Isso é assustador.

M.K. – Isso vai acontecer. É como a heroína. Não se consegue acabar com a heroína. Não se consegue acabar com a maconha. Pode-se controlá-la, mas nunca se pode acabar com ela. Será a mesma coisa com os vícios humanos, tão logo se obtenha o controle da tecnologia de clonagem. Ainda maior que o perigo dos clones, é o perigo e as possibilidades de se projetar crianças. Pense nisso. Os pais gastaram milhões de dólares em aulas de violino para seus filhos, em aulas particulares em geral. Compram vários tipos de roupas para fazê-los parecerem bonecas. Os pais fazem tudo para seus filhos. O que um pai ou uma mãe não faria se pudesse mudar a construção genética de seus filhos? Mudar a cor do cabelo, dos olhos, mudar seus traços, sua saúde.

E.S. – Imagino milhares de crianças louras de olhos azuis...

M.K. – E meninos! Poderia ser um caos, um desastre absoluto. Se cada pai e cada mãe dissesse: "Nunca gostei do nariz que herdei

VISIONÁRIOS – *MICHIO KAKU*

do tio Joe, nunca gostei das orelhas de nossa família". "Por que não criar um Mozart? Quero que meu filho seja o próximo Mozart". Ou: "Nossa personalidade é muito depressiva. Quero um filho alegre, feliz". Isso é interminável.

E.S. – Isso pode ser controlado?

M.K. – Nós, cientistas, acreditamos que dentro de vinte anos as primeiras crianças projetadas poderão ser feitas. Essa é uma possibilidade definida. Certos aspectos disso já podemos fazer hoje. Hoje podemos controlar as crianças hiperativas. Estão descobrindo os genes da calvície e talvez usar a tecnoterapia genética para produzir crianças mais saudáveis, mais fortes, não por razões estéticas.

E.S. – O senhor falou em clones e isso nos leva a uma pergunta: se eu acreditar que nasci com alma e fizer um clone de mim mesmo, o que vai acontecer? Minha alma será clonada também? O senhor acredita em alma?

M.K. – A Ciência e a religião costumavam ser coisas separadas. E lutaram uma com a outra nos últimos dois mil anos. Galileu Galilei quase foi queimado na fogueira pela Igreja Católica. Os cientistas tentaram se separar da religião porque não queriam ser queimados em fogueiras, não queriam que lhes atirassem pedras. Mas os cientistas finalmente começaram a se perguntar de onde veio tudo isso. Foi a partir de um *Big Bang*? A Ciência começou a perguntar o que significava ser humano, quando podemos fazer clones ou construir um robô. Se eu fizer um robô com a minha personalidade, ele não será de carne e osso, mas terá os meus circuitos. Minha alma será transferida para o robô? A Ciência lida com o que é reproduzível em laboratório, com o que se pode fazer experiências. Por isso, os cientistas não falam de anjos ou de milagres, porque não se pode colocar um anjo num laboratório e fazer experiências com ele. Então mantemos o silêncio. Nós aprendemos a manter silêncio sobre coisas a respeito das quais as pessoas ficam emotivas. A Ciência não pode fazer nada, porque se baseia no que é reproduzível. Mas quando falamos sobre alma, Deus e o significado das coisas, é preciso observar que existem dois sentidos para a palavra deus. Quando cientistas falam sobre deus e a nossa relação com o Universo, estamos falando do deus da harmonia e de nossas almas buscando a harmonia, a unidade.

E.S. – O senhor, então, acredita em uma energia que regeria, que daria harmonia ao universo?

M.K. – A Ciência é minha profissão. Eu trabalho sobre a teoria de Einstein. Quero unificar tudo em uma pequena equação. Esse é o sonho de nossas vidas. Mas o deus das pessoas comuns é o deus da intervenção, o deus que atende às preces, o deus pessoal, que esmagou os filisteus, que dividiu as águas, que fez milagres. A Ciência não tem nada a ver com esse deus. Quando nós, cientistas, falamos sobre a alma, percebemos que não podemos fazer experiências com ela em laboratório. Por isso não falamos nada sobre ela. E quando nos perguntamos sobre deus, percebemos que existem alguns cientistas que acreditam nele, mas não é o Deus de Isaac, Moisés, Jacó, Abraão. É o deus de Einstein, de Leibniz, de Spinoza, o deus da harmonia, pois esta sinfonia em torno de nós não pode ser um acidente. É difícil acreditar, sem propósito algum, sem significado algum. É isso o que os cientistas estão estudando.

E.S. – Não quero terminar esta entrevista sem fazer uma pergunta sobre algo que lhe é muito caro: o senhor é um ativista antinuclear muito sério.

M.K. – Sou mesmo.

E.S. – Por quê?

M.K. – Quando eu estava no Exército, em 1968, era o ano da Ofensiva Tet, da intensificação dos ataques americanos no Vietnã. Eu fui formado para ser um substituto dos cientistas americanos que fizeram a bomba atômica. Foram meus professores que a construíram. Um deles carregou com as próprias mãos a bomba de Nagasaki. Ele carregou a bomba de Nagasaki. Perguntei ao professor Phil Morrison:

VISIONÁRIOS – *MICHIO KAKU*

"Como foi carregar a bomba atômica?" Como se faz isso? Como se leva uma bomba atômica nas próprias mãos?". E ele respondeu: "Com muito cuidado". Assim era a geração dos meus professores. A nossa geração deveria substituí-la, mas então aconteceu a guerra do Vietnã. A carreira de toda uma geração de cientistas foi destruída. Eu trabalhava para os militares. Então comecei a ver como a ciência pode ser mal utilizada. Como ela pode dar errado. Eu vi napalm, vi a gasolina gelatinosa sendo usada em aldeias que não tinham defesas contra uma força aérea que as bombardeava até serem destruídas. Meus professores me disseram: "Nós construímos a bomba. São vocês, a próxima geração de cientistas, as pessoas que treinamos para serem nossos sucessores, para controlar esta tecnologia, para garantir que a tecnologia seja utilizada para libertar as pessoas, não escravizá-las". Eles construíram a bomba não porque queriam destruir: eles não queriam que os fascistas, os alemães, tivessem a bomba atômica.

E.S. – Mas ela foi jogada contra a população civil no Japão.

M.K. – Ela foi usada no Japão e eles se sentiram muito mal com isso. Eles diziam: "Não foi para isso que construímos a bomba, não para ser um brinquedo nas mãos dos políticos. Usamos esta bomba porque sabíamos que os alemães também estavam trabalhando em uma bomba atômica". A geração anterior nos disse que era nosso dever garantir que essa tecnologia fosse usada para propósitos pacíficos, não para o uso da proliferação de armas. É por isso que sou contra o uso da bomba atômica com propósito de proliferação, com propósitos políticos. Sou a favor do desarmamento. Sou a favor de que as bombas atômicas sejam desmontadas para garantir que os generais não serão tentados a usar essa tecnologia da maneira que ela foi usada contra o Japão. Muita gente jovem foi contra o programa "Guerra nas Estrelas", no governo de Ronald Reagan. Muitos jovens cientistas assinaram um compromisso contra ele. Foram sete mil cientistas prometendo nunca usar a ciência para construir um escudo protetor sobre os Estados Unidos, que seria um desperdício de dinheiro, aceleraria a corrida armamentista e, na verdade, provocaria a guerra, em vez de terminar com ela.

E.S. – Qual é a função da Ciência, hoje?

M.K. – Acredito que a Ciência é como uma espada. Essa espada tem duas lâminas. É uma espada muito poderosa. Um lado pode cortar a doença, a ignorância, a pobreza. Mas o outro pode ferir as pessoas, pode ferir milhões de pessoas, pode destruí-las. É por isso que temos que ter domínio sobre o poder da espada. Infelizmente não é isso que a mídia nos diz. A mídia nos dá apenas entretenimento, os jornais só nos dão entretenimento. E há uma série de questões científicas sérias que precisam urgentemente ser abordadas. Mas a mídia está falhando em seu propósito que é educar as pessoas sobre estas enormes questões que estão diante de nós, no século 21.

TONY KUSHNER

"A história dos Estados Unidos sempre foi definida pela opressão de grupos minoritários pobres por grupos minoritários poderosos."

Em 1993, um terremoto sacudiu a Broadway. Pela primeira vez, naquela Meca do teatro bem-comportado e dos musicais cheios de cor e fantasia, uma peça – autoproclamada gay e política – utilizava personagens homossexuais fictícios e figuras públicas reais para falar de Aids, corrupção nos altos escalões, amor entre iguais e a devastação que os governos conservadores de Ronald Reagan e George Bush – o pai – tinham feito no espírito americano. Era *Anjos na América*, de um autor até então desconhecido: Tony Kushner.

No panorama teatral escapista daquela época, cheio de comedietas, draminhas psicológicos e fileiras de coristas sapateando ao som de canções anódinas, a peça causou escândalo. Ao mesmo tempo *Anjos...* estabeleceu Kushner, de 37 anos, como o possível grande dramaturgo da geração dele. E fez com que arrebatasse todos os prêmios importantes da temporada, inclusive o Pulitzer e o Tony – o Oscar do teatro americano. A montagem, apoiada em elementos de vanguarda como ações paralelas e atemporais, confessadamente inspirada no filme *Nashville*, de Robert Altman – também levou uma enxurrada de prêmios. Ao final dos anos de 1990, *Anjos na América* tornara-se referência de qualidade na Broadway, que tentava se revitalizar, assim como a peça mais premiada da década.

Conheci Tony Kushner antes do sucesso. Filho de mãe comunista e pai liberal, o dramaturgo, nascido em Nova York, era um sujeito simples, direto, modesto, sem veleidades nem vaidades (na primeira entrevista que fizemos, num café do bairro Chelsea, usava um suéter com um furo – de bom tamanho – no ombro), altamente politizado, todas características raras nos batalhões intelectuais norte-americanos. O sucesso não o mudou em nada, exceto pelos quase trinta quilos que perdeu, com uma dieta rigorosa. A entrevista para o *Milênio* foi realizada em seu apartamento – confortável, banal, repleto de livros – no Upper West Side, uma área ainda preferida por contestadores, intelectuais judeus, atores e celebridades (Harrison Ford, Lauren Bacall, Bruce Willis, Madonna na fase pré-Inglaterra etc.), que ali nunca são importunados pelos moradores.

Edney Silvestre — **A Aids parece uma peste** sem cura, a Perestroika resultou em carnificinas nacionalistas, há um ressurgimento do nazismo, gerações inteiras estão sendo dizimadas no Terceiro Mundo pela fome, a droga e a crise econômica corroem as Américas. Estamos condenados ao fim do mundo, como um personagem clama em *Anjos na América*?

Tony Kushner — **Acho que não. Espero que não.** Realmente não sei. Vivemos uma época terrível, o que se assiste no mundo inteiro é assustador, mas não vejo razão para desistirmos. Este é um período de transição e, como tal, deve ser razão para otimismo. O final da Guerra Fria nos privou da fantasia de que existem sistemas ideológicos capazes de configurar um mundo novo melhor. Mas, ao mesmo tempo, conforme a poeira vai assentando, percebe-se que a adoção sem restrições do regime socialista, tal como ocorreu na União Soviética, não traz as bênçãos que pareciam tão sedutoras. Os tempos são realmente duros, mas há sinais de esperança e progresso.

E.S. – Você é judeu, nasceu aqui em Nova York e cresceu no sul dos Estados Unidos, portanto conhece dois tipos de preconceitos diferentes. Quando o entrevistei há alguns anos, você me disse que seus primos nova-iorquinos não tiveram a mesma chance que você, de conhecer pessoas de outras raças.

T.K. – No sul, por causa do movimento dos direitos civis, as escolas foram integradas. À força, mas foram. Meus amigos de infância eram negros, uma experiência oposta à de meus primos daqui, que frequentaram escolas particulares só para brancos. Um relatório, divulgado alguns anos atrás, mostrou Nova York como o lugar que possui o maior número de escolas segregadas. Ainda existe segregação nos Estados Unidos, mas é um assunto do qual ninguém fala. Por outro lado, os preconceitos que enfrentei no sul como uma pessoa gay talvez tivessem sido mais fáceis de lidar aqui, pois Nova York sempre teve uma enorme comunidade gay. Acho que meu sentido de justiça e injustiça vem do fato de eu ter crescido no sul, de ser gay e de ser judeu, das várias histórias das quais participei e fizeram parte de minha formação. Talvez haja uma ligação entre o sentido de justiça e o de compaixão.

E.S. – Quando você descobriu que era gay?

T.K. – Eu sempre soube. Desde que tinha seis anos. Mas quando estava com uns onze ou doze, esse era um assunto no qual ninguém tocava, ponto. Eu não tinha ideia de que havia outras pessoas iguais a mim.

E.S. – Você lutou contra sua homossexualidade??

T.K. – Cheguei a fazer terapia. Eu queria ser gay, mas achava que seria rejeitado por meus pais e que jamais seria feliz me assumindo como homossexual. Por causa disso, fiz um esforço burro, durante seis anos, para me tornar hétero.

E.S. – Fazer análise foi um erro?

T.K. – Aprendi um bocado sobre mim mesmo durante o processo. Também aprendi que a orientação sexual de uma pessoa se forma muito cedo e não muda, como pode acontecer com traços menos profundos do comportamento. Me ajudou a compreender o sofrimento que atravessam as pessoas reprimidas. O personagem Joe Pitt (*de* Anjos na América*; um heterossexual, casado, em conflito com seu desejo por homens*) não teria a sinceridade que todos lhe atribuem se eu não tivesse passado por essa experiência. Não foi um erro, nem perda de tempo. Mas denuncia meu profundo grau de desconforto.

VISIONÁRIOS – *TONY KUSHNER*

E.S. – Vários personagens de *Anjos...* ecoam experiências suas. Repetindo Flaubert: "Madame Bovary sou eu"?

T.K. – Prefiro citar Goethe, que disse ter escrito *O sofrimento do jovem Werther* exatamente para não se tornar um jovem Werther.

E.S. – O que você procura, se é que procura, quando escreve?

T.K. – Acho que uma das obrigações do dramaturgo é criar empatia. Como Tchékhov disse: "Nada humano me é estranho". Faz parte do meu trabalho tentar imaginar como as pessoas justificam suas ações e como elas se explicam para si próprias e para os outros. Mesmo quando você cria um personagem que despreza, parte de seu trabalho é tentar descobrir o que naquele personagem se assemelha a você. Este é um tipo de compaixão, uma forma de empatia. Por isso é que as pessoas que trabalham no teatro, escritores e artistas em geral, tendem a ser mais de esquerda. Porque quando seu trabalho é criar empatia e o material com o qual trabalha vem da empatia, você não fica satisfeito com um tipo de política imprudente e muitas vezes insensível com o qual a direita está acostumada.

E.S. – Mas há uma tendência aqui, até mesmo entre os dramaturgos de esquerda, de escrever peças sobre a chamada "vida interior". Suas peças têm um ponto de vista político muito forte.

T.K. – Acho que ninguém, exceto talvez Beckett, que era um gênio, foi tão fundo na natureza humana quanto é possível. Talvez não na natureza humana mas na psique. Beckett escreveu peças de qualidade atemporal, embora no início e no fim de sua carreira tenha escrito peças políticas. No meio, trabalhou com a natureza humana. Aqui nos Estados Unidos dizemos que não há tradição em peças políticas, mas há. Há peças políticas importantes. Veja Eugene O'Neill. Todos acham que *Longa jornada noite adentro* é uma peça sobre uma família com problemas e se esquecem de que é uma peça sobre o teatro. Todos são atores. É uma peça sobre gêneros e sobre ser imigrante na América. Eles eram imigrantes irlandeses, mas é uma peça sobre não ser rico e trabalhar para ficar rico, contendo muita política, como também acontece em *Um bonde chamado desejo*, em *A morte do caixeiro viajante*, em *Quem tem medo de Virginia Woolf?*. Todas são grandes peças americanas.

E.S. – Como seu interesse em política começou? Ele está na família?

T.K. – Sim, em grande parte. Acho que é coisa de judeu. Geralmente e principalmente, os judeus se assimilam à cultura da sociedade em que vivem e sempre se envolvem em política, se interessam pelo debate político como cultura. Há um certo direcionamento externo e um interesse na justiça que acho que leva ao interesse pela política. Porque lei, justiça e política se interligam. Acho que ser gay teve um grande impacto. Meus pais eram politizados. Eram músicos, cresceram aqui nos anos de 1930 e, na década seguinte, com a Segunda Guerra Mundial, todos se politizaram. Acho que isso passou para mim e para meus irmãos.

E.S. – Como vê a situação política nos EUA hoje?

T.K. – Ah, Deus, está uma bagunça. Por um lado foi bom Clinton ter sido reeleito, mas estou terrivelmente decepcionado com ele. Há uma ótima definição para ele e seus assessores: são os "democratas Vichy". Ele foi reeleito e diz querer fazer um governo bipartidário. O que é isso? O Partido Republicano é um partido degenerado. É o partido dos grandes negócios, do racismo, do antissocialismo em todos os sentidos da palavra. Ele é o partido anticivilização, antieducação, antitrabalhismo e antiescolha, antidireitos civis, antidireito dos gays. Então por que este homem, um democrata reeleito em 18 bilhões de anos, quer um governo bipartidário? Acho que ele não entendeu o que o povo quer que faça. Clinton está equivocado e é um covarde. Ele fez coisas terríveis. Assinar o projeto de lei da previdência foi um erro monstruoso. Os republicanos aprovaram o projeto de lei da previdência no Congresso porque são maioria, basicamente tirando o enchimento da malha social e jogando milhões de crianças na pobreza. Mães solteiras só têm alguns anos para arrumar emprego e, se não arrumarem, serão jogadas na pobreza. Os imigrantes também perderam seus benefícios.

E.S. – Você fala dos imigrantes legais.

T.K. – Sim, e dos filhos dos imigrantes ilegais que ficam sem sua cidadania. É uma lei terrível. A mesma coisa está acontecendo na Grã-Bretanha com as leis de asilo, assim como na França, na Itália e na Alemanha. É tudo o mesmo pesadelo fascista e Clinton o assinou, traindo tudo aquilo em que os que o apoiaram acreditam. Agora ele está tentando consertar, mas não controla o Congresso e não vai conseguir nada. E isso causará uma devastação social enorme, de proporções épicas. As pessoas estão apertando os cintos. Haverá desabrigados e famintos. Vai ser muito ruim.

E.S. – Você prevê um futuro árido para a América.

T.K. – Acho que hoje temos muitos problemas. Até o ano passado, eu realmente acreditava no Partido Democrata e achava que ele era fundamentalmente diferente dos republicanos, mesmo direcionado para o centro. Mas que partido não o faz? O mesmo acontece na Inglaterra. Eles não acreditavam em mais nada de diferente. Os progressistas deste país não estão representados, exceto por alguns congressistas decentes.

E.S. – Nesse quadro, qual pode ser a contribuição do teatro e a sua própria contribuição como dramaturgo?

T.K. – O teatro tem uma contribuição a dar. Mas eu estou num ponto de crise. Pareço desesperado porque estou começando a suspeitar de uma das coisas que muita gente me disse depois de ver *Anjos...*: que lhes deu esperança. Eu fiquei muito feliz. Não sei mais se estou feliz. Há épocas na política em que o desespero tem mais valor do que o otimismo. Precisamos parar de dizer para nós mesmos, como espécie, que chegamos ao fundo do poço. Temos de dizer que as coisas podem piorar muito. Temos de encarar a emergência seriamente. Talvez o tipo de teatro em que estou trabalhando agora não vá atrair ninguém, mas acho que o teatro deve entreter. As pessoas não vão ao teatro para serem repreendidas, nem para se entediarem, acho que é uma obrigação moral não entediá-las, mas também acho um crime criar falso otimismo. E vemos muito disso no teatro.

E.S. – O otimismo, a esperança seriam alienantes, é isso?

T.K. – Gosto de pensar que o otimismo em minhas peças vem de confrontações reais com as condições existentes, que são terríveis, em vez de ser um placebo simples que todos tomam e se sentem bem no final. Ainda acho que o teatro é muito importante. As pessoas sentam-se em frente ao computador e alucinam com a ajuda do computador, o que me parece uma possibilidade real e iminente. É muito importante que as pessoas vão a peças públicas, a arenas, onde se unem em grandes grupos e assistem a algo tão falível, bobo e implausível como uma peça. Nesse aspecto, o teatro é insubstituível. Exige mais esforço do que dinheiro, porque não é preciso dinheiro para fazer teatro. É uma forma imortal disponível para qualquer um que tenha um aposento vazio. Isso soa romântico, mas é verdade. Acho que, nesse aspecto, o teatro é mais poderoso do que o cinema, que é tão controlado por dinheiro. O que o cinema tem a dizer sobre direito dos gays e a Aids, vem do fato de que o teatro saiu na frente em termos de falar publicamente sobre a epidemia, porque demorou para o cinema sentir que era seguro falar sobre isso de forma politizada e inteligente. Acho que foi uma contribuição.

E.S. – *Anjos na América* é intensamente dramática. *Perestroika*, a continuação de *Anjos...*, foi definida por você mesmo como uma comédia. Por que a mudança de tom? Como é possível fazer rir falando de Aids e sofrimento? Como conseguiu escrever uma comédia com temas tão dolorosos, enquanto sua mãe morria de câncer?

T.K. – Na verdade comecei a escrever antes de ela adoecer. Foi um câncer fulminante e nesse período não escrevi uma linha, e tampouco nos nove meses seguintes à sua morte. De repente, recomecei. Não sei por que. Acho que é uma questão de otimismo. Sempre vi *Perestroika* como uma peça sobre transformações, sobre a necessidade de se caminhar em direção ao desconhecido, e aqui se entra no mundo da comédia. Porque a tragédia, num certo sentido, é sobre a colisão entre sistemas – bonitos, justos ou decentes – que não podem conviver no mesmo espaço. Um tem de desaparecer para que o outro sobreviva, o que é trágico. Numa comédia, o que existe é o movimento para a frente, o progresso, a transformação.

E.S. – A ação de *Anjos...* se passa na era Reagan, no auge da epidemia de Aids. O que mudou desde então?

T.K. – Quando estava escrevendo, decidi retratar o momento histórico em que estava vivendo, e todas as pessoas com quem me relaciono falam de política especificamente. Uma das qualidades da política é que ela é específica. Você pode fazer piada com Clinton e com Reagan, pode odiá-los com a intensidade e a paixão que vêm de sua especificidade, das coisinhas que Reagan fazia e do imbecil que ele era. Decidi escrever uma peça na qual as pessoas reconhecessem o mundo em que vivem, em vez de evitar falar sobre Reagan, porque, em quinze anos, ninguém mais se lembraria de quem ele foi. Acho que irão se lembrar dele. Apostei e acho que vou ganhar. Reagan foi historicamente significativo. Foi uma catástrofe historicamente significativa para este país e acho que continuamos vivendo a Era Reagan. A tentativa de Clinton de revertê-la falhou e os termos dos debates de hoje são os termos que Reagan e Thatcher definiram. Não acho que Thatcher teria funcionado sem Reagan. Ela era o cérebro e ele o porta-voz. Ele fez coisas impossíveis funcionarem. Reagan fez uma coalizão de direita entre anarquistas e fundamentalistas religiosos que não funciona sem ele, mas que foi o suficiente para que a direita revertesse setenta anos de legislações progressistas aqui e na Grã--Bretanha, assim como destruísse a tradição dos sindicatos. Acabamos com Clinton e Tony Blair na oposição – e isso não é uma oposição. A Aids ainda é pandêmica, ainda é global. Há pessoas se infectando no mundo todo, neste exato momento. Conheço muita gente que está tomando esses remédios novos e estão passando muito bem. É muito prematuro dizer que há uma cura. As pessoas ainda precisam tomar muito cuidado e conseguir mais fundos para pesquisas porque não estamos nem perto da cura. Essas drogas são muito experimentais e alguns nem têm acesso a elas. São caras. E têm de ser tomadas em condições extremamente controladas. O povo do Terceiro Mundo e os pobres dos Estados Unidos que não contam com uma boa assistência médica terão dificuldade em guardar as drogas na geladeira, tomá-las com muita regularidade.

E.S. – Apesar de ter dado o subtítulo "Uma fantasia gay sobre temas nacionais" a *Anjos...*, você é contra defini-la como uma peça gay. Por quê?

T.K. – Sou contra um rótulo que não define a amplitude, a complexidade e a profundidade de minha peça, que pode ser vista sob inúmeras perspectivas diferentes. Não discordo daqueles que pensam ser uma peça sobre a Aids. Mas isso não é tudo. Não é sequer seu tema principal. A palavra Aids é usada apenas cinco vezes. Não é uma peça sobre a doença. Não é uma peça gay, embora eu fique feliz que seja vista como tal, porque não fala apenas de temas ou pessoas gays.

E.S. – Sobre o quê, então, é *Anjos na América*?

T.K. – Eu quis escrever uma peça onde os temas políticos aparecessem sob a ótica de um homem gay, onde a tragédia da Aids servisse não para provocar pena, mas como exemplo de uma atitude indiferente de uma suposta maioria branca e heterosexual. Na verdade, não existe maioria neste país. Nossa história, a história dos Estados Unidos, sempre foi definida pela opressão de grupos minoritários pobres por grupos minoritários poderosos. Eu quis mostrar essa conexão com clareza e que aquilo que parece marginal é, na verdade, o âmago. Eu me propus a mostrar o que significou ser gay em Nova York nos anos de 1980. Não uma tentativa de autobiografia, mas saída diretamente de minha experiência no mundo naquela época.

E.S. – Qual é a sua experiência com Aids? Você é soropositivo? Perdeu muitos amigos?

T.K. – Conheço pessoas, especialmente na faixa dos quarenta anos, que já foram a mais de quinhentos funerais, ou cujo círculo inteiro de amigos foi dizimado pela doença, gente que durante meses ia a enterros todos os dias da semana. Não tenho o vírus da Aids e sempre tive um círculo de amigos pequeno, composto tanto de pessoas gays como hétero. Próximas a mim morreram apenas quatro pessoas, mas percebo que a coisa está aumentando. Semana passada morreu mais um amigo meu.

E.S. – Os gays sempre foram vistos como individualistas, frívolos e alienados. A Aids teria trazido conscientização política?

T.K. – O movimento gay existe há 25 anos. O que a Aids fez foi causar uma radicalização. Até os gays mais moderados, membros das classes privilegiadas, desistiram de suas fantasias de serem assimilados pela sociedade branca heterosexual. A Aids também provocou a união, de grande significação histórica, entre gays e lésbicas: juntos representamos dez por cento da população. Nos tornamos uma força política impossível de ser ignorada.

E.S. – Por que Ethel Rosenberg, executada junto com o marido Julius por traição em favor da União Soviética, aparece tão proeminentemente em *Perestroika*, que se passa trinta anos depois da morte deles?

T.K. – Sempre me comovi muito com a história da execução dos Rosenberg. Estou convencido de que Ethel não era espiã. Ela talvez soubesse que o marido era, mas nenhuma prova foi apresentada em seu julgamento e nenhuma prova foi encontrada desde então. De Julius, sim, e acho possível que ele fosse mesmo espião. Mas um espião de baixo nível e inepto. Outros, que fizeram muito mais estragos para os Estados Unidos como agentes de espionagem, passaram apenas cinco ou seis anos presos. Julius foi condenado num julgamento político e acho que foi executado porque era judeu. Porque todos os participantes do julgamento eram judeus e queriam mostrar que sabiam ser duros com o comunismo. O juiz, o advogado Roy Cohn, seu assistente...

E.S. – Eram todos judeus?

T.K. – Todos. E estavam com medo, porque os Rosenberg eram judeus, de que parecesse que todos os judeus eram comunistas. Roy admitiu mais tarde que falou com o juiz ao telefone e disse: "Você tem de ser duro com eles, porque vão pensar que os judeus aceitam o comunismo". Ethel Rosenberg foi assassinada pelo governo americano, e fiquei comovido com as cartas enviadas para eles na prisão e com o sentimento global de que suas vidas deviam ser poupadas. Houve um movimento internacional para salvá-los e eles são do mundo de meus pais.

E.S. – Quanto tempo leva, quando escreve uma peça? E quanto à sua peça nova, que estreará em Londres?

T.K. – Estou trabalhando em uma trilogia desde... Há doze anos. É, basicamente, sobre dinheiro. Há um personagem que deverá viajar pelas três, mas são histórias completamente diferentes. A peça número um mostra a relação entre a escravidão nos Estados Unidos e a indústria têxtil britânica. A segunda é baseada num conto de fadas iídiche, numa lenda de um rabino de Praga. E a terceira é sobre o capitalismo. É uma coisa enorme. Trabalho nela há doze anos.

E.S. – Doze anos, Tony?

T.K. – É, doze anos. Faço anotações e me preparo para escrever, mas sempre estou pondo uma coisa ou outra na frente delas. Achei importante começar a escrever sobre Economia de forma dramática. O dinheiro é como a música. É uma abstração a partir da qual as pessoas medem sentimentos, emoções e assuntos humanos. É impossível falar dele, usar palavras para falar dele que não sejam metáforas. O dinheiro é essencialmente inumano e abstrato. Acho que Marx está certo. Ele é "a" abstração. É a substituição da alma humana por uma vagueza aritmética que destrói as pessoas. Não há como discuti-lo sem falar sobre amor, sexo, poder e todas essas coisas humanas. Me interesso em brincar com isso. Sempre fui fã dos romances ingleses do século 19, que parecem ser sobre amor e romance, mas que são sempre sobre o casamento, que é sempre uma proposta de negócio. Ela vai ficar com o casarão ou com a renda? Acho que é por isso que os americanos estão tão obcecados por Jane Austen. Temos tantos problemas financeiros, fomos ricos e estamos empobrecendo rapidamente, por isso buscamos japoneses e alemães para nos salvar através do casamento. E temos uma esquerda em total conivência com a direita.

E.S. – Em que sentido?

T.K. – Todos aceitam que é preciso equilibrar o orçamento. Mesmo que as pessoas morram. Todos acham que equilibrar o orçamento é parte de um bem social, tal como os ricos não pagarem impostos é um bem social. Esquerda e direita concordam que, se uma empresa pode ganhar muito mais dinheiro despedindo, que despeça cem mil empregados. Quem se importa? Isso é problema deles. Todas essas coisas, há vinte anos, causariam greves, manifestações e raiva, porque havia um senso de justiça e injustiça social e econômica. Hoje, a noção de justiça econômica morreu. Aceitamos que o mundo do dinheiro é um mundo de injustiça e desigualdade. Não sei por que chegamos a esse ponto. Isso não acontece só aqui, é uma coisa global. Todos escutam que o dinheiro acabou. Foi para algum lugar desconhecido e temos de aceitar sofrer. Enquanto isso, os ricos ficam mais ricos e a disparidade de rendas é a maior da História dos Estados Unidos. Portanto, falar de dinheiro é importante, de novo.

E.S. – O que fará de agora em diante?

T.K. – Quero terminar as três peças e escrever um romance. Quero tentar escrever um romance. Fazer quarenta anos foi importante. Freud chama de "o ano de Moisés", porque foi quando Moisés achou a sarça ardente. Para os homens judeus, quarenta anos é como 33 para os cristãos, porque foi quando Cristo começou a pregar.

E.S. – Ele morreu com 33 anos.

T.K. – Pois é. Ele pregou por pouco tempo. Acho que apenas um ano. Por volta dos trinta. Para os judeus, 40 anos é a idade da grande mudança. Ezra Pound disse uma coisa assustadora ao poeta americano Charles Olson: "É preciso se perguntar se você é um sujeito sério". Eu quero ser isso. Eu gostaria de deixar uma pequena estante de peças. Quando você chega aos quarenta, entra definitivamente na "meia-idade". Percebe que sua vida tem um fim. Já vi muitas pessoas morrerem, finalmente me convenci de que um dia eu estarei no caixão, e tenho muito o que fazer antes de morrer.

JOSÉ SARAMAGO

"...Eu achava pouco ter o Prêmio Nobel? Não, não, não.
É que no fundo, no fundo, tudo é pouco. Tudo é insignificante.
Que eu estivesse a pensar no universo, e a relação ao universo
e ao Prêmio Nobel não teria importância nenhuma."

Ele vivia sobre vulcões. Literalmente. Duzentos deles, para ser mais exato. Morava nunca casa caiada de branco, junto de sua amada Pilar, a mulher que lhe deu uma nova vida, nas palavras amorosas que lhe dedicou durante esta entrevista, realizada na ilha de Lanzarote, a menos de cem quilômetros costa da África, bem longe da Lisboa – mais de mil quilômetros – que abandonara, decepcionado com a maneira como o governo português o tratava, mesmo depois de ter ganhado o Nobel.

Único autor em nossa língua laureado como maior prêmio de literatura do mundo, o neto de criadores de porcos José de Sousa Saramago (18 de novembro de1922 – 18 de junho de 2010) estava frágil, depois de uma doença persistente, quando conversamos sobre sua visão da sociedade contemporânea, da literatura, do fim das utopias socialistas, do Brasil depois e apesar da eleição de Lula, de suas esperanças pelos anos que ainda viveria, de suas origens modestíssimas, do abandono dos estudos secundários por impossibilidade de pagá-los, de seu sustento como mecânico de automóveis, da surpreendente origem de seu estilo ousado e único, do encontro improvável e mágico com a jovem jornalista espanhola Pilar Del Rio, atraídos na identificação pelo amor ao comunismo e a Fernando Pessoa diante do túmulo do poeta, unidos – até a morte do escritor – por uma (e aqui ele detestaria meu uso destas palavras melodramáticas) paixão avassaladora.

Nossa conversa, em abril de 2007, começou ao pé da escada que levava ao andar de cima da casa, onde mantinha o escritório onde escrevia – sem editar uma linha – rodeado por estatuetas de cavalos, seu animal predileto, alguns porta-retratos e quadros, algumas estantes, uma mesa com uma máquina de escrever, um boneco de seu dileto amigo brasileiro já partido Jorge Amado. Das janelas de vidros duplos, muitas, tinha visão sem limites das colinas e montanhas escuras de Lanzarote, protegido dos ventos intensos que lá sopram ininterruptamente.

Ao longo de mais de 6 horas, acompanhado dos colegas William Torgano (que tinha ido comigo do Brasil) e Anderson Vasco, gravamos para os programas Globonews Literatura e Jornal da Globo sentados na ampla biblioteca, depois caminhando pelos corredores, no escritório do segundo andar, na copa, na sala de estar, no corredor onde o casal mantinha relógios marcando a hora em que se encontraram pela primeira vez, junto às vitrinas onde estavam dispostas as muitas medalhas, diplomas e honrarias concedidas para quem a glória do Nobel não se comparava à ilimitada riqueza de sua infância no vilarejo dos avós Jeronimo Meirinho e Josefa Caixinho, no quintal onde na terra vulcânica plantara quatro oliveiras trazidas de sua Azinhaga natal, quando as originais, milenares, foram dizimadas por ordem da União Europeia, como parte das exigências para a concessão de lautos empréstimos a Portugal, para ali plantar milho, assim diminuindo o preço do azeite de oliva e estabilizando o do óleo de milho.

Pilar Del Rio, por insistência minha, em alguns momentos sentou-se conosco e nos acompanhou nas caminhadas pela casa. Incluí, aqui, alguns de seus comentários, tão perspicazes quanto amorosos.

Saramago estava, então, com 84 anos e tinha acabado de publicar um delicado, precioso livro de recordações da infância, *Pequenas Memórias*.

Edney Silvestre — **O senhor vive em Lanzarote.**
Isolado, literalmente. Sua mudança para cá aconteceu depois daquele episódio da censura do governo português a seu romance O *Evangelho Segundo Jesus Cristo*. Parte da opção de viver aqui tem a ver com a decepção, com os caminhos que a história mundial tomou no final do século XX? A dificuldades, se não a derrocada do socialismo? Ou mesmo um fim de muitas esperanças?

José Saramago — **Não, não tem a ver com isso.**
Para isso seria necessário outro tipo de exílio em que eu, de alguma maneira, não quereria me comunicar com ninguém, alimentaria as minhas decepções e as minhas frustrações com a recordação, com a memória e tudo isso. Há uma causa direta e única. Foi exatamente o ato de censura, foi isso que me trouxe aqui. E a Pilar me viu, nesta altura, tão abatido, tão indignado, protestando. Durante quarenta anos, quase cinquenta anos... Eu e nós, todos tivemos que aguentar o fascismo. O fascismo (do ditador Antonio de Oliveira Salazar) tinha as suas regras, apreendeu livros, colocou escritores na cadeia algumas vezes. E agora chega a democracia e proíbe o meu livro – bem, o livro não foi proibido, o livro não foi retirado das livrarias, simplesmente...

E.S. – Houve uma censura.
J.S. – Houve uma censura. E uma censura que eles justificavam desta maneira: o livro era ofensivo para os católicos portugueses.

CONTESTADORES

Como se eu tivesse alguma coisa a ver com os católicos portugueses. Não é que eu não vá a Lisboa, não houve um corte com o meu país de maneira nenhuma. Com o governo, sim. Depois... essas coisas, o governo vem, chegaram a me pedir desculpas. Disse que sim, que estava desculpado, mas não está.

E.S. – O senhor sempre foi de esquerda, um revolucionário. Que não aprova o terrorismo fundamentalista.

J.S. – Então ninguém percebe que matar em nome de Deus é fazer de Deus um assassino? Quem se atreve a fazer uma coisa dessas. Isso tem-se todos os dias, em todas as religiões.

E.S. – A queda do muto de Berlin, o fim da União Soviética e da utopia socialista, a ascensão da China como potência capitalista: como o senhor vê toda essa transformação brotada no fim do século XX? E o Brasil, após a eleição de Lula?

J.S. – Duvido que nos tempos próximos as ideias socialistas tenham qualquer oportunidade de... Aquilo que se passa com os partidos socialistas, a primeira coisa é que não são socialistas. E quem governa o mundo é o dinheiro.

No Brasil, eu esperava mais e melhor com a eleição do presidente Lula. O Lula apresentou-se como alguém que iria resolver aquilo. Mas estava claríssimo que ele não podia. Se não mudava, se não transformava as lógicas do poder, que fazem do Brasil um país um pouco estranho neste particular, é que, no fundo, não há partidos. Há grupos de interesses, alianças, que se fazem e se desfazem consoantes às conveniências. Há uma espécie, não quero chamar de, digamos, "caciques". Mas há qualquer coisa que vem, digamos, na linha do "caciquismo", que é o influente político, que não sabe muito bem por que ele ganhou aquele poder, mas a verdade é que o ganhou...

Como é que o Lula, supondo que ele representava essa utopia de justiça social, resoluções dos problemas gravíssimos que tem o Brasil nesse particular, como é que ele iria resolver? Sozinho? Como uma espécie de Joana D'Arc que vem, de lança em riste, resolver tudo? Claro que não podia.

E.S. – Como vê o mundo hoje?

J.S. – As pessoas querem viver melhor e têm todo o direito de querer viver melhor, e é preciso fazer tudo para que vivam melhor. Então, o que aconteceu é que ser pobre hoje não é a mesma coisa que há cinquenta anos ou há oitenta anos ou coisa que o valha. O pobre então, nessa época – e eu me lembro de mim mesmo e da minha família – nós éramos pobres e acabou. E ninguém ficava pensando em deixar de ser pobre, não sabia como. Ser pobre era uma espécie de... Era normal, nasceu pobre, vai continuar pobre.

Esta ilha era uma ilha absolutamente miserável antes que o turismo dos anos sessenta – e agora muito mais – tivesse aparecido aqui. Pobre, pobre, pobre, pobre, pobre, pobre. Não tem nada a ver com hoje. Hoje as pessoas andam por aí, têm os seus carros, enfim... E isso é normal e é justo.

Mas o que me é menos normal – ou talvez é realmente normal, porque acontece de uma maneira tão ampla que já podemos chamar a isso a normalidade – é a facilidade com que as pessoas renunciam a ideais – não digo utopias, mas simplesmente a ideias – princípios que, durante um tempo, se é o caso, fizeram, transformaram e depois, em nome das necessidades materiais, não só as básicas como também aquelas que a gente acaba por inventar – não precisa mas quer – aquilo que foi a parte espiritual da pessoa é eliminado ou reduzido a quase nada.

E aí as pessoas transformam-se em máquinas de ganhar dinheiro ou de tentar ganhar dinheiro.

E.S. (*para Pilar del Rio*) – Marxismo e literatura foram os elementos que a uniram a Saramago, que a levaram a José Saramago antes de qualquer situação de afeto. Como foi isso? Essa identificação.

PILAR DEL RIO – Eu não sabia nada de José Saramago. Nada, nunca tinha ouvido falar dele. Cheguei a ele por casualidade, porque me chamou a atenção o título de um livro. Primeiro o *Memorial do Convento* e, assim que cheguei a Lisboa, *O Ano da Morte de Ricardo Reis*. Tanto que a cada página voltava atrás para assegurar-me de que era um autor contemporâneo. Porque eu notava ali... tinha a percepção de que estava diante de um clássico.

Mas esse homem tem uma visão de mundo absolutamente moderna, absolutamente contemporânea e, conforme fui avançando, vi que era marxista e, contudo, contemporâneo. Eu me senti muito orgulhosa de ter um contemporâneo dessa estatura, antes de conhecê-lo. E me senti muito orgulhosa de ser tão respeitada como leitora quando li os livros iniciais de Saramago, antes de conhecê-lo. E não fui a Lisboa para conhecer Saramago. Fui fazer, como tantos brasileiros e espanhóis, o percurso de Ricardo Reis por Lisboa. Mas achei que seria de bom tom agradecer ao autor de semelhante obra, posto que é um contemporâneo. Agradecer esse presente. E lhe disse, porque me pareceu de boa educação dizê-lo: "Muito obrigada, hoje sou um pouco mais inteligente e um pouco melhor graças aos seus livros."

E.S. – Até ao cemitério onde Pessoa foi enterrado vocês foram.

P.R. – Fomos ler um poema de Fernando Pessoa na tumba onde Fernando Pessoa já não estava, porque o tinham levado ao panteão de homens ilustres. Mas, sim, lemos um poema de Fernando Pessoa. Foi um encontro muito literário, porém muito real e muito verdadeiro, dedicado exclusivamente à literatura, a Ricardo Reis, a Fernando Pessoa, a Lisboa. E foi muito bom, sem nada mais. O que é verdade é que ambos vimos que alguma coisa poderia acontecer e, de fato, cinco meses depois, alguma coisa aconteceu.

E.S. (*para Saramago*) – Muitos de seus amigos foram contra a relação entre vocês dois.

J.S. – Quando eu a conheci tinha sessenta e três anos. Eu tinha sessenta e três anos e Pilar, trinta e seis. Uma diferença impressionante. Tão impressionante que os meus amigos diziam: "Vê lá o que é que vai fazer e tal." E diziam: "Isso é perigoso." Mas não era.

É aí quando começa realmente a minha segunda vida. Porque com sessenta e três anos, o que é que se espera que aconteça? Já não muita coisa. Quer dizer, como escritor eu podia continuar com o meu trabalho e tal e, portanto, podia ter um êxito assim com aquilo que tinha, ou talvez não, ou talvez sim. Agora como pessoa, como alguém que tem de viver, às vezes me pergunto quando é que eu... Como é que teria sido minha vida até hoje, com oitenta e quatro anos, se não tivesse conhecido esta mulher?

E.S. (*para Pilar*) – Como é o cotidiano de vocês, aqui na ilha?

P.R. – Para José, é trabalhar pela manhã no livro, ou num artigo que tenha que fazer, ou em respostas a entrevistas, ou em cartas à sua gente, ou em declarações, em coisas de solidariedade. Às tardes, lê jornais, descansa um pouco, e logo sobe ao nosso escritório e se dedica mais ao trabalho de criação até a noite. E logo janta, vemos televisão, ou lemos, ou discutimos.

E.S. – Como conseguem equilibrar viagens, palestras, participações em feiras, entrevistas e uma vida criativa?

P.R. – Porque não perdemos tempo, porque não vamos a atos sociais, porque não vamos a jantares, porque não vamos a situações de aparição pública. Porque trabalhamos, ponto. Quando estamos em casa, trabalhamos. E quando saímos de viagem, é o contato com os leitores, a participação cívica, militante e política, e o trabalho. E somos muito felizes assim.

E.S. – Ele mudou muito da época em que vocês se conheceram até hoje?

P.R. – Não, não mudou nada. José Saramago é a pessoa mais igual a si mesmo que conheci na vida. É igual a quando era menino e termina a memória dizendo: "Nunca mais vi o lagarto verde." E já era igual a como é agora que tem oitenta e quatro anos. É uma pessoa que as circunstâncias exteriores não modificam. Naturalmente, o que está pensando agora mesmo qualquer telespectador: "E o Nobel?" Não, o Nobel não o modificou, continua o mesmo, à mesma hora, da mesma forma, vestindo-se igual. Não. Ou seja, Saramago não muda por ter mais leitores, porque sua voz é mais ouvida. Não muda.

E.S. (*para Saramago*) – Na mesma época em que o senhor criava o *Memorial do Convento*, havia já a ideia de um livro de memórias. Tinha até título. Como esse *O Livro das Tentações* virou *As Pequenas Memórias*?

J.S. – Queria escrever as minhas recordações da infância. Isso estava claríssimo. Como o título (*O Livro das Tentações*) já existia – que tinha a ver com a tal questão da santidade perturbar a natureza – então conservei o título e quis colocar algo que dificilmente poderia caber nesse título.

Claro que eu podia argumentar que uma criança que nasce está rodeada pelo mundo, e o mundo é todo ele uma tentação. Mas como é que isso se traduziria depois, na escrita? Ou como é que um livro que se alimentaria de recordações passaria ao leitor essa ideia, de que aquilo eram tentações?

Essa dificuldade em conciliar uma coisa com a outra contribuiu, em grande parte, para que o livro só agora tivesse sido escrito. E, mais ainda, quando eu comecei no ano passado, uma parte importante desse livro foi escrita quando eu já estava com meus problemas de soluço e de drogas (remédios) – creio que não se nota. E eu senti... O livro chamava-se *O Livro das Tentações* – era esse o que eu estava a trabalhar – e de repente digo assim: "não, este título não serve. Não é o fato de eu ter andado com ele durante vinte anos, ou mais de vinte anos, que me vai obrigar a ter que usar algo que me contraria. *O Livro das Tentações,* por quê? Não, não, não, não." E então, depois dessa coisa quase hiperbólica – *O Livro das Tentações* –, passei com mais razão, com mais modéstia, a *As Pequenas Memórias*. São simplesmente as pequenas memórias e, como eu digo, são as pequenas memórias do tempo em que eu era pequeno.

E.S. – O tempo em que o senhor diz: foi "uma criança melancólica, um adolescente contemplativo e, não raro, triste."

J.S. – Sou fiel ao que fui nessa época, sou realmente uma pessoa melancólica, pouco expansiva, sentimental, como eu já disse – sou muito sentimental, enfim, me emociono muito facilmente. Mas, ao

VISIONÁRIOS – *JOSÉ SARAMAGO*

mesmo tempo, tenho certo controle sobre aquilo que sinto e, no fundo, não é controle, eu não tenho de controlar, eu sou assim por natureza. Se eu era quando eu era pequeno, e se não mudei, claro que continuo a ser a mesma pessoa nesse particular.

E.S. – Essa vida dos quatro aos quinze, que o senhor conta em *As Pequenas Memórias*, é esse cerne da sua vida, a parte que o senhor considera...

J.S. – Eu acho assim, é o núcleo, é o núcleo duro, para chamar--lhe assim. O núcleo duro, aquele de onde saiu tudo que veio depois. Claro que se pode dizer isto de qualquer infância, mas eu sinto muito particular... Quer dizer, a minha relação com a minha infância, que já podia estar esquecida ou transformada em outra coisa, é tão viva como se eu estivesse... Não é como se eu estivesse a viver lá agora.

Mas uma coisa é certa: se eu pudesse repeti-la, repeti-la-ia e exatamente como foi...

E.S. – Com a pobreza, com as dificuldades...

J.S. – Com a pobreza, com o frio, com pouca comida, com as moscas e os porcos e com tudo aquilo. Repetiria tudo, tudo, tudo, tudo. Tudo quanto eram férias, as grandes, as pequenas, as da Páscoa, do Carnaval, do Natal e tudo isso, eu passava sempre lá, em Azinhaga, onde nasceram e viviam meus avós. Sempre, sempre, sempre. E, como digo, a primeira coisa que fazia quando chegava era descalçar-me, tirar os sapatos. E só os calçava na hora de ir embora.

Nas férias grandes, andava três meses descalço. Com os meus amigos, com a gente que lá vivia. Embora eu fosse de Lisboa, no fundo eu era deles, eu era eles. Não era a pessoa que vai... "Vou passar férias a tal lugar", eu sinto que está passando de férias.

Não, eu não estava passando de férias, eu estava voltando àquilo que me pertencia e do qual eu havia sido privado quando me levaram para Lisboa e, portanto, voltava àquilo que era de fato meu.

E.S. – Dona Maria da Piedade, sua mãe. Tem um momento que o senhor conta que partilhavam do mesmo prato literalmente. Comiam colheradas do mesmo prato.

J.S. – Era um prato, digamos, maior que o normal, mas lembro-me claro, com uma nitidez absoluta, sentados à mesa defronte um do outro, com o prato no meio e alternando: colherada a um, colherada ao outro e tal.

E.S. – Como ela era, dona Maria da Piedade? Ela trabalhava como o que no Brasil se chama de faxineira, é isso?

J.S. –No princípio, quando fomos para Lisboa, ela, para ajudar, claro – porque era uma mulher de trabalho no campo, era uma camponesa – esfregava as casas, para ganhar algum dinheiro. Depois a situação teria melhorado um pouco e ela já não o fez. Mas ao princípio, lembro-me de ela sair de casa para ir lavar uma escada que tinha às vezes três ou quatro andares, com o balde e com o sabão e com o esfregão e a escova – a escova dura para raspar. Era assim. De alguma maneira, era a continuação de outra forma, porque também o ambiente era outro: não era a aldeia, era Lisboa. Mas ainda era, durante um tempo, de alguma forma, a continuação do tipo de vida que tínhamos levado na aldeia.

E.S – E mudavam-se muito. Moraram em quartos alugados e às vezes as baratas passavam por cima do senhor.

J.S. – Sim. Sim, algumas vezes, sim. Só a partir dos 14 anos – talvez dos meus 14 anos – é que passamos a ter um apartamento. Muito modesto, mas, enfim, era o nosso apartamento. Até aí, vivemos sempre com outras famílias, no tempo das casas grandes. E isso é que nos levava exatamente… Bem, em primeiro lugar, não podíamos alugar uma casa daquelas, então a única solução era juntar famílias e, normalmente, eram pessoas amigas do meu pai e da minha mãe e tal. Portanto, iam ver a casa depois então… E como se procurava sempre o melhor possível – o que significa o mais barato possível dentro de uma certa comodidade –, isso é o que talvez justifique ou explique essas contínuas mudanças, que em poucos anos mudamos dez vezes ou algo assim. E foi assim, depois a vida foi melhorando um pouco, mas sempre dentro do escasso.

E.S. – É extraordinário que um homem com as origens que o senhor teve... Nos seus estudos se encontra a escola industrial de Afonso Domingos, de onde sairia serralheiro mecânico. O senhor trabalhava como mecânico de automóveis?

J.S. – Sim senhor.

E.S. – E enquanto isso vai construindo não só uma vida, como o senhor lê, o senhor tem essa paixão por literatura, pelas letras. Não há contradição?

J.S. – Um princípio de vida como foi o meu, a insuficiência de estudos que me levaram a um certo ponto, mas daí por diante, não. Passei dois anos num liceu e depois chegamos à conclusão que por ali não podia ser, porque a família não tinha meios para ali me manter. E passo para a escola industrial, e saio serralheiro mecânico, e exerço como serralheiro mecânico numa oficina de automóveis, rodando válvulas, preparando motores e coisas assim.

E.S. – O senhor é capaz de consertar um motor hoje?

J.S. – Hoje não, porque eu não sou quem era. Mas também o automóvel não é quem foi. O automóvel não é quem foi. (risos)

E.S. – Este jovem serralheiro, anos mais tarde, ganhou o Prêmio Nobel de Literatura. Como aconteceu aquele momento?

J.S. – Eu estava no aeroporto de Frankfurt, para tomar um avião que sairia ao meio-dia e cinco, para Madrid e era o dia em que se anunciava o Nobel. Eu já estava na fila e os passageiros, já estavam a entrar e de repente eu digo: "Eu tenho que saber o que é que aconteceu". Saio da fila, vou ao telefone, ligo para meu editor português, que ainda estava na Feira quando, de repente, ouço chamar por alto-falantes: "Senhor José Saramago!".

CONTESTADORES

Eu levantei o braço e uma hospedeira de terra da Lufthansa estava ali, tinha um telefone na mão: "Está aqui uma jornalista que quer falar com o senhor." Ela me passa o telefone, mas não conseguiu se segurar, porque a jornalista lhe havia dito o que é que tinha acontecido e ela me diz: "É que o senhor ganhou o Prêmio Nobel."

Então eu soube que tinha ganhado o Prêmio Nobel por essa hospedeira de terra da Lufthansa. Fiquei a pensar na notícia do Prêmio Nobel e em voz alta digo: "Sim, tenho o Prêmio Nobel. E o quê?"

Que eu achava pouco ter o Prêmio Nobel? Não, não, não. É que no fundo, no fundo, tudo é pouco. Tudo é insignificante. Que eu estivesse a pensar no universo, e a relação ao universo e ao Prêmio Nobel não teria importância nenhuma. Porque sempre tive uma relação muito forte com a minha própria infância. O que eu quase diria é que na minha vida não aconteceu nunca nada tão importante como aquilo que aconteceu nesses anos.

E.S. – Nem o Nobel se compara?

J.S. – Nem o Nobel.

E.S. – Como foi a transformação do jovem serralheiro em escritor?

J.S. – Embora eu tivesse escrito um livro, um romance. quando tinha vinte e quatro anos – ou coisa que o valha, vinte e cinco anos –, durante vinte anos, não fiz mais nada e, portanto, não estava a pensar numa carreira de escritor. E como carreira, só se define de fato a partir do final dos anos 1970. Repare que, quando eu publiquei o *Memorial do Convento*, tinha sessenta anos. Nasci em 1922 e o *Memorial do Convento* foi publicado em 1982.

E.S. – *Memorial do Convento* foi, para muitos, a sua explosão, mas tudo começou em Mafra. O senhor teve essa ideia. A criação.

J.S. – O que acontece é que é *O Ano da Morte de Ricardo Reis*, é o Fernando Pessoa, é tudo isso e eu tenho de confessar que me assustou, que me assustei com a ideia de me meter...

E.S. – Tocar em Fernando Pessoa.

J.S. – Tocar em Fernando Pessoa. "O que é que tu vais fazer? Não tens estudos". Vamos pôr a questão assim mesmo: "Não tens estudos."

E.S. – Mas em D. João V podia tocar?

J.S. – O D. João V não tinha ninguém que o defendesse. E qualquer coisa que eu fizesse desabonatória do Fernando Pessoa ou da obra dele, tinha todos os pessoanos brasileiros e portugueses e de todo o mundo para me sacudirem e dizer: "Não se meta nisto, porque você não tem unhas para esta guitarra." E então, eu próprio dizia: "Tenho medo. Isso é uma chatice. O que é que essa gente vai dizer?"

E é quando um dia vou a Mafra e estava com mais algumas pessoas, estávamos na praça olhando o convento e o palácio e eu digo: "Eu gostaria um dia de..." Disse em voz alta e foi isso que me comprometeu. "Eu gostaria de poder ter um dia isto num romance." Se eu tinha descaramento suficiente para me atrever com o *Memorial do Convento*, também era o caso para perguntarem: "Então porque é que não te atreveste com o Fernando?"

Mas enfim, foi assim que aconteceu e eu creio que o resultado final do *Memorial do Convento* me deu confiança para me lançar nessa aventura muito mais arriscada.

E foi isso, essa consciência que eu tive de que estava no certo. E mais, e com uma voz que eu quero dizer uma voz própria, um modo de narrar próprio.

E.S. – Que o senhor já tinha encontrado.

J.S. – Escrevendo como qualquer... Enfim, segundo as normas e as pautas e as pontuações, tudo no seu lugar, porque isso eu sei fazer. Embora, provavelmente, haja leitores que pensem que eu não sei fazer, e sei.

E.S. – Ou críticos.

J.S. – Ou críticos. Sei. E de repente, na página vinte e três, ou vinte e quatro, ou vinte e cinco, sem ter me decidido, sem tê-lo pensado antes, passo a escrever – no meio de uma frase –, passo a escrever como é aquilo que caracteriza hoje a minha forma de narrar. O livro foi continuando até ao fim, e eu tive de voltar ao princípio para pôr as vinte e tal primeiras páginas de acordo com o que vinha depois, em termos da estrutura da frase, do modo de articular os diálogos e tudo isso.

Portanto, nasceu aí como se alguém tivesse decidido dentro de mim que tinha encontrado a maneira, e que eu não fosse mais que um instrumento desse alguém que precisava de mim, das minhas mãos com a máquina de escrever, para que efetivamente aquilo mudasse ali. Mudou ali. E o que eu quero dizer, sobretudo, é que não foi produto de uma reflexão muito concentrada – "não, isto não convém, vamos lá ver como é que será" – não, foi instantâneo.

E.S. – O senhor está trabalhando em um novo romance nesse momento?

J.S. – Tenho uma ideia, mas não é uma ideia para um romance. Não, não é. Não é possível transformar aquilo num romance. É um livro que tem... Que não vou dizer sobre o que é, que será algo diferente, muito difícil, muito difícil. Assusta-me, nesta altura, enfrentar essa necessidade – cruelmente eu tenho essa necessidade, a necessidade de escrever aquele livro. Não sei o que é que vai acontecer. Porque às vezes – aconteceu nos últimos tempos, nos últimos meses – pensar que se não escrevesse mais, esse livro *As Pequenas Memórias* seria o fecho natural de uma obra. Quer dizer: o percurso e, de repente, num certo momento, sai um livro de memórias da infância – da infância, não um livro de memórias da vida, porque eu nunca escreverei o segundo volume ou o terceiro volume. Nem pensar. O que eu queria fazer está feito e é isso.

E.S. (*para Pilar*) – Quais as dificuldades de traduzir o estilo, a pontuação tão características de Saramago para o espanhol? O próprio José Saramago ganhou a vida durante muitos anos como tradutor.

VISIONÁRIOS — *JOSÉ SARAMAGO*

P.R. – E perdeu parte da visão, cansou os olhos traduzindo e traduzindo, e nem sempre literatura. Traduziu informes de agricultura, de política econômica, de não sei o quê, de tudo, para poder ganhar uma miséria, para poder um dia, finalmente, escrever um livro chamado *Levantados do Chão*.

O tradutor de Saramago vai sofrendo, sofrendo um bocado. Acontece que, como normalmente ele escreve e eu traduzo com ele, ele corrige e eu corrijo simultaneamente. Mas, por exemplo, neste livro *As Pequenas Memórias*, que é um livro tão íntimo, e onde efetivamente a pessoa se envolve muito, as circunstâncias fizeram com que a tradução do livro não fosse simultânea, foi um pouco depois. E traduzi esse livro em aviões, no México, em Portugal, com o computador sempre em más circunstâncias. Traduzi levantando às quatro da manhã, porque às oito começava uma agenda terrível. Na feira do livro em Guadalajara, por exemplo, ou porque estava em Paris, ou porque estava em Roma, na Grécia, e tive que roubar horas de sono. A tradução deste livro foi tão excepcional que essas circunstâncias me distanciaram para que não colocasse meu próprio sangue no livro. Ainda que o tradutor precise meter o seu próprio sangue.

E.S. – Mas, no caso, "meter o próprio sangue", como disse, com alguém que está tão próximo, me parece mais difícil, porque a um outro autor pode-se até trair, mas a responsabilidade de traduzir Saramago, seu companheiro... Não?

P.R. – Não, é que eu nunca vou trair Saramago, porque o conheço muito bem. Não posso traí-lo. Não posso trair nem Saramago, nem o meu próprio idioma, o espanhol. Então, estou num equilíbrio entre fidelidade ao autor e a fidelidade ao espanhol... Mas creio que conheço bastante bem o Saramago e bastante bem o espanhol, e talvez eu pudesse fazer melhor se tivesse mais tempo.

Eu creio que todos os livros, todos os autores e todos os tradutores poderíamos estar eternamente revisando-os, mas também é necessário ir fundo. Digamos: se uma página deste livro cheira a rosa, a página

331

em português cheira a rosa, em espanhol também tem que cheirar a rosa e, para isso, o tradutor tem que colocar sua sensibilidade junto à sensibilidade do autor. Isso não é trair, isso é unir sensibilidades. Porque uma boa tradução é aquela que surge do amor, do amor pelo autor, ou do amor pelo texto.

J.S. – Há qualquer coisa de insólito nesta vida, não é uma vida que se explique facilmente ou como uma consequência lógica, fez isto, portanto, tinha de acontecer aquilo, um espírito de carreira, de ambição para voltar à mesma coisa. Não tive, nunca. Em cada momento fiz aquilo que... Fui jornalista, fui editor, traduzi, fui tradutor – fiz aquilo que em cada momento podia fazer.

Tenho oitenta e quatro anos, posso viver mais três, ou quatro, ou cinco anos.

E.S. – Só?

J.S. – Não sei. Enfim, a partir dos oitenta que é quando começa aquilo que se chama agora a quarta idade. Antigamente era a terceira, mas como agora a partir dos oitenta anos já se achou que deveria receber um nome, a quarta idade.

Eu não posso ter qualquer tipo de ilusão, quer dizer, já deve bastar o fato de ter chegado a esta idade com saúde – exceto nesta última fase, mas isso já está resolvido –, com capacidade de trabalho, com ilusão.

E.S. – Com utopias.

J.S. – Não, sem nenhum sentido utópico da existência. Não, a minha utopia é o dia de amanhã. Todo dia, amanhã ainda espero estar vivo. E se eu puder fazer qualquer coisa para que o dia de amanhã seja melhor do que o de hoje, pois então já é uma pequena realização em direção a uma utopia.

P.R. – O presente é a maturidade. O presente é a liberdade, é poder olhar o mundo e dizer o que se pensa. Sempre tem sido assim. O que acontece é que na maturidade, vê-se o mundo em toda a sua dimensão, e de todos os lugares. O presente é não ter preconceitos, não ter que representar nenhum papel. O presente é a estabilidade. E sabe o que também é o presente? O futuro.

E.S. – Como o senhor vê o futuro? O próprio futuro?

J.S. – Tenho oitenta e quatro anos, posso viver mais três ou ou quatro. Ou cinco anos.

E.S. – A morte não o assusta?

J.S. – Não. Tal como eu vejo, o pior que a morte tem é que antes estavas e agora já não estás. Eu digo, de outra maneira, aquilo que minha avó disse. Já devia estar farta de viver, mas disse: "o mundo é tão bonito, e eu tenho tanta pena de morrer". Ela não tinha medo de morrer. Ela tinha pena de já não estar no futuro, para continuar a ver esse mundo que ela achava bonito.

PAULO FREIRE

"O analfabetismo, no fundo,
esconde uma proibição que é uma proibição de classe social."

No Brasil existem 40 milhões de analfabetos, entre os que não sabem ler ou escrever nada e aqueles ditos "analfabetos funcionais", capazes de assinar o nome, de reconhecer placas de rua, de ler – ainda que penosamente – uma frase curta. Mas podia não haver nenhum. Podíamos ser uma nação com cento e oitenta milhões de cidadãos capazes de escrever, ler, navegar sem tropeços pelo alfabeto. Porque existe um método – simples, direto, barato, eficaz – capaz de alfabetizar uma pessoa em pouco mais de um mês. Este método foi inventado pelo brasileiro Paulo Freire, há mais de trinta anos.

Desde a primeira experiência com trabalhadores rurais em Angicos, Rio Grande do Norte, quando o método de Paulo Freire mostrou resultados e eficiência impecáveis, essa solução vem sendo adotada em diversas partes do mundo. Mas o que fizeram com Paulo Freire no Brasil? Ele foi preso após o golpe militar de 1964. Perseguido. Obrigado a viver no exílio. Apesar de ter voltado, após a anistia, e mesmo tendo sido secretário de educação da prefeita Erundina, em São Paulo, ele continuava sendo mais reconhecido, homenageado e respeitado no exterior do que no seu próprio país.

Paulo Freire estava a caminho de Harvard, para dar um curso, quando passou por Nova York, abrindo a possibilidade de uma entrevista. Eu estava de cama, resfriado, com febre, rouco, quase afônico. Mas a chance de conversar com um dos brasileiros mais admiráveis do século 20 não podia ser perdida. E não foi – ainda que eu mal e mal conseguisse sussurrar as perguntas (que dublei, dois dias depois).

Sentado em frente a seu admirador, numa sala na Ireland House, um centro de cultura da Universidade de Nova York, a poucos metros da Washington Square, no Greenwich Village, o mestre – um homem doce, de fala entusiasmada e linguajar absolutamente pessoal – falou de seus amores, suas dores, da missão e da falta de reconhecimento dos educadores, de sua incansável esperança e, com indisfarçável brilho nos olhos, da paixão reencontrada na figura de uma mulher, aos 76 anos.

Edney Silvestre — **Como surgiu o Método** Paulo Freire de alfabetização?

Paulo Freire — **Eu talvez pudesse dizer a você** e a quem nos vê e ouve que essa questão do meu trabalho no campo da alfabetização de adultos e, simultaneamente, no campo da educação em geral, tem uma origem muito remota. Eu não tenho dúvida alguma de que a minha relação com meus pais, o testemunho dos meus pais, a exemplaridade com que eles foram meus educadores e dos outros filhos, meus irmãos, isso me marcou enormemente. As crianças, de um modo geral, são curiosas, mas eu tive uma especial curiosidade em saber coisas, em querer aprender. Acho que aí está uma remota razão. Já na mocidade, acho que o que mais me tocou para que eu buscasse, pesquisasse algo, foi o que me parecia uma profunda injustiça e uma imensa ofensa aos adultos que, não tendo tido oportunidade de estudar enquanto crianças, chegaram à maturidade sem o comando da palavra escrita. Isso me parecia, como me parece, um absurdo, uma espécie de pilhagem. É como se o mundo que lê pilhasse do mundo que não lê o direito e a possibilidade de ler. O analfabetismo, no fundo, esconde uma proibição que é uma proibição de classe social.

E.S. – Dessa razão ética e dessa razão política é que teria vindo a sua paixão por ensinar?

CONTESTADORES

P.F. – Exato. Eu não tenho dúvida alguma de que eu não posso ser entendido fora de uma compreensão da ética e da política em mim. A educação, como formação humana, era um esforço indiscutivelmente ético e estético. Não há como separar também a decência da boniteza. A educação como busca de boniteza, necessariamente, procura a decência também, a decência do ser, e a natureza política dela, da educação, inviabiliza-nos a neutralidade. Você tem de, no fundo, ter uma opção, uma escolha, e depois brigar por ela, brigar pelo seu sonho. Então, meu primeiro ponto de partida era essa convicção de que, afinal, não só a alfabetização, mas também a educação implicam uma certa convivência ou uma relação que não pode ser rompida entre o conteúdo que se pretende ensinar e a experiência social e cultural que tem que ver com a identidade cultural, com os anseios, com os medos, com as frustrações do educando, e não do educador. Isso não significa, aliás, que o educador não possa e não tenha o direito de falar também de suas preferências culturais. O que ele não pode é fazer o trabalho educativo a partir de suas preferências culturais, quando sobretudo o que ocorre é uma diferença de classe social entre o educador e o educando. Nem sempre, mas quase sempre. Então esse é um ponto visto, primeiro. Um segundo ponto, uma segunda certeza, mais do que um ponto de vista, que eu tinha e tenho, é a de que, no caso da alfabetização, trata-se de uma experiência criadora, o que significa que o alfabetizando tem de criar, montar – para usar uma expressão mais técnica – o seu sistema de sinais gráficos. Ele tem de ser, no fundo, o arquiteto dessa produção ou criação, obviamente ajudado pelo educador ou pela educadora. O que eu quero dizer é que o exercício de tornar-se capaz de ler e escrever exige, de quem realmente aprende, uma postura de sujeito que cria o próprio aprendizado. Eu costumo, inclusive usando um jogo verbal, dizer que você só aprende quando apreende a razão de ser do objeto que aprende. Então, aprender é uma experiência de quem cria e não de quem é teleguiado. Assim, a minha crítica, o que chamei de bancarismo na educação, que é exatamente essa prática educativa em que o professor deposita... é como se o professor abrisse a cabeça do educando e metesse lá dentro os pacotes de

VISIONÁRIOS – *PAULO FREIRE*

conteúdos. Isso é uma inconsistência, não tem sentido. Por isso mesmo eu defendia o direito que o alfabetizando tinha e tem de fazer parte da sua capacidade de ler e de escrever. Uma outra coisa, para terminar essa pergunta, era a certeza que eu tinha e continuo tendo de que a prática de ensino e a prática da aprendizagem ocorrem num clima que deve ser, necessariamente, de boniteza e de alegria. Você imagina, uma das coisas mais tristes era a concepção clássica de uma escola severa, austera, punidora, em que se apresentava a punição como o caminho sine qua non para a formação do educando. Obviamente que eu não estou aqui defendendo uma pedagogia licenciosa, espontaneísta, de jeito nenhum. Eu estou absolutamente convencido de que a liberdade não cresce nem se constitui sem limites. O grande problema da liberdade é como assumir os limites eticamente, e não como assumir com medo da autoridade. Por exemplo, o pai que grita e esperneia e que tem o filho silenciado não é o pai que convence, que discute e que tem o filho silencioso. O que eu quero é um filho que saiba assumir o silêncio e não que viva silenciado. Isso exige um respeito ético dos limites. Mas eu estava certo, continuo hoje, de que a escola com que eu sonhava era uma escola de alegria, de festa, mas também, e necessariamente, uma escola de rigor, de seriedade científica.

E.S. – O senhor disse sua expressão "filho silenciado". Parece-me uma metáfora interessante para falar do que se passou no Brasil em 1964, quando nós tivemos o golpe militar. O que aconteceu especificamente com o senhor, a partir do golpe militar de 1964?

P.F. – Eu fui silenciado. Eu só, não. O país foi silenciado, e o que é incrível são essas contradições que se dão na história. Afinal de contas, os militares, que silenciaram a sociedade civil brasileira, em nome da fala da sociedade brasileira, em nome do discurso, do direito de voz, de ter voz, os militares se fundavam na comunistização do mundo e, quando me lembro disso, me lembro que fui apontado, com o processo todo de alfabetização no país – o movimento que eu coordenava –, como bolchevisador e o anticristo. Quer dizer, é uma coisa de um imenso ridículo, sobretudo quando você pensa que isso

341

foi em 1964, isso foi dito em 1964, é velho demais, esse discurso é atrasado demais, é medieval. Eu, hoje, acho que o Brasil não tem condições para golpes, não só o Brasil, mas sobretudo o Brasil, na América Latina. Acho também que a sociedade civil precisa ficar atenta, desperta, com relação ao indiscutível poder do Executivo brasileiro, o chamado "governar por decretos", "medidas provisórias", é uma quantidade que nunca se acaba. Nunca a provisoriedade ficou tão efetiva. Eu acho que isso é uma ofensa também à democracia, mas no fundo isso é um vestígio do autoritarismo, a que o presidente não escapa como brasileiro. Daí a necessidade, para mim, da vigilância que um educador e, portanto, um político democrático, de opção democrática, coerente com a sua opção tem de ter, daí a necessidade da vigilância no sentido de se buscar a coerência. Não é possível fazer o discurso da democracia e usar tanta coisa antidemocrática. Você não pode ter uma prática antidemocrática para selar o seu discurso democrático.

E.S. – Mas em 1964 o senhor foi preso e não sei se chegou a ser torturado.

P.F. – Não, não. Mas eu acho que fui torturado, todos nós fomos, porque no fundo, por exemplo, quando lembro de que fui posto num xadrez...

E.S. – O senhor foi preso em Recife?

P.F. – Em Recife. Fui posto numa cela do quartel do Exército, em Olinda, e confesso inclusive que, quando o oficial mandou abrir a porta e eu entrei, tomei um susto, porque não imaginava que, em 1964, portanto duas décadas, quase três, antes de terminar o milênio, houvesse ainda uma punição como aquela para as pessoas. Eu pensei que não havia mais aquilo e, o que é triste, é que eu acho que ainda continua a existir. Afinal de contas, me puseram numa cela que tinha um metro e setenta, que é exatamente o que eu tenho, de fundo, por sessenta de largura. Acho isso uma ofensa à dignidade humana. Eu faria até agora, através de vocês, um apelo ao Poder que nos ouve, não importa se civil ou militar, que acabe com isso. Vamos ser gente e não bicho brabo. Veja bem, a gente briga pelos direitos dos animais com legitimidade. Não é possível que no nosso mundo, na dimensão da existência, você ainda mantenha prisões desse tipo.

E.S. – Nessa cela, em Olinda, quanto tempo o senhor ficou?

P.F. – Eu passei três dias. Ali, aprendi o valor da paciência, não de uma paciência de silenciados, mas de uma paciência silenciosa, que permuta com a impaciência. Aprendi também...

E.S. – Não seria a paciência da resistência?

P.F. – A resistência, a necessidade existencial de resistir. Por isso mesmo aprendi, na minha experiência de preso, o quanto a obediência do silenciado, que não é ética, é uma resistência. Eu me lembrava, por exemplo, de como deveria ter sido duro para um escravo, levando pancadas violentas, açoites, preso, amarrado no tronco e obedecendo tanto quanto podia. E a obediência passou a ser uma resistência porque, obedecendo, mesmo absurdamente, salvava a vida, e preservar a vida, para quem precisa brigar para tornar o mundo decente, é fundamental. Eu digo no último livro que acaba de sair no Brasil que... Não, não é isso. O último livro chama-se *Pedagogia da autonomia* e acaba de sair aqui. Nele, eu digo que o homem e a mulher, através da história, tornaram-se capazes de tornar o mundo ético. Não havia como continuar sendo homem e mulher sem ética e, precisamente ou somente, porque somos nós os viabilizadores da ética é que somos capazes de transgredi-la. Por exemplo, você nunca ouviu falar que tigres africanos tenham sacudido bombas em cidades de tigres asiáticos. Nunca se ouviu falar na história que uma família de leões tenha covardemente matado membros de outra família e, à noite, tenham ido à família levar o seu pêsame. A gente faz isso. Nós fazemos isso. Para mim, uma das brigas que devemos ter enquanto estivermos no mundo é exatamente diminuir a possibilidade de transgredir a ética, portanto, de assumir eticamente de tal forma a ética, que você diminua a possibilidade de evitar as transgressões. Você veja, o mundo todo, não é

CONTESTADORES

só o Brasil, mas, no nosso caso particular, como a sem-vergonhice se democratizou de forma extraordinária no país. É preciso que se perceba no Brasil que a impunidade vai se acabar, porque com ela você não restaura a ética, não creio que isso aconteça só com discursos. Acho que essas coisas, que no fundo são valores, precisam ser tomadas muito a sério hoje pelos políticos, que são educadores, e pelos educadores, que também são políticos. Não é possível se esquecer disso. A ética atual é aquela do mercado e essa é uma ética malvada e perversa, absolutamente perversa. Precisamos lutar pela ética universal do ser humano, pois ela corresponde a uma natureza humana que se vem constituindo através dos tempos.

E.S. – O senhor é idealista, sonhador. O senhor tem esperança?

P.F. – Claro. E comigo é uma coisa muito interessante, precisamente pela forma, pela maneira ou pela razão como eu entendo a esperança na existência humana. Há pessoas que me consideram um sonhador e eu o sou, mas não maluco. Há outros que me consideram um idealista. Para mim não. Para mim, a esperança faz parte disso que chamamos de natureza humana. No fundo, é algo que se constitui social e historicamente na nossa experiência, no mundo com os outros. E por que isso? Eu estou absolutamente convencido de que a conclusão, o interminado, é uma característica da experiência vital: onde há vida, há inacabamento. Mas em termos de experiência existencial, que é a nossa, o inacabamento continua, nós somos tão inacabados quanto as árvores, os animais todos...

E.S. – O senhor está chamando de inacabamento a continuidade.

P.F. – Exato. E pela incompletude do ser mesmo. Mas acontece que ao nível do homem e da mulher, tornamo-nos capazes de, em certo momento dessa experiência histórica do próprio inacabamento, nos conhecer como inacabados. A minha tese é a seguinte: um ser inacabado, que se sabe porém inacabado, necessariamente se insere num permanente processo de procura. A educação é esse processo. E agora a minha pergunta é a seguinte: será possível procurar sem esperança?

344

VISIONÁRIOS — *PAULO FREIRE*

Eu acho uma imensa contradição, por isso respeito os desesperançados e reconheço razões de ser que explicam a desesperança, mas ela é um desvio, uma distorção da vocação de caminhar que nós inventamos. A esperança em mim não é, como eu disse num dos meus livros mais recentes, uma teimosia. Eu sou ontologicamente, faz parte da natureza do meu ser a esperança, então não a posso negar. Mas há momentos históricos que pertencem não só a mim, à minha história individual, mas à história social, em que eu me deixo tocar pelo risco da desesperança. No momento em que me percebo um pouco desesperançoso, resisto, brigo contra mim mesmo, ou brigo comigo mesmo. Eu analiso a razão de ser da minha desesperança para poder superá-la. No fundo, sou inveteradamente esperançoso. Eu tenho um certo gosto, um gosto gostoso, verdadeiro, na intimidade do meu ser, de brigar pela esperança. Fora disso, eu não me entenderia no mundo.

E.S. – Mas mesmo hoje, mesmo depois do que aconteceu no Brasil em 1964, no Chile em 1973, mesmo depois do esfacelamento da União Soviética, o senhor ainda tem uma esperança política de construir uma sociedade mais justa?

P.F. – Claro. Talvez até mais do que antes. Eu não tenho dúvida alguma de que com a queda do chamado Muro de Berlim, do socialismo, que no fundo era um socialismo policialesco, e do Stalinismo, o mundo terá condições – não exatamente agora, mas passada a estupefação – de construir uma sociedade mais justa. As esquerdas no mundo entraram em estupefação diante das pedras do muro caindo. Levantando-se dela, alguns elementos da esquerda ficaram mais rigidamente stalinistas, uma minoria que eu acho que, com todo o respeito que eu tenho, é uma minoria que perdeu o endereço da história. Uma quantidade razoavelmente grande dessa esquerda que lutou, brigou, em defesa dos interesses populares, e da decência dos silenciados para que aceitem o silêncio enquanto manifestação ativa da luta, mas jamais ser silenciados. Uma grande quantidade de gente da esquerda estupefata aderiu ao discurso neoliberal. Veja bem, eu acho que eu e você temos um direito extraordinário, que é o direito de mudar, mas

345

não tenha dúvida de que eu brigo pelo direito de mudar. Eticamente, acho que tenho de assumir que mudei, o que não posso é mudar e dizer que não mudei, o que não posso é mudar e pretender continuar a ter o mesmo respeito dos meus companheiros anteriores que me respeitavam precisamente pelas opções políticas contrárias às que tenho hoje. Por exemplo, se amanhã cismar e me convencer de que o discurso neoliberal é o correto, escrevo um livro sobre isso e digo: "Não venha mais aqui em casa falar em processo libertador, porque eu acredito na ideologia imobilizadora da história". O que eu acredito mesmo é que a educação deixou de sonhar. Não há mais o que sonhar em educação, não há mais o que pensar em utopias na educação, pois ela tem de ser uma prática, uma experiência puramente pragmática de treinamento técnico e científico do educando. O que eu não posso é virar esse tipo de homem, querendo, contudo, dizer que sou o mesmo, que esse homem que escreveu esse livro que está na sua mão, *Cartas a Cristina...* Eu preciso ser coerente com o direito que tenho de mudar. Mas você me perguntou se, apesar de tudo isso, eu continuava otimista, esperançoso.

E.S. – O senhor ainda acredita na utopia socialista?

P.F. – Eu acredito. Eu não vou ver, mas a história não se faz com as presenças de quem sonha. Acho que o Darcy (Ribeiro) não vai ver a História mudar. Outro grande homem que morreu tão recentemente, (Antonio) Callado, nem eu, nem você veremos. Mas seus netos sim. Acreditando nisso a que chamo projeto humano, mesmo que ameaçado e submetido a uma série de influências tecnológicas indiscutíveis que podem amaciar a curiosidade e a vontade, mesmo assim eu acredito que o projeto humano ganhará um dia. Recentemente, li um artigo de um padre suíço, num jornal suíço, cujo título era mais ou menos o seguinte: "Será que a globalização dará ou não lugar a um outro maio de 68?". Um artigo excelente, sobretudo em se tratando de um suíço, mostrando com uma imensa inquietação a inviabilidade da continuidade de um tal processo. Acho que, no fundo, o que há de gente em nós vai se rebelando contra uma ética que só cuida do lucro, e essa não é uma ética humana, e eu te digo mais: a liberdade de comércio que se sobrepõe à das mulheres e dos homens é uma licenciosidade e não uma liberdade, é uma imoralidade. Isso é imoral e eu não creio que a gente perdure muito tempo tão imoral, convivendo com distorções. Mas é claro, você tem todo o direito, como centenas de pessoas que possam me ver e me ouvir, de dizer: "Paulo, tu continuas um sonhador". Graças a Deus continuo um sonhador. Aposto no projeto humano.

E.S. – Como foi seu reencontro com dona Ana Maria, sua esposa atual?

P.F. – Ana Maria é minha mulher, nós nos casamos há oito anos. Eu lhe devo muito. Eu tinha perdido minha primeira mulher, que trabalhou enormemente junto comigo, que me acompanhou, me ajudou e me assessorou. Eu tenho uns amigos que dizem que eu era a teoria da prática dela, da Elza. Eu acho que era uma injustiça a ela e a mim. Ela era também teórica e eu sou também prático. Mas ela morreu e sua morte me destroçou, assim como a morte do marido de Ana Maria também a destroçou. Somos amigos desde que ela era menina e nos casamos em busca da reinvenção de nós mesmos. Abalado como eu estava... Mas houve uma coisa interessante, eu estava abalado, mas não desesperançado até nesse momento, que foi um momento dramático da minha vida. A chegada da Nita foi absolutamente importante e fundamental. Ela me ajudou a me refazer, a me reconstruir. Acho que quando a gente descobre, humildemente, a importância de uma outra pessoa em nossa reconstrução é uma coisa bonita também, é uma coisa gostosa. A minha gratidão a Nita é menor do que o meu amor por ela, porque se só fosse gratidão, não valia. Por gratidão eu não continuaria com ela. Mas que existe também a gratidão, existe.

E.S. – No tempo em que o senhor vivia no exílio, como se sentia?

P.F. – Eu só não te diria que eu me sentia destroçado porque é muito difícil isso acontecer. Mas eu sofri profundamente. Havia dimensões da nossa cultura que me fustigavam, como por exemplo, o gosto da comida. O gosto da comida, no exílio, era uma coisa enorme. Quando eu viajava para os Estados Unidos ou para a Europa, eu já tinha os endereços de onde comer uma má ou uma boa, que para mim era sempre boa, feijoada. A música também, a língua, a entonação. Afinal de contas, a cultura, que eu acho que é tudo isso, e mais do que isso, é uma coisa que não nos deixa. Você quando anda, anda com a sua cultura. E não há como sacrificar sua identidade cultural. Eu nunca me senti melhor que alguém porque sou brasileiro, mas nunca me senti pior por isso. Tenho uma alegria especial por ser brasileiro. Não um orgulho maluco, porque seria até burrice, mas um gosto de falar esse português nordestino.

E.S. – Mesmo tendo sido expulso do seu país, mesmo não podendo voltar ao seu país, ainda assim o senhor mantinha...

P.F. – Claro! Eu mantinha e mantenho a vida toda, porque, precisamente, quem me expulsou do país, não foi o país, foi o poder. Eu não poderia penalizar o país inteiro por causa da distorção do poder, que é histórica. Eu jamais tive qualquer mágoa do Brasil, nem sequer de organismos, de universidades, por exemplo, que tiveram de ficar caladas, silenciadas, quando eu fui preso, minimizado, diminuído, expulso. Acho que não tinham como brigar.

E.S. – No Brasil, hoje, se acredita que existam 40 milhões de analfabetos. O que isso diz da sociedade brasileira?

P.F. – Isso continua falando da falta de decisão política da sociedade brasileira, da classe dominante. Educação é saúde, segurança, são problemas que implicam uma vontade política. Eu não tenho dúvida alguma de que, se você tem uma vontade política, necessariamente o dinheiro vem. Evidentemente que não vem facilmente, você tem de fazer certas transformações na estrutura do poder. Você não pode pagar menos imoralmente aos professores num país, no Brasil, se você não fizer uma reforma na política de gastos. Não sou contra o fato de um profissional, um procurador, por exemplo, ganhar muito bem, mas não posso entender que a distância entre o que ele ganha e o que ganha um professor seja tão grande! É preciso haver um acerto nessas coisas. Não estou propondo que se diminua o salário de quem ganha bem, mas o que é preciso fazer é acabar com a humilhação de quem é ofendido. Você imagina que no Nordeste brasileiro tem ainda professoras ganhando quinze reais e comprando giz com esse dinheiro, elas mesmas. E depois se fala tão contra, tão mal disso, das professoras brasileiras, dos professores. Eu tenho uma profunda estima por eles e um profundo respeito, porque fazer o que fazem, apesar de tudo, é uma coisa maravilhosa. O descaso histórico do poder nesse país, com relação à educação e à dignidade da educadora, é uma coisa que me deixa alarmado. Esse descaso é tal que às vezes tenho a impressão de que o Presidente da República, governadores de Estado, prefeitos, não tiveram na vida deles uma professora primária que os tenha ensinado. Eles estão de tal maneira distantes do mundo de uma professora, de tal maneira se acham superiores à experiência, e elas só aparecem em determinadas festividades para dizer: "Ela foi a professora do presidente", e o presidente a abraça. A impressão que eu tenho é de que esses homens vêm de outro mundo, um mundo diferente, são mandados por papai do céu. Eu não tenho dúvida de que é preciso um governo que eu chamo de sanamente insano, só assim você pode consertar as coisas, é como uma mescla de insanidade na sanidade.

E.S. – Professor, como o senhor quer ser lembrado?

P.F. – Esta é ótima. Esta é ótima. Essa é uma pergunta muito gostosa. Eu até vou aprender a fazer esta pergunta a outras pessoas. Sabe que eu nunca tinha pensado nisso? Mas agora que você me desafia, talvez a minha resposta seja um pouco humilde. Eu gostaria de ser lembrado como um sujeito que amou profundamente o mundo e as pessoas, os bichos, as árvores, as águas, a vida.